史良法学文库 叁拾贰

主编◎曹义孙

法学国家级一流专业建设点重点成果

马琳昆 著

XINGZHENGCHUFAJUEDING

GONGKAI DE YUNXINGJILI

行政处罚决定公开的运行机理

中国政法大学出版社

2025·北京

图书在版编目（ＣＩＰ）数据

行政处罚决定公开的运行机理 / 马琳昆著. -- 北京 : 中国政法大学
出版社，2025. 1. -- ISBN 978-7-5764-1973-3

Ⅰ. D922.104

中国国家版本馆 CIP 数据核字第 2025ED0639 号

出 版 者　　中国政法大学出版社

地　　　址　　北京市海淀区西土城路 25 号

邮寄地址　　北京 100088 信箱 8034 分箱　邮编 100088

网　　　址　　http://www.cuplpress.com (网络实名：中国政法大学出版社)

电　　　话　　010-58908586(编辑部) 58908334(邮购部)

编辑邮箱　　zhengfadch@126.com

承　　　印　　固安华明印业有限公司

开　　　本　　720mm×960mm　　1/16

印　　　张　　13.75

字　　　数　　240 千字

版　　　次　　2025 年 1 月第 1 版

印　　　次　　2025 年 1 月第 1 次印刷

定　　　价　　66.00 元

序

　　琳昆的博士学位论文《行政处罚决定公开制度研究》即将由中国政法大学出版社出版，她希望我为其著作作序，作为她的博士生指导老师，我欣然应允。

　　2021年修订的《行政处罚法》第48条规定："具有一定社会影响的行政处罚决定应当依法公开。公开的行政处罚决定被依法变更、撤销、确认违法或者确认无效的，行政机关应当在三日内撤回行政处罚决定信息并公开说明理由。"这一新的规定关涉公共利益和私人利益之间的复杂权衡，如何能够在行政执法实践中获得精准适用，亟待行政法学理论界作出系统回应。当时，琳昆还在博士生一年级就读，我建议她认真研究这一新的制度，并以此为主题完成一篇高质量的博士学位论文。近四年来，王锡锌、熊樟林、王瑞雪、彭錞、孔祥稳等多位行政法学者已经围绕这一主题发表过高水平论文，足以证明这一课题的学术吸引力。虽然琳昆在读期间未能按照预想及时发表这一热点问题的阶段性论文，但经过两年多的艰辛努力，她终于如期完成博士学位论文并顺利通过学位论文答辩取得博士学位。到常州大学史良法学院工作不到一年时间，琳昆就在《行政法学研究》发表《论行政处罚决定公开的判定规则》一文，并获得中国法学会2023年度自选课题"行政处罚决定公开的界限研究"，博士学位论文经过仔细打磨之后又将正式出版，我为她快速的学术成长由衷感到高兴！

　　通读琳昆博士的这部处女作，我有三点直观印象：一是研究的系统性。本书从行政处罚决定公开制度的兴起入手，分别从属性、功能、范围、程序等四个维度层层递进展开，较为系统全面地构建了行政处罚决定公开的制度体系。在2021年修订的《行政处罚法》实施之后，这是目前行政法学界唯一一部系统研究第 48 条的理论著作，具有重要的引领价值。二是方法的多样性。本书综合运用语义分析、规范分析、实证分析、比较分析等多种研究方法，使行政处罚决定公开这一微观制度能够在更为宏阔的背景和视野下得到立体式的深入研究。三是观点的独到性。本书在阅读整理大量文献的基础上，提出了一系列具有独到见解的学术观点，如"执法监督型""公共警告型""结果制裁型"的三分法，"具有一定社会影响"的行为标准、主体标准和时间标准的三标准说。这些提法也许还有可商榷、再完善之处，但能够在综合其他诸说和实践做法的基础上提炼形成自己的观点，足以彰显作者的创新意识和创新能力。

琳昆博士是从四川一个小县城走出的年轻学人，学术成长道路多有坎坷。我至今还记得 2019 年深秋时节她在第一次考博失利后旁听我博士生行政法课的情景，特别是那次课后我请她在长宁校区食堂用餐相对而坐、说到求学不易生活不易时她泪如雨下的瞬间。2020 年盛夏时节，经过艰辛努力，琳昆终于圆梦成为我在华政指导的第六位行政法学博士生。三年读书期间，她的勤奋执着、自立自强、越挫越勇给我留下了极深的印象。在常州大学史良法学院工作期间，她继续保持低调谦逊、脚踏实地、锐意进取的精神，在学术道路上迈开了坚实的步伐。天道酬勤，我相信这一切成绩的背后都是她辛勤耕耘的结晶。

学术研究是一项孤独而寂寞的事业。在当下异常浮躁的社会氛围之下，能否怀揣学术梦想、能否保持学术定力、能否秉承学术创新，无不时刻考验着年轻一代学人。做学者难，做女学者更难，做知名女学者难上加难。唯愿琳昆充分发挥自身优势、克服各种困难，在学术征程中不断开疆拓土，为国家、为社会奉献更多高质量的研究成果，为行政法治事业作出"95 后"学者的应有贡献！

是为序。

2024 年 7 月 30 日于沪上

　　行政处罚决定公开是 2021 年《行政处罚法》修订所增加的一项重要规定，是对"行政执法公示制度"改革成果的重要吸收，体现了行政处罚全过程公开的要求。不同于 1996 年《行政处罚法》规定的处罚公开原则，行政处罚决定公开旨在实现由行政处罚对行政相对人的过程公开到对社会公众的结果公开的转变。信息时代下，公开处罚决定不仅是运用大数据进行监管、提高行政管理透明度和公信力的重要手段，也是行政机关实现公共预警、进行风险提示的有效举措。然而，行政处罚决定是行政机关对行政相对人行为的负面评价，其中包含了诸多个人信息。公开将对自然人的名誉权、隐私权等人格权产生不利影响，亦会对法人或非法人组织的信誉、商誉造成减损后果。实践证明，基于行政处罚决定公开的威慑效应，行政机关多用此手段达成强化处罚制裁效果、教育社会公众的目的，致使监督依法行政的制度初心实现不能。2021 年《行政处罚法》第 48 条明确了行政处罚决定公开的规范依据，但对改善其在理论与实践中混乱秩序却微乎其微。如何识别不确定法律概念，如何匹配规范功能与实际功能以及如何衡量个人利益、社会利益、国家利益间的关系依然是制约行政机关精准适用该条款的难题。为此，本书在统筹运用多种研究方法基础上，尝试将实践中纷繁复杂的处罚决定公开进行类型化，在剖析公开目的的基础上完善处罚决定公开的功能体系以解决行政处罚决定能否公开之问题，在廓清公开与豁免公开理由和强调公开程序正当性的基础上解决行政处罚决定如何公开之问题，希冀为适用行政处罚决定公开中存在的问题提供智力支持。限于时间和能力，书中难免存在错漏之处，尚请各位师友和读者朋友们批评指正！

目 录

导 论

一、行政处罚决定公开适用的难题

在 2021 年《行政处罚法》〔1〕修订过程中，行政处罚决定公开经历了"行政处罚决定应当公开""行政处罚决定应当按照政府信息公开的有关规定予以公开"再到"具有一定社会影响的行政处罚决定应当依法公开"之变迁，〔2〕立法者对于行政处罚决定是否公开、应当如何公开可谓是仔细考量、反复斟酌。从处罚文本来看，2021 年《行政处罚法》第 48 条既设定了权力，即行政机关具有作出公开或不公开的权力；又规定了义务，即行政机关要履行将"具有一定社会影响的处罚决定"予以公开。虽然行政处罚领域对社会影响的评价是否定的、负面的，但该影响达到何种程度却难以判断。若法律仅仅是掌握立法权与解释权的人可以理解，不能为受规范之一般人民所信服，就不足以成为社会共同生活的正义规范。因此，如何准确对"具有一定社会影响"进行解释以及按照何种程序公开就成为法律适用的难题。回溯历史发现，1996 年《行政处罚法》并未对行政处罚决定公开作出相应规定，但行政处罚决定公开近似的概念却散见于各类法律规范中，诸如"行政处罚信息公示""行政处罚结果信息公开""行政处罚案件信息公开""行政处罚决定书公开"等。

随着"推进严格规范公正文明执法"成为建设法治政府的关键要素，

---

〔1〕《行政处罚法》，即《中华人民共和国行政处罚法》。为表述方便，本书中涉及我国法律文件，直接使用简称，省去"中华人民共和国"字样。全书统一，后不赘述。

〔2〕 表述依顺序出自：2020 年 6 月 28 日发布的《行政处罚法（修订草案）》第 45 条第 1 款、2020 年 10 月 22 日发布的《行政处罚法（修订草案）（二次审议稿）》第 46 条第 1 款、2021 年 1 月 22 日发布的《行政处罚法》第 48 条第 1 款。

2017 年行政执法"三项制度"改革试点中的"行政执法公示"对监督理念的践行，行政处罚决定公开作为"行政执法公示"的事后公开环节经试点后迅速在全国范围内贯彻执行。事实上，早在行政执法公示制度推行之前，行政处罚决定就曾作为政府信息进行公开，而这也被写入了 2019 年《政府信息公开条例》。[1]问题在于，行政处罚决定不同于一般的政府信息，它包含了大量违法行为人的个人信息，将这种负面评价公开在实践中就存在声誉制裁的效果。因此，带有负面评价的行政处罚决定能否直接运用政府信息公开中以公开为常态、以不公开为例外原则就值得反思。囿于制度建构的多重动因，行政处罚决定公开在我国法治环境中应当如何定位，又应当如何看待公开行政处罚决定的目的至今仍有分歧。通过对行政执法公示制度实施进行研究，实践中存在"选择性公开、摘要式公开、分散式公开、原件式公开"等四种公开内容不一、程序混乱的形式。在公开促监督的理念下，行政机关对行政处罚决定持全部公开之态度，加之"具有一定影响的处罚决定应当公开"的制度设计具有模糊性，致使行政处罚决定公开的功能实现并不理想。行政处罚决定公开的监督功能效果不佳、制裁功能效果却十分突兀，让一种旨在监督行政执法的制度，成了误伤行政相对人合法权益甚至异化为"合法"侵害行政相对人权益的工具。[2]

　　大数据时代下，信息价值凸显。为增强对个人信息和个人数据保护力度，我国建成了以《民法典》为核心，以《个人信息保护法》《数据安全法》《网络安全法》为补充的法律保障体系。然而，行政机关秉持公开原则，大多数立法都强调要将行政执法过程予以公开。就行政处罚领域，仅规定要公开行政处罚信息的行政规章就有 58 部，行政规范性文件则多达 230 部，涉及食品药品、环境卫生、海事海商、城市管理等各个方面。[3]不难发现，涉及个人信息保护层面，私法视域下是严格限制公开，但公法视域下则有逐步扩大公开之势。对于行政处罚决定来说，公开的范围包括了全部或部分案件事实、相对人姓名或名称、处罚结果等。就算对个人信息进行过

---

　　〔1〕《政府信息公开条例》第 19 条："对涉及公众利益调整、需要公众广泛知晓或者需要公众参与决策的政府信息，行政机关应当主动公开。"第 20 条："……（六）实施行政处罚、行政强制的依据、条件、程序以及本行政机关认为具有一定社会影响的行政处罚决定……"
　　〔2〕参见王锡锌：《行政处罚决定的公开及其限度》，载《中国司法》2021 年第 8 期。
　　〔3〕检索时间 2024 年 6 月 18 日。

处理，但在信息交互下根据姓名、名称和违法事实也容易推知具体相对人，隐私权并未得到实质保护。若还需要满足社会公众知情权，公开的范围将更加具体。因此，行政处罚决定能否公开就将在公共利益与私人利益之间进行衡量，毕竟这种负面信息的力量在其贡献良善与制造损害时都将非常强大。[1]

与行政机关收集与发布行政相对人的违法事实相比，行政相对人消除披露后的负面影响和修复评价更为困难。[2]行政处罚决定一经公开，对声誉的损害即刻产生，而完全修复声誉则毫无可能。声誉难以有效修复的根本原因在于社会评价和公共形象的贬损无法受控，特别是当损坏声誉之信息得以广泛传播并严重影响相对人形象之后，不值得尊敬与信任的印象迅速深入人心，任何补救、改正与时间沉淀都不一定能够有效消除影响，所谓"好事不出名，坏事传千里"。[3]相比警告、罚款、没收违法所得等处罚决定的威慑效果不佳，行政机关采取公开处罚决定就能达到增强对行政相对人侵害的程度，并且公开行为的执法成本较低，而行政相对人也难以通过传统行政复议、行政诉讼等方式获得实效救济。公开的后果是不可预见的，尤其是公开之后对隐私权的侵害，必将打破人在社会中立足和在法律中存在的与他人平等的法律地位，因为隐私权所代表的个人利益是对人的尊严的尊重。[4]当声誉受损后，违法行为人在权利行使受限的同时还将遭受财产损失。即使案件能进入行政审判中，法院也难以估算公开行为给当事人合法权益所造成的不利影响，所能获得等价赔偿的概率甚小。

作为新型信息规制工具，行政处罚决定公开体现了国家与社会合作治理理念，充分发挥了社会治理效能，共同抵制违法行为。但制度设计与实践运行的差异反映出权力与权利之间的不均衡，利益博弈下所面临的质疑与困境亟待解决。由此，本书以行政机关公开行政处罚决定为研究对象，拟对如下问题进行研究：如何界定并区分其同政府信息公开、声誉罚、失信联合惩戒等概念之间的异同；其在我国行政法治实践中到底应当如何发挥其制度功能；

---

〔1〕 孙丽岩：《论行政处罚决定公开的利益权衡——从与刑事制裁公开的对比角度》，载《政法论坛》2021 年第 6 期。

〔2〕 参见王瑞雪：《声誉制裁的当代图景与法治建构》，载《中外法学》2021 年第 2 期。

〔3〕 参见戴昕：《声誉如何修复》，载《中国法律评论》2021 年第 1 期。

〔4〕 参见胡玉鸿：《人的尊严的法律属性辨析》，载《中国社会科学》2016 年第 5 期。

如何对"具有一定社会影响"进行解释；若行政机关作出要公开处罚决定后应当如何确定公开的具体范围和适用的具体程序；等等。

二、研究现状

（一）国内相关研究述评

行政处罚决定公开是近年来行政处罚制度改革和发展的重要成果，不仅能规范执法行为，同时也兼具预防、教育和警示作用。关于行政处罚决定公开的概念如何表述，学界适用不一，如有"行政执法公示""行政处罚信息公开""行政处罚结果公示""违法信息公布"等。关于行政处罚决定公开的研究主要在公布违法事实、行政黑名单、失信联合惩戒等主题中有过涉及，而专门针对行政处罚决定公开的研究略显不足。不过，这些概念同行政处罚决定公开有区别也有重合。乘《行政处罚法》修改之势，学界围绕行政处罚决定公开又掀起了一波研究热潮。为此，本书梳理了同行政处罚决定公开近似概念的相关研究成果，主要包含以下四个方面内容：

1. 关于行政处罚决定公开基础理论的研究

由于实践中行政处罚决定公开表现形式多样，与诸多概念存在重合部分，行政处罚决定公开是附带研究的内容。第一，对于界定行政处罚决定公开的参考。学者章志远认为行政机关公开行政处罚结果可作为违法事实公布其中一个类型。[1] 学者朱春华认为公共警告面向公众，是行政机关给予社会公众对特定人的危险产品以及违法行为的提示，这类违法行为中就包含了行政处罚决定。[2] 学者胡建淼在定义"黑名单"时将以公民违法为前提，并直接导致公民声誉、人身权、财产权等合法权益受到限制或剥夺的行为认定为行政处罚。[3] 这一认知为界定行政处罚决定公开提供了思路。学者赵旭东区分了黑名单和黑名单制度，认为黑名单是相关主体从严重违法和失信的自然人、

---

〔1〕 作者主张将违法事实公布划分为公共警告、行政强制执行、声誉罚、行政处罚结果公开四类。参见章志远、鲍燕娇：《公布违法事实的法律属性分析》，载《山东警察学院学报》2011 年第 6 期。

〔2〕 参见朱春华：《公共警告与"信息惩罚"之间的正义——"农夫山泉砒霜门事件"折射的法律命题》，载《行政法学研究》2010 年第 3 期。

〔3〕 胡建淼：《"黑名单"管理制度——行政机关实施"黑名单"是一种行政处罚》，载《人民法治》2017 年第 5 期。

法人或其他组织收集信息并向公众公示的所创建的目录和数据库；而黑名单制度是在建立和实施过程中制定和运行的一套法律制度，包括当事人的权利与义务制度和设立人的内部权力与责任关系。[1]学者王瑞雪认为行政处罚决定公开是行政主体意图直接减损相对人名誉的对外负面信息披露行为，属于声誉罚范畴。[2]

第二，对于厘定行政处罚决定公开属性的参考。学者张晓莹通过分析处罚性视角下失信惩戒的性质，着重从失信联合惩戒措施与行政处罚的关系入手，措施之一的公布黑名单就具有威慑精神、减损声誉的效果，而应当属于行政处罚。[3]此观点所论述的公布黑名单的制裁效果实质上同行政处罚决定公开的效果相同，较难区分之处就在于行政性措施与行政处罚的界限。学者范伟从行政过程视角出发，依公布对象的不同将向当事人告知列入"黑名单"决定的行为纳入公布行为讨论。[4]此行为同行政处罚决定公开在法律性质上存在相似。就直接探讨行政处罚决定公开属性的研究而言，学者王锡锌认为行政处罚决定公开的本质在于行政机关向社会公众披露信息以运用信息实现监管、引导社会公众进行选择。[5]学者孔祥稳认为事实行为是行政处罚决定公开的行为属性，其目的在于增强行政权力行使的透明度，该行为缺乏直接的相对人，也并无设定新的权利义务之意图。[6]学者黄锫同样认为行政处罚决定公开的法律性质就是政府信息公开行为。[7]学者彭錞认为行政处罚决定公开的法律性质既非作为法律行为的行政处罚、行政强制执行或作为事实行为的公共警告，也不分属多种行为或是数行为之混合，而是作为事实行为的政府信息公开行为。[8]

第三，对于归纳行政处罚决定公开功能的参考。行政处罚决定是对行政

〔1〕赵旭东等：《黑名单制度》，中国法制出版社2018年版，第3~5页。
〔2〕王瑞雪：《声誉罚的梯度构造》，载《法学家》2024年第2期。
〔3〕张晓莹：《行政处罚视域下的失信惩戒规制》，载《行政法学研究》2019年第5期。
〔4〕作者指出公布行为所指向的主体为社会公众，相对人与社会公众的权利义务同时受到公布行为的影响，应属于基于同一事实产生的两种不同法律关系和两类不同法律效果的行为。参见范伟：《行政黑名单制度的法律属性及其控制——基于行政过程论视角的分析》，载《政治与法律》2018年第9期。
〔5〕王锡锌：《行政处罚决定的公开及其限度》，载《中国司法》2021年第8期。
〔6〕孔祥稳：《行政处罚决定公开的功能与界限》，载《中外法学》2021年第6期。
〔7〕参见黄锫：《行政执法中声誉制裁的法律性质与规范形态》，载《学术月刊》2022年第5期。
〔8〕彭錞：《再论行政处罚决定公开：性质、逻辑与方式》，载《现代法学》2024年第1期。

相对人的负面评价，它形式上是一种公开行为，但却是对违法行为的公开。如学者王周户、李大勇就指出相比于防止和限制恣意的公开行为而言，公告违法行为更侧重通过设计行政相对人的权利义务，达成预期的执法效果。[1]在行政执法公示制度发展阶段，学者马迅归纳了行政处罚决定公示的三类功能，即规制性功能、保护性功能以及评价性功能。[2]在政府信息公开迅速发展时期，行政处罚决定曾长期作为政府信息中行政机关主动公开的内容，行政处罚决定公开的监督功能得以发挥。不过，学者孔祥稳认为行政处罚决定作为一类非常特殊的信息，公开需衡量的法益复杂性明显。在论及如何对功能进行排序时，他认为应从法规范的意旨和法秩序的统一性出发，将监督执法作为行政处罚决定公开的主要目的，避免将公开视为声誉制裁的具体形式。[3]该观点也得到了其他学者的支持，如学者蔡金荣认为行政处罚决定公开规范的目的应当以监督规范行政处罚权为主，风险提示或者守法教育为辅，但不应当包括声誉制裁。[4]不过，在谈及制裁功能时，学者黄锫却认为行政执法机关公开处罚决定会对相对人的声誉产生减损并出现社会制裁的实际后果，其功能更多是利用社会性的制裁增强处罚决定的影响力，而并非接受社会公众对处罚决定的监督。[5]同样，学者熊樟林也认为行政处罚决定公开更多的是一项规制工具，是作为"权力"赋予行政机关的，是由互联网兴起的时代背景和行政组织法的内生突破共同助长的，这种作为"权力"的行政处罚决定公开，是以制裁作为目的的。[6]可见，现有研究归纳了行政处罚决定公开在规范中和在实践中体现出的多种功能，但对某些功能存在必要性以及功能间关系还需要进一步研究。

2. 关于行政处罚决定公开不利影响的研究

第一，对声誉的影响。对于声誉的重视早已蕴含在我国传统文化中，学界对声誉的重视主要体现在对信誉机制或声誉机制的研究。学者张维迎指出与法律相比，信誉机制是一种成本更低的机制，可以维持交易秩序，其运作

[1] 参见王周户、李大勇：《公告违法行为之合理定位》，载《法律科学》2004年第5期。
[2] 参见马迅：《行政处罚决定公示：挑战与回应》，载《江淮论坛》2017年第5期。
[3] 参见孔祥稳：《行政处罚决定公开的功能与界限》，载《中外法学》2021年第6期。
[4] 参见蔡金荣：《行政处罚决定公开的规范结构及展开》，载《行政法学研究》2023年第3期。
[5] 参见黄锫：《行政执法中声誉制裁的法律性质与规范形态》，载《学术月刊》2022年第5期。
[6] 参见熊樟林：《论作为"权力"的行政处罚决定公开》，载《政治与法律》2023年第2期。

取决于各方当事人的可信度和执法者的可信度。[1]学者雷宇指出声誉机制有效运行的基础在于公众信任，因为声誉机制是建立在自我利益的动机上，自我实施的效果将高于道德机制所施加的压力，且无需外界强制措施，成本较低，这种将社会公众作为治理的主体，也解决了法律机制所遭遇的"监督监督者"的难题。[2]此外，声誉背后的经济价值也凸显了声誉的重要性。学者王霞等在研究企业环境信息披露的决定因素时发现，企业为了维护其品牌声誉，在披露环境数据方面的声誉越高，他们就越有可能意识到自己披露环境信息的能力以及披露的程度。[3]在收益既定的情况下，声誉受损成本越高，声誉主体纠错的动力越大，这就是行政处罚决定公开何以具备声誉制裁效果之缘由。同样，在进一步对行政处罚决定公开的声誉机制进行研究时，学者张学府指出声誉机制下的行政处罚决定公开损害的是财产利益，而非人格利益。声誉受损意味着被公开的违法行为人所获得的参与交易的机会就将明显减少甚至消失，而基于声誉关系所维护的财产利益就将随之受损。[4]现代信息社会中，声誉的财产属性愈发强化，声誉被量化、被交易已成常态，声誉所创造的价值也无法预估。行政处罚决定公开将对违法行为人的声誉造成贬损，降低其社会评价，进而将会造成精神的损失和财产的损失。

第二，对个人信息权、隐私权的影响。行政处罚决定包含了行政相对人姓名（名称/法人住址）、违法事实以及行为后果。在研究行政处罚决定的具体内容时，学者白雅丽认为行政处罚决定中的信息可分为违法行为信息和被处罚人个人信息。[5]因此，行政处罚决定的人身属性非常明显，若不加限制地公开就将侵犯违法行为人的个人信息、隐私信息。立足隐私权保护视角，学者朱兵强、陈指挥认为传统以知情权优先保障的信息公开方式是存在问题的，因为其未能充分认识到行政处罚信息的特殊性与复杂性，若盲目公开，

---

〔1〕　张维迎：《法律制度的信誉基础》，载《经济研究》2002年第1期。

〔2〕　参见雷宇：《声誉机制的信任基础研究》，经济科学出版社2018年版，第33~39页。

〔3〕　参见王霞、徐晓东、王宸：《公共压力、社会声誉、内部治理与企业环境信息披露：来自中国制造业上市公司的证据》，载《南开管理评论》2013年第2期。

〔4〕　参见张学府：《作为规制工具的处罚决定公开：规制机理与效果优化》，载《中国行政管理》2021年第1期。

〔5〕　白雅丽：《政府信息公开案件隐私权问题的实证分析与完善思路》，载《法律适用》2020年第5期。

容易导致对行政相对人隐私权的侵害，即带来所谓的"二次伤害"。[1]同样，学者张学府对被公开的个人处罚决定应属于隐私进行论证，他指出行政处罚决定公开对隐私权的侵害程度取决于违法记录信息的传播程度。[2]基于此，隐私一旦被公开，这种为社会公众所注视的不安全感将油然而生，以此发挥制止违法行为的作用。

第三，对现有行政处罚类型适用的影响。从法律文本来看，行政处罚决定公开规定于2021年《行政处罚法》的第五章，就"警告"与"通报批评"而言，学者朱芒认为在"秩序—制裁"制度框架结构下，2021年《行政处罚法》将"警告"与"通报批评"并列设置，所产生的法律效果应当具有共同属性，实则产生了声誉罚的法律效果。但据以往规范文本分析，通报批评对维护社会秩序不具有基础性和普遍性，不宜作为行政处罚的一般种类。[3]但学者王瑞雪认为虽然警告具有申诫效果，对相对人能够产生精神压力，却并非必然对外披露并影响相对人的社会评价，不应当属于声誉罚，通报批评则是更为典型的声誉罚方式。[4]然而，通报批评本身就涵盖了一定范围的公开，对行政处罚决定公开而言则有重复适用之嫌。在如何适用通报批评以及如何回应行政处罚决定公开常态化对通报批评带来的影响的问题上，学界并没有作出回应。

3. 关于行政处罚决定公开适用的研究

第一，立足保护公民个人隐私视角，探讨行政处罚决定公开的限度问题。学者杨寅通过研究政府信息公开的实施，将处罚类的政府信息的具体内容划分出来，区分为应当公开的部分和应当遵循不公开为原则、公开为例外的部分；在研究行政处罚信息制作的过程中，将立案到决定、执行整个过程中的"内卷"和由行政机关制作、获取的据以认定事实的证据认定为依申请公开内容。[5]学者朱兵强、陈指挥指出了知情权优先这一理念在面对公开行政处罚

〔1〕 参见朱兵强、陈指挥：《行政处罚信息公开中知情权与隐私权的平衡》，载《电子政务》2015年第4期。

〔2〕 参见张学府：《作为规制工具的处罚决定公开：规制机理与效果优化》，载《中国行政管理》2021年第1期。

〔3〕 朱芒：《作为行政处罚一般种类的"通报批评"》，载《中国法学》2021年第2期。

〔4〕 王瑞雪：《声誉制裁的当代图景与法治建构》，载《中外法学》2021年第2期。

〔5〕 参见杨寅：《行政处罚类政府信息公开中的法律问题》，载《法学评论》2010年第2期。

信息时所存在的缺陷，基于行政处罚信息公开的特殊性与复杂性，提出应追求信息公开与权利保护的平衡。[1]学者徐信贵、康勇梳理了行政处罚决定公开中主动公开和依申请公开的范围，提出了对应的程序性限制意见。[2]学者马迅针对行政处罚决定公示所面临的诸多风险，提出了要从源头上进行治理，即在稳固规范基础的前提下，厘清适用范围。[3]学者白雅丽认为应当辩证地看待行政处罚决定中的个人身份信息，不能为保护隐私权而一味采取不公开之态度，但也不能全都不予公开，是否能公开、哪些要公开是需要根据该信息同公共利益的关联度决定的。[4]

第二，就"具有一定社会影响"进行解释。学者王锡锌认为处罚决定中"社会影响"需结合违法行为的公共性、涉及公共监管需要和风险沟通管理进行判断，按照"手段—目的"合比例性进行公开。[5]在解释的视角上，学者熊樟林指出"具有一定社会影响"不能简单等同于"公共利益"、不取决于违法行为人的"社会身份"、不等同于行政处罚决定公开后的影响。[6]在解释的标准上，学者孔祥稳运用文义解释方法对何为"具有一定社会影响"进行分析，判断是否"具有一定社会影响"是应然的，即"能够产生一定社会影响"，而非实然的，即"发生了一定社会影响"，提出了应当以"行为标准"为基准，以"种类标准"和"程序标准"为辅助进行判断；将关注点从处罚决定延伸至被处罚行为上也是正确理解该表述的关键，基于违法行为较强的公共属性，社会公共利益才有被侵犯的可能，进而可归入具有一定社会影响的范畴。[7]学者卢荣婕全面分析了何为"具有一定社会影响"，提出可通过分析违法行为主体、违法行为以及该行为所涉及的公共利益三个方面进行

〔1〕　朱兵强、陈指挥：《行政处罚信息公开中知情权与隐私权的平衡》，载《电子政务》2015年第4期。

〔2〕　徐信贵、康勇：《行政处罚中政府信息公开义务与限制》，载《重庆邮电大学学报（社会科学版）》2015年第4期。

〔3〕　参见马迅：《行政处罚决定公示：挑战与回应》，载《江淮论坛》2017年第5期。

〔4〕　参见白雅丽：《政府信息公开案件隐私权问题的实证分析与完善思路》，载《法律适用》2020年第5期。

〔5〕　王锡锌：《行政处罚决定的公开及其限度》，载《中国司法》2021年第8期。

〔6〕　参见熊樟林：《论作为"权力"的行政处罚决定公开》，载《政治与法律》2023年第2期。

〔7〕　参见孔祥稳：《行政处罚决定公开的功能与界限》，载《中外法学》2021年第6期。

判断。[1]

4. 关于行政处罚决定公开的救济措施研究

由于声誉损失是行政处罚决定公开造成的最为直接的后果，且其修复路径非常不易，增强对声誉保护的力度和完善事后修复制度是当前最为常见的救济措施。为提升声誉的独立价值，学者王瑞雪认为声誉要同隐私相区分，将保护声誉作为重要的公法价值，使得声誉同人身自由、财产具有同样的地位；在论及声誉制裁的效果时，她认为要通过区分信息披露的目的，运用实体和程序约束声誉制裁；发挥法院的司法能动性。[2]为矫正声誉机制过度惩罚之弊，学者潘静认为信息传播应当确立一定的合理期限，如可以增加考察期规则，于届满后删除违法记录，防止其他社会主体对违法信息的再次传播。[3]为修复受损害的声誉，学者戴昕提出可从救济损害后果与处理声誉信息两个角度进行，通过研究声誉机制作用原理，掌握声誉修复的效果与价值。[4]对于行政机关的错误公开行为，学者孔祥稳提出激活司法救济途径，允许当事人提起行政复议和行政诉讼；建立中止公开机制、完善损害认定规则等。[5]

综合来看，部分学者虽也针对行政处罚决定公开的法理性质、制度优势以及规范路径等进行过研究，但关于行政处罚决定公开的研究并不系统、全面，多集中于某一个角度或某一领域，缺乏整体研究视角。虽然修订后的《行政处罚法》已于 2021 年 7 月 15 日实施，但实践中行政机关公开处罚决定的做法也并未完全遵循新法之规定进行公开。因此，关于行政处罚决定公开的行为属性、功能表现、《行政处罚法》第 48 条之解释以及公开所适用的程序等均存在研究的空间。

---

〔1〕参见卢荣婕：《"具有一定社会影响"的行政处罚决定公开之认定》，载《财经法学》2022年第 4 期。

〔2〕王瑞雪：《声誉制裁的当代图景与法治建构》，载《中外法学》2021 年第 2 期。

〔3〕潘静：《个人信息的声誉保护机制》，载《现代法学》2021 年第 2 期。

〔4〕戴昕：《声誉如何修复》，载《中国法律评论》2021 年第 1 期。

〔5〕参见孔祥稳：《行政处罚决定公开的功能与界限》，载《中外法学》2021 年第 6 期。

（二） 域外相关研究述评

1. 美国法上的研究

自 20 世纪 30 年代起，美国学者就开始了对不利信息发布制度的研究。[1]具有代表性的一篇论文是 1967 年发布的《联邦机构的贬损性信息公开》，该文指出联邦机构发布贬损性信息的问题在于机构的预先判断将指控者和审判者的角色集于一身，有违正当程序原则，发布后将对被发布者的声誉造成损害、降低社会评价，对其证券交易、商品和服务造成连带损失等；同时该文指出贬损性公开最重要的是保护公众免受眼前的危险，增强公众对机构活动的了解以及对实际或潜在的机构应诉者施加压力，要求其遵守法律；而贬损性信息公开规范需要机构在保护公共利益的必要性和侵害私人利益的潜在性之间进行衡量，从源头上进行控制。[2]另一篇是迈克尔·R. 莱莫夫（Michael R. Lemov）[3]于 1968 年发布的《行政机构的信息发布：信息公开与私益损害》，该文立足因行政机构发布信息而被起诉的相关案件，指出诸多原告（被发布者）对行政机构发布信息权力来源的怀疑，肯定了法院对行政机构为保护公共利益（免受误导性广告和欺骗性交易）而发布信息时所获得的默示授权；同时建议国会应当对行政机构发布信息进行明示授权且明确规定在发布信息前应通知相关利益者，应及时修改《联邦侵权赔偿法案》使得遭受损害的利益相关者享有抗辩权以及申请国家赔偿权。[4]

美国不利信息发布的最为重要的成果之一当属 1973 年欧内斯特·盖尔霍恩（Ernest Gellhorn）教授发布的《行政机构的不利信息发布》，该文针对特定联邦行政机构如公共卫生署（PHS）、联邦贸易委员会（FTC）、联邦证券交易委员会（SEC）对不利信息发布的适用现状，归纳了不利信息发布分别发挥信息规制和警告、制裁等作用的情形。由于不利信息发布有两个最主要

---

〔1〕 最早研究该制度的著作为 1938 年詹姆斯·M. 兰迪斯（James M. Landis）的《行政过程》；1941 年，A. 金斯堡（A. Ginsburg）在一篇未曾发表的论文《行政法下的信息发布制裁措施》中也进行过探讨。参见陈晋华：《行政机关发布不利信息的法律控制研究——以美国食品药品监管为例》，上海交通大学 2014 年博士学位论文，第 11 页。

〔2〕 See "Disparaging Publicity by Federal Agencies", 67 *Colum. L. Rev.* 1512（1967）.

〔3〕 作者为美国国家产品安全委员会（National Commission on Product Safety）时任总法律顾问。

〔4〕 See Michael R. Lemov, "Administrative Agency News Release: Public Information versus Private Injury", 37 *George Washington L. Rev.* 63（1968）.

问题：一是在无正当程序下对自然人或企业关于人身和财产权利的剥夺；二是司法审查并不能消除错误的不利信息发布的广泛影响。其结果是，被点名的自然人或企业可能会因不准确、过度或过早的发布而受到不可挽回的伤害。因此，盖尔霍恩教授提出了三种方式对不利信息发布进行控制：一是提出行政机构发布不利信息的标准，使其行为能够控制和合法化（内部控制）；二是建议对不利信息发布进行司法审查（外部控制）；三是探讨相关立法的修改，包括行政机构获得更具体的授权和改革《联邦侵权索赔法》。[1]

自 1973 年盖尔霍恩教授文章发表之后，1974 年，理查德·S. 莫雷（Richard S. Morey）以"United States v. International Medication Systems 案"为例，阐述了食品药品监管局（FDA）对不利信息发布措施的使用情况，并认为FDA 长久以来没有遵循法律规定的条件，急需重新评估。[2]1975 年，莫雷在《作为规制工具的发布》一文中指出考量到 FDA 在发布对某产品的不利信息后还将涉及召回程序，FDA 可能会将不利信息发布作为威胁那些不认为召回程序是合理的制造商们，这种不利信息发布的形式需与使用新闻稿或公开声明进行区别，认为 FDA 发布不利信息的授权应当明确。[3]1977 年，罗宾逊·B. 莱西（Robinson B. Lacy）从听证程序、证据交换、临时禁令、和解程序等方面分析了不利信息发布与 SEC 的裁决程序之间程序衔接、程序冲突之间的关系处理。[4]1993 年，查尔斯·G. 吉（Charles G. Gehy）根据民事司法改革法定期披露未决动议、法庭审判和案件等数据分析了司法决策延误可归责于法官与不可归责于法官的原因，认为不利信息发布作为非正式机制能有效改进司法决策延误现象。[5]由于不利信息发布将给自然人或企业的名誉带来损害，围绕着名誉制裁、耻辱罚等的研究也开始兴起。如丹·M. 卡汉（Dan M. Kahan）

---

〔1〕 See Ernest Gellhorn, "Adverse Publicity by Administrative Agencies", 86 *Harvard L. Rev.* 1380 (1973).

〔2〕 See "FDA Publicity Against Consumer Products‐Time for Statutory Revitalization", *The Business Lawyer*, Vol 30 (1974).

〔3〕 See Richard S. Morey, "Publicity as a Regulatory Tool", 30 *Food Drug Cosm. L. J.* 469 (1975).

〔4〕 See Robinson B. Lacy, "Adverse Publicity and SEC Enforcement Procedure", 46 *Fordham L. Rev.* 435 (1977).

〔5〕 See Charles Gardner Geyh, "Adverse Publicity as a Means of Reducing Judicial Decision‐Making Delay: Periodic Disclosure of Pending Motions, Bench Trials and Cases under the Civil Justice Reform Act", 41 *Clev. St. L. Rev.* 511 (1993).

认为"曝光"惩罚的实效性取决于许多条件，如果想使"曝光"成为有效惩罚就需将特定违法行为、特定情节、特定人群等精确界定，才能有效发挥"曝光"作用。[1]詹姆斯·Q. 惠特曼（James Q. Whitman）就批评耻辱刑是一种政府通过公众来实施的私刑，他认为政府将惩罚的任务交给了多变、难以预期的公众反应。[2]朱迪斯·范·埃尔普（Judith van Erp）通过对案例的研究归纳出具有有效声誉制裁的市场的四个特征，指出诸多公共监管机构运用声誉制裁方式，以达成增强其履行合规执法政策，同时作为规制工具的声誉制裁也应当在公共监管中发挥作用。[3]

　　信息时代的来临促使美国学者运用新视角对不利信息发布进行研究。如2011 年，内森·科尔特斯（Nathan Cortez）总结信息时代下不利信息发布呈现出为行政机构使用的高频繁性、发布方式的多样性、存在被误读或传播的可能性以及潜在危害的扩大性等特征，提出了行政机构应当严格执行不利信息发布标准、国会应将作为一种制裁手段的发布行为看作"终局行政行为"、法院应按照行政机构"滥用裁量权"对发布行为进行审查。[4]2012 年，彼得·卡特赖特（Peter Cartwright）阐释了不利信息发布作为制裁和通知的工具在消费者保护方面的作用机理，分别指出了两类工具在实践运行中存在的不足；立足消费者保护视角，当不利信息发布作为制裁工具时，应发挥威慑效应减少未来损失，加强消费者的主权，让消费者自行预判，而当不利信息发布作为通知工具时，为提高消费者对信息的利用率，行政机构的发布内容就需要精准描述。[5]凯特·克洛尼克（Kate Klonick）分析了在信息时代下网络羞辱、网络欺凌和网络骚扰中关于社会规范、羞辱制裁的法律问题，指出互联网的引入改变了人们说话的社会条件，也改变了感知和执行社会规范的方式。[6]互联网会

---

〔1〕　See Dan M. Kahan, "What Do Alternative Sanctions Mean?", 63 *University of Chicago. L. Rev.* 591 (1996).

〔2〕　See James Q. Whitman, "What Is Wrong with Inflicting Shame Sanctions?", 107 *Yale L. J.* 1055 (1998).

〔3〕　See Judith van Erp, "Reputational Sanctions in Private and Public Regulation", 1 *Erasmus L. Rev.* 145 (2008).

〔4〕　See Nathan Cortez, "Adverse Publicity by Administrative Agencies in the Internet Era", *Brigham Young University L. Rev.* 1371 (2011).

〔5〕　See Peter Cartwright, "Publicity, Punishment and Protection: The Role (s) of Adverse Publicity in Consumer Policy", 32 *Legal Stud.* 179 (2012).

〔6〕　See Kate Klonick, "Re-Shaming the Debate: Social Norms, Shame, and Regulation in an Internet Age", 75 Md. L. Rev. 1029 (2016).

扩大不利信息发布的惩戒后果，甚至是过度的惩罚。莎伦·亚丁（Sharon Ya-din）在区分对自然人羞辱性惩罚后，将"行政机构发布有关私人受监管机构（主要是公司）的负面信息，以达成促进公共利益目标的手段"称为羞辱规制；羞辱是一种合法、高效和民主的监管方法，但同时指出羞辱规制应当合理且适当，行政机构需要评估该规制工具是否能够实现其监管目标以及权衡与其他执行手段的适配性。[1]

2. 德国法上的研究

德国法上与行政处罚决定公开相似的制度被称为公共警告。德国的公共警告是行政机关或其他政府机构向居民发布的警示声明，提醒居民注意工商业、农业产品或其他社会现象。[2]毛雷尔教授对公共警告的概念及其适法性进行了研究，他指出公告警告在实践中的类型多样，不同类型的效果表现不一（还存在作为一般命令禁止的公告通知），在管辖权、法律保留、基本权利保护等方面引发了争议。[3]毛雷尔教授将公共警告定性为行政事实行为，与我国行政处罚决定公开在行为内容、法律效果等方面存在较大差异。不过，他也指出是否发布公共警告以及如何发布应当遵循比例原则，以减少对生产商的损害，这对行政处罚决定公开的具体适用提供了参考思路。

3. 日韩法上的研究

日韩法上与行政处罚决定公开相似的制度被称为"公布违反事实"。盐野宏教授指出公布违反事实是指行政相对人有义务的不履行或者对于行政指导不服时，将该事实向一般公众公布，与给付拒绝、课征金、加算税一样均是行政法上其他确保义务履行的重要方式；他认为公布违反事实作为信息公开中环节之一，引起社会关注的同时，能从心理上迫使被公布者服从行政指导；但他也明确了公布违反事实不属于传统行政强制执行的种类。[4]南博方教授则将违法义务行为的公布归为行政罚的其他措施，是确保行政实效性的制

---

〔1〕　See Sharon Yadin, "Regulatory Shaming", 49 *Envtl. L.* 407（2019）.

〔2〕　如1997年德国颁布的《产品安全法》第7条第1款规定如果产品不符合该标准，主管机关就可以"采取必要的措施"，公共警告就是其中一种。参见［德］哈特穆特·毛雷尔：《行政法总论》，高家伟译，法律出版社2000年版，第396页。

〔3〕　参见［德］哈特穆特·毛雷尔：《行政法总论》，高家伟译，法律出版社2000年版，第393～397页。

〔4〕　参见［日］盐野宏：《行政法总论》，杨建顺译，北京大学出版社2008年版，第160页。

度。〔1〕此外，日本在行政活动方式中，存在一种同"公布违法事实"相类似的制度，日语称之为"公表"的制裁措施，能导致被公表者的社会评价降低，并由此造成如销售额减少等利益损失。〔2〕

同日本一样，韩国也存在公布违法事实的制度。韩国学者金东熙教授认为违法事实的公布就是对于违反、不履行行政法上的义务，行政厅向大众公布其事实，并根据针对此事实的社会批评这一间接的、心理的强制来确保履行义务。就行为依据而言，金东熙教授指出该行为在实质上不会产生任何法律效力，因此不需要在法律上规定；就行为性质而言，他指出该行为属于行政行为，若相对人因此公布行为使得名誉等权利受损，就可以提出赔偿申请。〔3〕

三、研究价值

（一）理论研究价值

对行政处罚决定公开进行界定，提出运用类型化思路来研究行政处罚决定公开的属性和功能是本书的理论价值。以往关于行政处罚决定公开的理论研究中并未过多地对行政处罚决定公开的概念进行界定，也没有区分行政处罚决定公开同政府信息公开、失信联合惩戒、声誉罚等制度在意义、价值上的不同，行政处罚决定公开的制度特征并未明显地凸显出来。本书系统分析了行政处罚决定公开的内涵、属性与功能。就内涵而言，本书所研究的行政处罚决定公开是行政机关将行政处罚决定向社会公众主动公开的情形，公开惩戒性、公开内容私密性以及公开影响广泛性均是其行为特征。就属性研究而言，当前学界对行政处罚决定公开的属性之观点可分为行政法律行为说、行政事实行为说、行政行为附随义务说，这些关于行政处罚决定公开行为属

---

〔1〕　参见［日］南博方：《行政法》（第 6 版），杨建顺译，中国人民大学出版社 2009 年版，第124 页。

〔2〕　日本学者佐伯仁志指出"公表"所指的是行政机关在行为人局部履行义务或者不服从行政指导的场合，可以对相关事实进行公开通告。"公表"所具有的"制裁"，主要不是指"公表"行为形式直接的意思表示而实现的法律效果，而是"试图让社会性制裁发挥法律制裁的功效"。参见［日］佐伯仁志：《制裁论》，丁胜明译，北京大学出版社 2018 年版，第 6~12 页。

〔3〕　参见［韩］金东熙：《行政法》（第 9 版），赵峰译，中国人民大学出版社 2008 年版，第336~337 页。

性主张各自均有理由，但其中漏洞也较为明显。因此，公开行为的属性界定不能仅依照行政处罚法的规范文本，还需要结合行政处罚决定公开在实践中的具体样态。同时，学界也缺乏对行政处罚决定公开体系化的比较法考察。就功能研究而言，学界对于行政处罚决定公开是否具有监督功能存在较大争议，特别是同美国的不利信息发布进行比较后。立足行政处罚决定公开的演进历程，在早前三个发展阶段中，其所显露出的功能就呈现出多样性。既有研究未对行政处罚决定公开的功能效果进行审视，导致理论分析与实践运作脱节、行政处罚决定公开功能全局性视角缺失，也未对功能进行层次划分。本书结合国内外关于行政处罚决定公开的观点，在类型化基础上全面剖析了规范层面和实际层面中的行政处罚决定公开；运用法释义学和法社会学理论，从静态和动态双重视角对行政处罚决定公开进行研究；在法治政府建设、法治社会建设以及国家治理的宏观视角下对行政处罚决定公开的生成逻辑以及同其他行政处罚类型的关系进行审视，试图用更全面和广阔的视角研究行政处罚决定公开在助力国家治理体系和治理能力现代化进程中的意义。

（二）实践研究价值

面向行政执法，为准确适用行政处罚决定公开提供参考是本书的实践价值。自 2021 年《行政处罚法》实施以来，如何适用第 48 条第 1 款一直为理论界和实务界所争议。从规范文本来看，立法仅规定"具有一定社会影响的行政处罚决定应当依法公开"，但由谁进行解释或如何解释则交由行政处罚机关进行裁量。从实践运行来看，如涉及食品药品领域的"长春长生生物疫苗案""土坑酸菜案""上海巴黎贝甜处罚案"等、涉及公众人物的"李某某嫖娼案""知名主播偷税漏税案"等、涉及反垄断领域的"阿里巴巴二选一案"等行政处罚决定的公开时，行政处罚机关公开的内容、方式、时间等均不相同。因此，本书通过对行政处罚决定公开的基本理论分析，提出从行为标准、主体标准、时间标准三个方面对"具有一定社会影响"进行判定。结合行政处罚决定公开的具体类型，本书提出程序也应随之类型化。对于执法监督型处罚决定公开来说，可以按照《政府信息公开条例》中有关规定实施。对于公共警告型处罚决定公开来说，可以个案公开方式为主，而针对相对豁免公开的情形，行政机关还需履行告知并说明理由的程序。对于结果制裁型的处罚决定来说，因涉及大量的个人信息，对相对人具有直接的负外部性，因此行政机关在作出公开决定后应当说明理由，允许其提出异议声明。对于涉及第三人权益的，行政机关还应当允许第三人提起异议。

四、研究方法

第一，实证研究方法。法律的生命在于经验，因此本书集中研究了行政处罚决定公开的实践样态。针对不同的行政处罚、不同处罚领域以及公开程序的研究综合运用访谈、调研等形式的研究方法。实践中，行政机关采取何种方式公开、公开的期限和内容如何确定都需要结合实证分析方法。

第二，规范分析方法。规定行政处罚决定公开的文本类型多样，包含了法律、行政法规、规章以及规范性文件。行政处罚决定公开规范文本是考察该制度演进的重要材料，而对于如何适用行政处罚决定公开的研究离不开对现行法律规定的分析。本书借助规范分析方法，探究行政处罚决定公开的演进历程，能更好地总结不同时期行政处罚决定公开的行为特征，进而研究行政处罚决定公开的功能，对后续相关政策制定和法律规范的完善大有裨益。

第三，比较分析方法。本书通过对美国的不利信息发布、日本的公布违反事实进行比较研究，扩充了研究视野，为我国行政处罚决定公开的准确定性提供借鉴。域外制度生成和发展是在其特有的法治体系下，其制度建设中的经验和问题可作为我国制度优化的参考。但我国的行政处罚制度环境毕竟同其他国家有较大差别，还需要扎根于我国行政处罚决定公开制度生成土壤、解决所面临的问题，以此构建我国特有的行政处罚决定公开制度运作体系。

第四，价值分析方法。本书通过对行政处罚决定公开的范围进行研究，是否公开行政处罚决定以及公开的具体内容都是一场对价值讨论且进行选择的活动。确定公开的界限就需要在隐私权与知情权、个人利益与公共利益等价值中进行衡量和判断。该判断是探讨行政处罚决定公开的理论基础与正当性根据，也是确定行政处罚决定公开具体内容的前提。

五、框架结构

本书围绕"行政处罚决定公开的运行机理"在整体上一共分为五章，内容上可划分为两个部分。第一章、第二章、第三章聚焦制度建构，第四章、第五章聚焦制度完善（见下图）。制度建构是确定文章研究对象，分析行政处罚决定公开在理论和实践层面建构的意义与价值：第一章是对行政处罚决定公开这一法定概念的体系化研究，分析其在生长、发展到确立的各阶段表现，厘清其概念和特征；第二章是对行政处罚决定公开行为的属性分析，通过对国内外现状的研究，提出运用类型化思路解决行政处罚决定公开定性之难题；第三章聚焦行政处罚决定公开的功能，通过归纳规范功能和实际功能，立足功能效果，提出对行政处罚决定公开功能的调和路径。制度完善是对行政处罚决定公开的具体适用进行研究：第四章与第五章聚焦行政处罚决定应当如何公开，针对不同类型的处罚决定在内容和程序上分别规定。

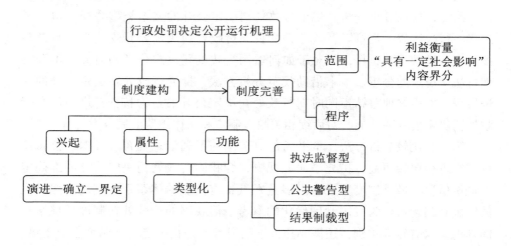

研究的最终目的是区分行政处罚决定的常态化公开和特殊化公开的两种状态，期冀建构一个符合法理、符合人情的行政处罚决定公开体系。每章主要内容如下：

第一章"行政处罚决定公开的兴起"。该部分梳理行政处罚决定公开的变迁历史，旨在归纳不同阶段的特征和规律，通过对最初制度建构目的的揭示剖析后续在入法历经三次修改的原因，进而通过对行政处罚决定公开内涵、特征及与近似概念的区分来明确本书的研究对象。行政处罚决定公开从无到有的演进历程可以分为行政决策公开阶段、政府信息公开阶段、行政执法公示阶段，该三阶段公开为行政处罚决定公开正式入法奠定了制度基础，也揭示了处罚决定公开为监督依法行政、构建阳光政府的制度初心。2021年《行政处罚法》第48条的三次修改历程反映出立法者对公开界限的踯躅，这同样也体现在实践中执法者对"具有一定社会影响"的不当裁量。广义的行政处罚决定公开的主体呈多元化包括了党委部门、事业单位、行业协会等，但行政法律规范中公开的主体则只包括了行政机关。本书的研究对象则限于公开主体为行政机关、公开对象为不特定公众的情形，同时从公开内容私密性、公开加重惩戒性与公开影响广泛性来揭示处罚决定公开的特征。

第二章"行政处罚决定公开的属性"。该部分通过归纳国内关于行政处罚决定公开属性中的行政法律行为说、行政事实行为说和行政行为附随义务说三种观点的主要内容并结合行政处罚决定公开的特征提出疑问。运用比较研究方法分别就美国的不利信息发布、日本的公布违反事实进行比较。提出对我国行政处罚决定公开的属性分析需要结合规范依据和实践样态进行类型化研究，复合行为属性观点则是综合了对执法监督型、公共警告型和结果制裁型三种形态分析的结果。

第三章"行政处罚决定公开的功能"。该部分运用实证研究方法归纳出我国行政处罚决定公开规范功能（执法监督、公共预警）和实际功能（强化惩戒、教育公众），通过对功能效果审视发现规范功能与实际功能存在偏差，具体表现在规范功能实际效果欠佳、惩戒功能"污名"问题突出、教育功能作用有待加强。为对行政处罚决定公开功能间的冲突作出澄清与说明，本书认为行政处罚决定公开的功能重构之关键在于提高对公众需求目的的回应，立足法治一体建设视角，主要发挥规范功能、侧重突出教育功能，而消除惩戒功能的"污名"影响。

第四章"行政处罚决定公开的范围"。该部分结合利益衡量方法，提出执法监督型处罚决定公开和公共警告型处罚决定公开应遵循公开为原则，结果制裁型处罚决定公开应遵循不公开为原则，以此廓清行政处罚决定公开不同类型所关涉对公共利益和个人利益的倾向性，确定公开与豁免公开之理由。在对"具有一定社会影响"进行法解释学研究时，应先明确"具有一定社会影响"的解释主体是作出行政处罚决定的主体；通过对积极语境与消极语境中"具有一定社会影响"意涵进行分析得出，"具有一定社会影响"的行政处罚决定应以行为标准为主要标准、主体标准为次要标准、时间标准为特殊标准加以识别。

第五章"行政处罚决定公开的程序"。该部分探讨了行政处罚决定公开的具体运作，针对类型化的处罚决定公开应当分别设计相应的程序。程序类型化是在既有公开程序体系的基础之上对不同利益主体进行考量的结果，不仅能减轻行政机关的执法负担，还能避免程序空转而流于形式。当公开决定执行完成之后，在"回应型法"理念下，行政机关还需要考量公开行为与实际产生的社会效果之间的动态关系，并及时启动撤回程序、清理程序和处罚信息信用修复程序。

第一章

行政处罚决定公开的兴起

行政处罚是行政机关实施国家行政管理的重要手段。1996 年《行政处罚法》的颁行标志着我国行政法制发展路径从"实体控权"向"程序控权"的转变，并对规范其他行政执法活动产生了广泛影响。经 2009 年、2017 年两次修改，实施 24 年的行政处罚法终于在 2020 年迎来了第一次大修，经三次审议后，修订后的《行政处罚法》（以下称"2021 年《行政处罚法》"）已于 2021 年 7 月 15 日正式实施。顺应新发展阶段的要求，2021 年《行政处罚法》在保护行政相对人的合法权益、推进严格规范公正文明执法层面建构诸多新制度，刚性与柔性兼备、锐度与温度共存。其中，行政处罚决定公开是近年来行政处罚制度改革和发展的重要成果。该条款三次修法过程中表述不一引发了理论界与实务界广泛讨论。就 2021 年《行政处罚法》第 48 条规定的内容来看[1]，1996 年《行政处罚法》规定的处罚公开原则强调的是将行政处罚决定向行政相对人公开，而 2021 年《行政处罚法》则是强调要将行政处罚决定向社会公众公开。本章通过梳理行政处罚决定公开的生长轨迹，分析行政处罚决定公开入法缘由和行政处罚决定公开的具体内涵，以期厘清其与近似概念之区分。

第一节　行政处罚决定公开的演进

对长期具有浓厚行政（管理）学色彩的国家而言，建立现代意义上的行

---

[1]　2021 年《行政处罚法》第 48 条规定："具有一定社会影响的行政处罚决定应当依法公开。公开的行政处罚决定被依法变更、撤销、确认违法或者确认无效的，行政机关应当在三日内撤回行政处罚决定信息并公开说明理由。"

政法学相对法治发达国家而言并不容易。[1]公开则是检验法治国家的基本标准之一。我国宪法规定，国家的一切权力属于人民，对人民负责、受人民监督。基于人民主权原则，人民有权参与管理国家和社会事务的各个方面，公开就是国家保障人民有效行使监督权的前提。随着 1989 年《行政诉讼法》的公布，我国在规范行政权行使上迈出了历史性步伐，拉开了现代行政法律制度建设的序幕。为进一步规范行政处罚的设定和实施，1996 年，第一部规范行政行为的基本法律《行政处罚法》制定出台。在规范行政处罚实施中，《行政处罚法》创设了一整套规则体系，如处罚法定原则、处罚公正、处罚公开原则、处罚与教育相结合原则等。伴随依法治国与依法行政等法治理念发展[2]，行政处罚在实体层面和程序层面也不断得以丰富和深化。行政处罚决定公开是行政处罚在处罚公开原则上的一大突破，作为处罚程序的最后一环，它历经行政决策结果公开、行政处罚信息公开，后在行政执法公示制度中得到长足的发展与进步，是贯彻严格规范公正文明执法的有效举措。通过考察行政处罚决定公开的演进过程，可以清楚地勾勒出该制度在我国的动静发展状态。

一、作为行政决策结果公开的萌芽期

探索行政处罚决定公开的源起需对行政公开原则内容进行剖析。1996 年《行政处罚法》吸收了行政公开原则，也完善了处罚原则体系。可以说，行政处罚公开原则是对行政公开原则在具体行政行为实施的体现。由于行政处罚决定的内涵并不清晰，早期公开的内容详略不一、十分混乱。虽然各地就如何公开的具体操作上呈现出较大差异，但将行政处罚决定公之于众这一基本认知却在行政法系统内外达成共识。这也体现在 2004 年《全面推进依法行政实施纲要》（国发［2004］10 号）（以下简称"2004 年《纲要》"）中。此后，行政处罚决定开始作为行政决策的结果得以公开。

---

　　[1]　在 20 世纪 80 年代形成初期，我国行政法学从理论体系、知识表述到研究方法均带有行政（管理学）色彩。参见刘书燃：《中国行政法学研究报告（1978—2008）》，载姜明安主编：《行政法论丛》（第 11 卷），法律出版社 2008 年版，第 519 页。
　　[2]　1997 年党的十五大确立了依法治国基本方略，首个依法行政的纲领性文件《关于全面推进依法行政的决定》于 1999 年颁行。

（一）行政公开原则的引入

行政公开，是民主政治之本意，社会历史发展的必然，深入发展社会主义一个重要内容就是发展社会主义民主，而坚持行政公开原则正是其重要内容。[1]从原则体系来看，行政公开归属于正当程序原则。正当程序原则在普通法系中被认为是奉行"自然正义"的要求。[2]行政公开则是行政机关以民主、开放的精神从事行政管理，依法保障公民知政权、参政权和督政权的活动原则与方式。[3]行政公开原则是随着国际社会中保障知情权而顺势发展的。知情权（right to know）本是美国美联社编辑肯特·库珀1945年针对新闻工作者慑于战时的新闻管制而报道不实所提出的概念，在1946年联合国第59（1）号决议中，知情权已被列为基本人权之一。作为一种独立权利类型，知情权表达了非公权力行使者对权力行使的监督。[4]虽然早期行政公开制度缺乏理论深度和制度保障，在实践中呈现出公开主体狭窄、公开内容有限、公开方式简单、公开手段落后等问题。[5]不过，行政公开原则对于形塑公众在了解、参与、监督行政行为的观念上发挥了重要作用。

受制于立法技术与立法条件，彼时行政公开多同"村务公开""政务公开""党务公开"混同，其法定内涵难以确定。在理论界，早期论著中涉及行政公开原则内涵各有不同，有广有狭。有学者认为除法律禁止的情况外，一切与国家行政管理有关的活动一律对社会公开。[6]有学者认为行政公开原则内涵仅仅局限于情报公开制度与告知说明理由制度。[7]有学者认为行政公开原则的内涵包括行政机关的议事活动及其过程公开和制定或决定的文件、资料、信息情报公开。[8]有学者认为行政公开的基本内容包括了事先公开

---

〔1〕　参见韩士彦：《行政公开论》，载《社会科学研究》1997年第4期。

〔2〕　参见何海波：《英国行政法上的听证》，载《中国法学》2006年第4期。

〔3〕　刘俊祥：《行政公开的权利保障功能》，载《现代法学》2001年第5期。

〔4〕　参见王万华主编：《知情权与政府信息公开制度研究》，中国政法大学出版社2013年版，第2页。

〔5〕　参见皮纯协、刘飞宇：《论我国行政公开制度的现状及其走向》，载《法学杂志》2002年第1期。

〔6〕　参见许崇德、皮纯协主编：《新中国行政法学研究综述（1949—1990）》，法律出版社1991年版，第125页。

〔7〕　李金刚：《行政公开及我国相关制度之完善》，载《经济与法》1999年第3期。

〔8〕　吴建依：《论行政公开原则》，载《中国法学》2000年第3期。

职权依据、事中公开决定过程、事后公开决定结论，而该行政决定结论不仅要向行政相对人公开，还应当向社会公众公开。[1]还有学者认为行政公开化内容是全方位的，不仅要求行政权力的整个运行过程要公开，行政权力行使主体自身的有关情况也要公开。[2]可见，学界已经出现基于行政公开原则之要求向社会公众公开的认知，只是在围绕公开的具体范围时存在分歧。

（二）行政处罚公开原则的确定

1996 年《行政处罚法》第 4 条第 1 款规定："行政处罚遵循公正、公开的原则。"目的在于从法律制度上规范行政机关的处罚行为，制止乱处罚、乱罚款现象，统一行政处罚程序。[3]该条款具有三层含义：一是有关行政处罚的规定要公开，使公民事先了解；二是处罚理由要公开；三是听证时，除法定情形外，应对社会公开。[4]其中，行政处罚依据公开是事前公开，处罚理由和听证的公开是事中的公开。从公开对象来看，结合该法第 31 条规定可知行政处罚决定公开的范围限于当事人。[5]由此可见，根据公开行为之受众不同，1996 年《行政处罚法》区分了对社会公众的公开和对行政相对人的公开。法律规定行政处罚公开的信息包括处罚的事实、理由、依据，听证、复议、诉讼等救济权利。因此，强调行政处罚决定应当向当事人公开，让当事人知悉处罚依据、处罚事由、处罚结果，杜绝私罚行为，保障当事人知情权、参与权、救济权是法律及相关解释文件中的明确要求，但是否要将行政处罚向社会公众公开这一层含义则并未清晰地明示。1996 年《行政处罚法》出台后，各地出台的关于贯彻实施系列规章以及规范性文件大都要求向社会公开行政处罚的规定，但同样未明确回应具体的处罚决定是否要向社会公众

---

〔1〕 参见章剑生：《论行政程序法上的行政公开原则》，载《浙江大学学报（人文社会科学版）》2000 年第 6 期。

〔2〕 周佑勇：《行政法的正当程序原则》，载《中国社会科学》2004 年第 4 期。

〔3〕 参见曹志：《关于〈中华人民共和国行政处罚法（草案）〉的说明——1996 年 3 月 12 日在第八届全国人民代表大会第四次会议上》，载《中华人民共和国全国人民代表大会常务委员会公报》1996 年第 3 期。

〔4〕《中华人民共和国行政处罚法实用问答》编写组：《中华人民共和国行政处罚法实用问答》，人民法院出版社 1996 年版，第 38 页。

〔5〕 周佑勇：《行政法的正当程序原则》，载《中国社会科学》2004 年第 4 期。

公开。[1]行政处罚公开原则肯定了行政处罚决定向行政相对人公开的正当性，但未明确指出是否要将处罚决定向社会公开，是处罚程序上的一个漏缺。不过，行政处罚公开原则埋下了将有关行政处罚的事项应公之于众的基本意识，为处罚决定向公众公开奠定了思想基础。

（三）行政决策结果公开的实施

2004年《纲要》规定行政管理做到公开、公平、公正、便民、高效、诚信，尤其指出在行政决策程序中，除依法应当保密的外，要公开决策事项、依据和结果。行政决策结果一词则频繁出现在各地规范性文件中，公开行政决策结果也成为判断是否依法行政的重要指标。行政处罚作为行政决策类型之一，行政处罚决定自然属于行政决策作出的结果。既然决策事项和依据要向社会公开，那么与其同一位序的决策结果也应当向社会公开。因此，要求公开"行政决策结果"应用于行政处罚领域即指对外公开行政处罚决定。随后，推进行政决策公开，扩大行政决策公开的领域和范围，推进行政决策过程和结果公开则成了各地政务公开的工作要点。

2004年《纲要》为建立健全行政决策机制勾勒出基本概貌，规定了具体措施。为落实2004年《纲要》，各地纷纷出台了相应的规范性文件，并将公开行政决策的情况纳入依法行政的考核指标中。[2]虽然2004年《纲要》围绕着如何作出行政决策的过程提出了诸多要求，如吸纳诸如专家、学者以及普通公众参与决策，来体现出决策的科学性和民主性，但这种决策多是关涉人民群众切身利益或具有社会影响力的决策事项。对于行政处罚这类为行政机关频繁使用的管理手段，若都按照上述决策程序作出，就将使得行政缺乏效率，导致一项旨在约束权力运行的制度功能难以发挥作用。当然，行政处罚作为我国行政机关履行职能的重要手段，其规范化路径历经了漫长的过程。

---

〔1〕　如国家土地管理局《关于落实国务院通知精神认真贯彻实施〈中华人民共和国行政处罚法〉的通知》（〔1996〕国土〔监〕字第160号）要求"建立并实施如下几项制度……⑥行政处罚决定公开制度。对土地违法行为给予行政处罚的规定必须公布；未经公布的，不得作为行政处罚的依据"。

〔2〕　如《2006年福建省农业厅政务公开工作意见》（已失效）指出"要建立健全考核评估制度，根据《福建省政务公开工作考核评估办法》，厅政务公开领导小组将组织对各处室政务公开工作进行考核评估，考核结果与单位和个人评先评优、奖惩等挂钩"。如2015年《宁夏回族自治区法治政府建设指标体系（试行）》（已失效）规定行政决策占比15%，要求建立重大行政决策公示制度，公示的内容包括了行政决策事项的名称、依据和结果公开，且要求重大行政决策公开率达到90%以上。

当行政处罚作为行政决策种类之一时，行政机关就应当保障处罚决定的作出和处罚决定的公开的法治化，落实"谁决策、谁负责"的责任制。因此，在确保行政效率和公平时，对于行政处罚结果的公开，以直接规定"公开行政决策结果"表述为主，而并未有规范性文件直接规定公开行政处罚结果。统一规定的缺乏导致地方对于具体行政处罚结果如何公开举措不一，存在混乱，违法公开行为不胜枚举。

归纳行政决策结果公开的实施状况，主要呈现如下特征：在公开主体上，规定作出决策的行政机关为行政决策结果的公开机关。[1]在公开对象上，并未明确限定决策结果的受众对象，除去对涉密内容的但书条款，若无特别的限定则默认为所有公众。[2]在公开内容上，除2004年《纲要》规定中使用"行政决策"一词汇之外，地方上则多冠上"重大行政决策"来限定公开决策的对象。其中，结果又是作为行政执行公开的内容之一，与执行依据、条件、方式、程序、相对人权利义务等为同一序列；但并未直接规定行政机关应当公开的决策结果的具体内容。在公开方式上，一般遵循政府信息公开相关规定，通过政府网站、政府公报等途径发布。不过，一般的行政处罚结果并不会严格依照行政决策结果的程序公开，只有涉及重大的行政处罚，行政机关才会通过召开新闻发布会等形式进行情况通报，其中就涉及了行政处罚结果的公布。在鼓励地方制度创新的同时，一些不合理的公开方式也开始变相出现，如在处罚结果尚未确定时，新闻媒体对可能涉及违法或不当的行为就予以曝光，会严重侵犯相对人的隐私权和名誉权。

在行政决策结果公开阶段，行政处罚公开的内容有限，实践中运行也较为混乱。究其原因，或因行政决策内涵与外延彼时尚不周全，重大行政决策的范围并不清晰，行政决策结果应如何界定悬而未决；或因注重对行政决策过程或内容公开，而忽略了对行政决策结果公开的程度。行政决策结果公开这

---

〔1〕 如2006年长沙市人民政府《关于全面推进依法行政的若干意见》规定了"重点建立健全行政决策公开制度……确保行政决策的民主性、合法性和科学性"。《济南市推进依法行政若干制度规定》："所有面向社会服务的政府部门都要把办事公开透明作为工作的基本原则，拓宽办事公开领域，依法公开办事过程和结果，保障落实群众的知情权和监督权。"

〔2〕 如2005年《赣州市人民政府重大行政决策规则》第6条规定："重大行政决策公开。除依法应当保密的外，决策事项、依据和结果要公开。尤其是社会涉及面广、与人民群众利益相关的决策事项，应当向社会公布，公众有权查阅。"

一术语至今仍广泛地被运用于各省市的行政程序规定中。[1]当前理论界和实务界关于重大行政决策的研究则在于如何健全完善行政决策机制，把公众参与、专家论证、风险评估、合法性审查、集体讨论等作为作出决策的法定程序，旨在确保程序正当、过程公开。[2]而后续出台的类似规范中所提及的行政决策更多的是行政机关内部的自我决策，而非指对外作出的具体行政行为，这与行政处罚决定公开所关注的结果就存在本质区别。

二、作为行政处罚信息公开的发展期

1996 年《行政处罚法》虽然未直接规定行政处罚决定向公众公开，但实践中已有行政处罚决定以政府信息的方式予以公开。在 2007 年《政府信息公开条例》实施后，为扩大政府信息公开范围和最大限度地保障公众知情权，大多数地方规定把公开行政处罚决定作为行政机关的主动公开范围。2019 年《政府信息公开条例》则明确地将"具有一定社会影响的行政处罚决定"作为政府主动公开的内容之一，推动了行政处罚决定公开的进一步发展。此阶段的行政处罚决定公开遵循政府信息的性质和程序进行公开，为行政处罚决定公开奠定了思想基础、完善了规范依据以及更新了公开平台，是行政处罚决定公开走向成熟的重要阶段。

（一）行政处罚信息公开的实施背景

1987 年 12 月，中共第十三次全国代表大会强调了"重大情况让人民知道，重大问题经人民讨论"，为建立政府信息公开制度奠定了思想与政策基础。1988 年 3 月，中共十三届二中全会提出要把政务公开作为强化权力监督、加强党风廉政建设的重要措施，政务公开即被视作我国政府信息公开制度肇始。行政法治建设发展需要一个诚信政府，尤其是在应对突发的公共卫生事件时，朝令夕改的行政规则与简单粗暴的执法方式将严重损害政府公信力。[3]政

---

〔1〕　如《湖南省行政程序规定》第 42 条："由行政机关作出决定的重大行政决策，决策机关应当在作出决定之日起 20 日内，向社会公布重大行政决策结果。"

〔2〕　参见姚坚：《论重大行政决策过程信息公开》，载《当代法学》2017 年第 5 期。

〔3〕　2003 年，在"非典"期间，我国有 120 多名中央和地方官员因防治非典而受到惩处，范围涉及全国近一半的省、自治区、直辖市，政府公信力受到考验。参见龚培兴、陈洪生：《政府公信力：理念、行为与效率的研究视角——以"非典型性肺炎"防治为例》，载《中共中央党校学报》2003 年第 3 期。

府依法行政的水平与其信用呈正相关，而政府信用与公开的程度亦呈正相关，公开的程度越高、政府信用程度越高、政府依法行政水平就将提高。在此背景下，政府信息公开之意义不仅是保障知情权的重要途径，还是提升政府公信力的有力措施。2002 年《广州市政府信息公开规定》（已失效）、2004 年《上海市政府信息公开规定》（已失效）相继出台，政府信息公开迈入规范化发展阶段。随着中共第十七次全国代表大会确定了知情权、参与权、表达权、监督权的"新四权"，全国性的政府信息公开立法也被提上日程。在国家政策推动和地方立法尝试下，政府信息公开的范围亦在不断调整。就行政处罚领域的公开而言，早期政府信息公开规定并未提出对行政处罚信息进行公开的要求，而理论界也未集中对行政处罚信息的公开进行专门研究。随着建立公开透明政府逐步落实和保障知情权之理念深入人心，政府信息公开的范围也逐渐扩大，而行政处罚信息也开始被纳入政府主动公开范围中。

（二）行政处罚信息公开的规范类型

面向社会公开的行政处罚决定受政府信息公开制度发展的影响甚深，早期的规范性文件就已将行政处罚信息视为政府信息的基本类型之一。在 2007 年《政府信息公开条例》施行之前，部分地区就已有规定要求向社会公众公开行政处罚信息，其中就包含了对行政处罚决定的公开。[1]早期立法主要采取了直接规定和间接规定两种模式：就直接规定而言，一类是限制性规定，即对行政处罚决定作出一定限制，如规定"公开重大行政处罚决定"[2]"公开重大行政处罚的处罚结果"[3]；一类是非限制性规定，即除法定免于公开之外的则公开所有行政处罚类型，如规定公开"行政处罚结果"[4]、规定公

---

〔1〕 检索说明：笔者在"北大法宝"上，以"政府信息公开"为标题，以"行政处罚"为内容进行两次检索，在 2008 年之前有 33 部地方性法规，包括 9 部地方规章。检索时间为 2024 年 6 月 17 日。

〔2〕 如 2004 年《成都市政府信息公开规定》（已失效）第 10 条规定主动公开的信息包括了"重大行政处罚决定"。

〔3〕 如 2004 年《武汉市劳动和社会保障局政府信息公开暂行办法》第 7 条规定："市劳动和社会保障局及时向社会主动公开下列政府信息……（11）重大行政处罚的处罚依据、程序及结果……"

〔4〕 如 2005 年《海南省政府信息公开办法》第 8 条规定："行政机关除应当主动向社会公布政府规章和具有普遍约束力的规范性文件外，还应当主动向社会公开下列政府信息……（十五）行政许可、行政处罚、行政强制、行政裁决和行政复议的依据、程序及结果等……"

开"《行政处罚决定书》"。〔1〕就间接规定而言，如规定公开"行政处罚案件事项"，处罚决定作为执法结果则推定公开。〔2〕不过，在公开方式的选择上，部分规定行政处罚结果作为政府信息的内容，应当向社会公开，如 2005 年《海南省政府信息公开办法》第 8 条之规定。部分规定行政处罚处理结果属于依申请公开的行为，且在申请公开主体的身份上作出进一步限制。如 2005 年《郑州市政府信息公开规定》第 9 条规定"对行政许可……行政处罚……具体行政行为的处理结果"属于依申请公开范围。

2007 年《政府信息公开条例》规定了公开的主体、方式、范围、程序以及监督保障等内容，政府信息公开基本框架得以成形，意味着政府信息公开进入正式化和全面推广阶段。据该条例第 2 条对政府信息定义可知，行政处罚决定可属于行政机关在行使处罚权时所制作和管理的信息。〔3〕不过，该条例第 10 条仅规定对于环境保护、公共卫生、安全生产、食品药品、产品质量的监督检查情况应当重点公开，并未直接将行政处罚信息纳入政府应当主动公开的范围中。从字面意思来看，行政机关对于这些领域的监督检查情况应包括对违反相应法律法规行为作出的行政处罚决定，由此可以推定 2007 年《政府信息公开条例》确有将行政处罚作为政府信息向社会公开之意思。毕竟行政处罚是政府在管理社会事务中运用得最多的手段，乘政府信息公开之势也应作为主动公开的内容。事实上，2010 年，外汇局为了提高行政执法透明度，提升外汇监管和服务水平，便实施了行政处罚决定公开制度，向社会公布外汇违法违规的典型案例。对于披露行政处罚是否构成一种变相行政处罚，有关部门就以 2007 年《政府信息公开条例》的立法精神来论证了公开披露处罚决定的合法性。〔4〕为进一步贯彻落实 2007 年《政府信息公开条例》，各省

---

〔1〕　如 2004 年上海市农业委员会《关于进一步做好市农委政府信息公开工作的通知》规定了"行政处罚决定除免于公开的情形外都应公开……以上执法单位要将《行政处罚决定书》公开"。

〔2〕　如 2003 年国家环保总局发布的《环境保护行政主管部门政务公开管理办法》（环发〔2003〕24 号）第 5 条中"环境行政处罚案件查处、行政复议案件处理和环境保护执法检查情况"属于环保部门政务公开的内容。2007 年《南京政府信息公开规定》（已失效）第 7 条规定："政府机关应当依照本规定，在各自职责范围内确定主动公开的政府信息的具体内容，并重点公开下列政府信息：（一）管理规范和发展计划方面……2. 政府机关的行政许可、行政处罚等事项……"

〔3〕　2007 年《政府信息公开条例》第 2 条将政府信息界定为"行政机关在履行职责过程中制作或者获取的，以一定形式记录、保存的信息"。

〔4〕　参见吴汉铭：《公开行政处罚的合法性》，载《中国外汇》2010 年第 17 期。

市制定相关的工作方案、实施办法。经统计，2008 年至 2018 年出台的文件共计 73 部，涉及行政处罚公开的文件则达到了 1119 部。[1]立法的蓬勃发展显示出行政处罚信息公开已为各地践行之大趋势，2019 年《政府信息公开条例》第 20 条最终将具有一定社会影响的行政处罚决定作为行政机关应当公开的内容。此后，各地逐步更新了行政处罚决定公开的依据并依此实施。

（三）行政处罚信息公开的运行评价

1. 公开依据

就公开依据而言，行政处罚信息公开中对于处罚结果的公开呈现出专门化、领域化之特征。2019 年《政府信息公开条例》实施后，我国关于行政处罚决定公开的立法形式上呈现出从分散性单行立法到专门性综合立法。当前我国行政处罚决定公开的立法方式主要有三种：第一，特殊性立法，涉及食品、环境、金融、税务等特殊领域要求公开行政处罚决定。代表性规范有《食品安全法》《环境保护法》等（见下表）。

代表性规范名称	效力级别	具体条款
《食品安全法》	法律	第 113 条、第 139 条
《环境保护法》	法律	第 54 条
《反垄断法》	法律	第 64 条
《反不正当竞争法》	法律	第 26 条
《城乡规划法》	法律	第 54 条
《电影产业促进法》	法律	第 46 条
《资产评估法》	法律	第 40 条
《安全生产法》	法律	第 78 条
《海警法》	法律	第 67 条
《基本医疗卫生与健康促进法》	法律	第 77 条
《防范和处置非法集资条例》	行政法规	第 33 条

---

〔1〕 检索说明：此次检索区间为 2008 年至 2018 年，检索分为两步，首先以"政府信息公开"为标题，得到中央法规 602 部、地方性法规 5691 部。其次以"行政处罚"为内容在结果中检索，得到中央法规 103 部、地方法规 1352 部。检索时间为 2024 年 6 月 17 日。

续表

代表性规范名称	效力级别	具体条款
《医疗保障基金使用监督管理条例》	行政法规	第 33 条
《互联网上网服务营业场所管理条例》	行政法规	第 28 条
《营业性演出管理条例》	行政法规	第 35 条
《娱乐场所管理条例》	行政法规	第 35 条
《企业信息公示暂行条例》	行政法规	第 6 条

第二，概括性立法，此类立法规定行政处罚程序，以 2019 年《政府信息公开条例》、2021 年《行政处罚法》为模板，规定将具有一定社会影响的处罚决定纳入政府主动公开范围（见下表）。

代表性规范名称	效力级别	具体内容
《政府信息公开条例》	行政法规	第 20 条："……主动公开……（六）……以及本行政机关认为具有一定社会影响的行政处罚决定……"
《中国人民银行行政处罚程序规定》	部门规章	第 5 条第 1 款："中国人民银行及其分支机构依法公开行政处罚决定信息。"
《住房和城乡建设行政处罚程序规定》	部门规章	第 10 条："……具有一定社会影响的行政处罚决定，应当自作出决定之日起七日内依法公开……"
《社会组织登记管理机关行政处罚程序规定》	部门规章	第 32 条："具有一定社会影响的行政处罚决定应当依法公开……"
《商务部行政处罚实施办法》	部门规章	第 22 条："商务部应当自行政处罚案件立案之日起九十日内作出行政处罚决定……"
《市场监督管理行政处罚程序规定》	部门规章	第 63 条第 1 款："市场监督管理部门作出的具有一定社会影响的行政处罚决定应当按照有关规定向社会公开。"
《证券期货违法行为行政处罚办法》	部门规章	第 35 条第 2 款："中国证监会及其派出机构作出行政处罚决定的，应当依照《中华人民共和国行政处罚法》的规定，在七日内将行政处罚决定书送达当事人，并按照政府信息公开等规定予以公开。"

第三，专门性立法，此类立法是以"行政处罚信息公开"或"行政处罚信息公示"等关于行政处罚信息如何公开的规章或规范性文件。代表性规范有 2015 年《浙江省行政处罚结果信息网上公开暂行办法》《上海市行政处罚案件信息主动公开办法》等（见下表）。

代表性规范名称（发文字号）	发文部门	效力级别
《浙江省行政处罚结果信息网上公开暂行办法》（浙江省政府令第 332 号）	浙江省人民政府	地方政府规章
《上海市行政处罚案件信息主动公开办法》（上海市人民政府令第 36 号）	上海市人民政府	地方政府规章
《市场监督管理行政处罚信息公示规定》（国家市场监督管理总局令第 45 号）	国家市场监督管理总局	部门规章
国家统计局《关于印发行政处罚信息公示办法（试行）的通知》（国统字〔2019〕9 号）（已失效）	国家统计局	部门规范性文件
铁路局《关于印发〈铁路建设工程监管行政处罚信息公开办法〉的通知》（国铁工程监〔2017〕18 号）	国家铁路局	部门规范性文件
国家发展改革委办公厅《关于进一步规范"信用中国"网站和地方信用门户网站行政处罚信息公示工作的通知》（发改办财金〔2017〕1171 号）	国家发展和改革委员会	部门工作文件
《泸州市行政处罚案件信息主动公开办法》（泸市府办发〔2017〕30 号）	泸州市人民政府	地方规范性文件
《广东省安全生产监督管理局安全生产行政处罚信息公开制度》（粤安监办〔2015〕24 号）	广东省安全生产监督管理局	地方规范性文件
《辽宁省工商行政管理行政处罚信息公示实施细则》（辽工商发〔2014〕45 号）	辽宁省工商行政管理局	地方规范性文件
《四川省工商行政管理行政处罚信息公示办法》	四川省工商行政管理局	地方规范性文件

2. 公开类型

就公开类型而言，行政处罚领域中群案类与个案类公开并存。虽然行政处罚信息公开的规范依据逐渐完善，但由于公开程序具体规范缺乏，行政机关在公开时间、公开方式和公开渠道选择上存在差异。如针对食品安全、环境保护、自然资源等特殊领域内，公开行政处罚决定的时机是结合个案办理的情况进行阶段性披露，以及时保障社会公众的知情权。又如在特殊时期对某一领域出台专门行政处罚案件信息公开的意见、办法，旨在短期内提升实现行政管理目的、引导社会有序竞争。[1]对于不具有特别法或专门法遵循的前提下，针对行政处罚决定的公开则是采用政府信息公报进行类案公开，统计出本季度或本年度行政处罚的总数以及分别作出的不同种类的处罚个数。此外，地方中所出现的零碎的、动态的行政处罚决定公开又加大了公开行为的复杂性，同时也增加了对其规范的困难程度。如电子眼抓拍后公布行为的认定，在高速公路、十字路口等地经抓拍后，将带有违法行为人肖像的照片滚动公布在高清显示屏上。严格来说，由于抓拍行为还未得到执法人员的确认，所公布的行为并不属于行政处罚决定公开，然其行为效果与公开行政处罚决定并无不同。早在 1997 年，深圳市就开始运行闯红灯电子警察系统，且多年来推动行政管理自动化不断更新，行政处罚领域的自动化程度更甚。在数字政府建设背景下，自动化行政处罚的行为属性、公正性、程序性等引发了诸多热议。[2]随着行政处罚信息公开在全国范围内实施，为达成公开之结果就容易忽略公开过程的公正性，自动化行政处罚可能会提高不公正之风险。

3. 公开方式

就公开方式而言，行政处罚信息公开呈现出多元化、网络化、联动化之特征，联合惩戒趋势加强。互联网、大数据、人工智能等现代信息技术的广泛应用推动社会信用制度进入快车道。行政处罚信息作为反映企业及个人违法行为、责任履行情况的直接载体，已纳入信用信息的征集范围内，作为信用评价的重要参考。国务院《关于印发社会信用体系建设规划纲要（2014—2020 年）的通知》明确了对行政处罚信息进行公示的要求。自 2014 年《企业信息公示暂行条例》实施以来，依托企业信用信息公示系统，关于企业行政处

---

〔1〕　如 2014 年 2 月 4 日实施的《关于依法公开制售假冒伪劣商品和侵犯知识产权行政处罚案件信息的意见（试行）》，要求行政机关主动、及时公开适用一般程序查办的假冒伪劣和侵权行政处罚案件相关信息。

〔2〕　代表性成果为：李晴：《自动化行政处罚何以公正》，载《学习与探索》2022 年第 2 期；余凌云：《交警非现场执法的规范构建》，载《法学研究》2021 年第 3 期；马颜昕：《自动化行政方式下的行政处罚：挑战与回应》，载《政治与法律》2020 年第 4 期；胡敏洁：《自动化行政的法律控制》，载《行政法学研究》2019 年第 2 期。

罚信息公示得到了极大便利。2015 年国务院办公厅《关于运用大数据加强对市场主体服务和监管的若干意见》要求建立全国统一的信用信息共享交换平台，整合各领域信用信息，利用大数据标准体系提高政府治理能力。2016 年国务院《关于建立完善守信联合激励和失信联合惩戒制度加快推进社会诚信建设的指导意见》要求推动政务信用信息公开，全面落实行政处罚信息上网公开制度。同年，国务院办公厅在《关于全面推进政务公开工作的意见》基础上又印发了《2016 年政务公开工作要点》，要求有关行业主管部门通过国家企业信用信息公示系统及时归集并公示行政处罚、抽查检查和企业严重违法失信等信息。在倡导社会信用体系的建设下，中央到地方均构建了严密的公共信用组织体系，专业化的平台逐步得到完善。[1]如中央层面建设的"公共信用中心""信用中国"等网站，全国信用信息共享平台的进一步完善也为行政处罚信息公开落实提供了技术支持。行政处罚信息公开的惩戒效果让"一处受限，处处受限"成为常态，但联合惩戒对于轻微的行政违法来说有违比例原则，行政机关对于公开的行政处罚信息的范围就需要进一步细化。

三、作为行政执法决定公示的成熟期

随着行政处罚原则实施以及对知情权保障理念增强，行政处罚决定公开在历经行政决策结果公开与行政处罚信息公开阶段后在理论与实践上都得到了发展。确立行政执法公示制度则是对行政处罚决定公开的进一步完善，也是直接助推该制度正式进入 2021 年《行政处罚法》阶段。该阶段中，行政处罚决定公开则体现为作为行政执法决定予以公示。

（一）行政执法公示制度的实施背景

行政执法公示出现于最早的规范性文件是来自 1996 年辽宁省沈阳市审计局所制定的《行政执法公示制度》，该制度推行的目的在于落实审计监督工作，提高政府管理和服务水平。[2]而后 1997 年《武汉市地方税务局税务行政执法公示制度》的出台意味着行政执法公示制度进入税务领域，是健全税务

---

〔1〕 我国信用管理平台主要由两网、三库、四系统构成，包括信用门户网、信用服务网；大数据库、信用信息库、信用产品库；征信系统、分析系统、信评系统和数字化服务系统。

〔2〕 王政：《沈阳市审计局向社会公布〈行政执法公示制度〉——访沈阳市审计局局长　云生才》，载《审计理论与实践》1997 年第 3 期。

执法监督机制、提高执法透明度的重要措施。该文件就公开内容作了细致规定，其中涉及行政处罚的公开侧重事前和事中公开，即对处罚程序、听证等公开，并未提及将行政处罚决定向公众公开。2000年，国家工商行政管理局在总结吉林省四平市、黑龙江省哈尔滨市道里区工商行政管理局实行"两公开一监督"和辽宁省沈阳市工商行政管理局推行"行政执法公示制"经验的基础上，有力推动了全系统政务公开工作的开展。[1]随后，海事局、交通部、司法部、新闻出版广电总局等先后发布了要求推行行政执法公示制度的规范。可见，推行行政执法公示制度是增强执法透明、落实执法责任制的体现。不过，该制度在推行过程中也曾遭遇了行政执法主体的思想抵触，认为公开执法信息容易损害政府权威，不利于有效实施管理、维护社会稳定。[2]事实上，推行行政执法公示制度是我国行政机关在转变职能时期的需要。在法治化道路建设进程中，如何定位政府职能始终是法治国家建设的一大困惑。就作为服务者的政府而言，该定位符合转型时期我国政治、经济的现实需求，面临社会参与者法治意识和社会组织治理水平的提高，"简政放权"逐渐成为行政管理体制改革的重点，但还政于民、还权于民应当循序渐进，若肆意而为将难以守住法律的底线，导致社会秩序紊乱，不利于巩固既有成果。对此，当前政府的职能定位应当逐步转为事中、事后的监管，而行政执法公示制度正是政府还政于民的一种体现，即通过公示使得权力在阳光下行使，积极让社会公众参与治理。

（二）行政执法公示中处罚决定公示的运行概况

全国范围推行行政执法公示制度始于2016年12月30日中央全面深化改革领导小组第三十一次会议通过的《推行行政执法公示制度、执法全过程记录制度重大执法决定法制审核制度试点工作方案》（以下简称《试点工作方案》）。《试点工作方案》选取了32个地方和部门开展试点，要求试点单位及时主动向社会公开有关行政执法信息。按照《试点工作方案》，行政执法决定包含了行政处罚决定、行政许可决定、行政强制决定、行政征收决定、行政

〔1〕 参见国家工商行政管理局《关于在全国工商行政管理系统深入推行政务公开制度的通知》（工商办字〔2000〕第154号）。

〔2〕 参见郑传坤、青维富：《行政执法责任制理论与实践及对策研究》，中国法制出版社2003年版，第55~60页。

收费决定、行政检查决定等。就其公示内容涉及行政处罚决定公示来看，天津市、河北省、国土资源部、国家税务总局、呼和浩特市、调兵山市、海门市（今海门区）、南昌市、赣州市、淄博市、胶州市、衡阳市、广州市、中山市、泸州市、成都市金牛区、贵安新区管委会、毕节市、中卫市、荆州海事局、常州市文化广电新闻出版局、北京市食品药品监督管理局等 22 个地方和部门参与了行政执法公示制度试点。

《试点工作方案》一共确立了 3 个省级行政单位、12 个地市级行政单位、4 个县级行政单位以及 3 个不同层级的政府职能部门为试点单位。试点单位要依法及时主动向社会公开行政执法信息，行政执法人员在执法过程中要主动表明身份，接受社会监督。就行政处罚决定公开而言，该方案将其归为事后公开内容，同时指出试点单位要探索行政执法决定公开的范围、内容、方式、时限和程序，完善公开信息的审核、纠错和监督机制。在《试点工作方案》公布之后，除国家税务总局、国土资源部、天津市、调兵山市、北京市食品药品监督管理局、常州市文化广电新闻出版局、荆州海事局外，其余试点单位都制定了相关公示办法或实施方案（见下表）。就公开内容而言，对行政处罚决定的公示被规定在"事后公示"的部分，或被涵盖在"执法决定"部分中，或被涵盖于"行政执法结果"部分中，或出现在行政处罚决定书中；就公开方式而言，行政处罚决定连同其他执法决定均要求上网公示，若无专门的处罚信息公示平台，则一律公示在政府官方网站上；就保留期限而言，在明确保留期限的规范文本中，衡阳市规定了 5 年的保留期限，胶州市在其公示平台上显示公开保留期限为 1 年，而广州市则规定了不少于 30 日，其余地区未作规定。囿于制度设计缺陷，行政执法公示制度在试点地区中缺乏明确指引，从试点城市公开平台上的具体内容来看，对于行政处罚决定公开就存在以全文或摘要公开行政处罚决定书，以单独或统一的表格罗列行政处罚信息等不同方式；对于相对人信息的脱密处理各地在公开时也并不一致。不过执法公示制度的试点让社会监督成为可能，其他地区执法公示办法也在试点地区的影响下逐步制定，这对于实现严格规范公正文明执法具有重要意义。

试点单位	规范依据	事后公开决定（行政处罚）	公开方式	保留期限
省级行政单位				
河北省	《河北省行政执法公示办法》	行政执法决定（第23条包含"执法机关、执法对象、案件事实、执法类别、执法结论"等行政执法信息）	以网络平台为主要载体，以政府文件、新闻媒体、办公场所等为补充	—
地市级行政单位				
呼和浩特市	实施方案〔1〕	行政执法结果公示	行政处罚信息公示平台	无
南昌市	—	公开行政处罚决定的文号、案件名称、被处罚人姓名或者名称、法定代表人（负责人）姓名、主要违法事实、行政处罚的种类和依据、履行方式和期限、作出行政处罚的机关名称和日期	江西政务服务网、江西省行政执法服务网和市政府门户网站	—
赣州市	实施方案〔2〕	行政执法信息公示	全省行政执法监督平台和全国企业信用信息公示系统（江西）平台	—
淄博市	实施办法〔3〕	行政执法结果公示	公告、公报或者网络运行平台、广播电视、新媒体、电子显示屏、公告栏	—

〔1〕 2017年4月21日发布了工作文件：《呼和浩特市推行行政执法公示制度执法全过程记录制度重大执法决定法制审核制度试点工作实施方案》。

〔2〕 2017年发布了《赣州市推行行政执法公示制度执法全过程记录制度重大执法决定法制审核制度试点实施方案》（赣市府办发〔2017〕35号）。

〔3〕 2018年发布了《淄博市行政执法公示制度执法全过程记录制度重大执法决定法制审核制度实施办法》（淄政办发〔2018〕1号）。

续表

试点单位	规范依据	事后公开决定（行政处罚）	公开方式	保留期限
衡阳市	《衡阳市行政执法公示办法》（已失效）	行政执法决定执行信息（第21条包括行政执法决定书编号、执行主体、执行对象、执行结果等信息）	本级人民政府行政执法公示平台、政府公报、报刊、互联网、微信、微博	5年
广州市	《广州市行政执法公示办法》	行政执法结果（第9条、第10条，行政处罚决定书公开）	部门网站	不得少于30日
中山市	《中山市行政执法公示办法（试行）》	行政执法结果信息（第10条）	公告、政府网站、行政执法信息公示平台、电子显示屏、公示栏、宣传册等	—
泸州市	—	按《四川省行政许可和行政处罚等信用信息公示工作实施方案》公开	市级有关部门和区县政府门户网站	—
毕节市	《毕节市行政执法公示办法》	行政执法决定（结果）信息（第18条）	网络平台、政府文件、新闻媒体、办公场所等	—
中卫市	实施方案[1]	行政执法结果	中卫市法治政府网	—
县级行政单位				
贵安新区管委会	《贵安新区行政执法公示办法》	行政执法结果（第6条包括案件信息、执法决定、执行结果、送达情况以及日常监督检查情况等）	贵安新区行政执法监督云平台	—
成都市金牛区	《金牛区行政执法公示办法》	行政执法结果（第10条）	门户网站、公示栏、服务窗口、电子屏、新闻媒体、情况通报	—

---

[1] 2017年发布了《中卫市推行行政执法公示制度执法全过程记录制度重大执法决定法制审核制度试点工作方案》（卫政发〔2017〕57号）。

试点单位	规范依据	事后公开决定（行政处罚）	公开方式	保留期限
海门市	《海门市行政执法公示办法》	（1）公开行政相对人信息，行政执法过程，行政决定（2）公开"双随机"清单所涉事项的抽查结果	政府门户网站公示；公告、印刷公示服务卡、在办公场所设置公示栏或电子显示屏公示等辅助方式	—
胶州市	—	行政处罚决定	行政处罚公示平台	1 年

（三）行政执法公示中处罚决定公示的运行评价

一方面，在试点地区的影响下，其他地区和部门不断加强行政执法规范化建设，执法能力和水平有了较大提高。2018 年，行政执法公示制度在全国范围推广，明确了行政处罚执法决定信息包括执法机关、执法对象、执法类别、执法结论，同时规定了除法律、行政法规另有规定的，行政处罚的执法决定信息应当在执法决定作出之日起 7 个工作日内公开。[1]行政执法公示制度在全国范围内的普及使得行政处罚决定的公开常态化，除专门出台行政执法公示办法外，地方立法也将实行行政执法公示制度写入市容和环境卫生管理条例、违法建设治理条例、优化营商环境条例、社会治理促进条例等地方性法规和地方规章中。[2]行政处罚决定公示的规范类型呈现出多领域、多样态等特征，但在涉及公开期限、公开方式、公开内容等程序上具体事项时，规定之间的差异也较为明显。

另一方面，行政处罚决定公示制度推动了社会信用制度建设。行政执法公示制度建设之初是为了提升政府工作透明度、落实社会监督，为政务诚信建设助力。2011 年 10 月，党的十七届六中全会强调，把诚信建设摆在突出位置，大力推进政务诚信、商务诚信、社会诚信和司法公信建设，抓紧建立健

---

〔1〕 具体参见 2018 年国务院办公厅《关于全面推行行政执法公示制度执法全过程记录制度重大执法决定法制审核制度的指导意见》。

〔2〕 笔者以"行政执法公示"为关键词作为标题和内容在北大法宝法律法规库中进行检索，经筛选后，共得到 95 部地方性法规、58 部地方政府规章。检索时间为 2024 年 5 月 5 日。

全覆盖全社会的征信系统，加大对失信行为惩戒力度，在全社会广泛形成守信光荣、失信可耻的氛围，为社会信用制度的发展奠定了坚实基础。行政处罚决定公示是失信系统中信用信息的重要来源，基于公开的信息与数据，社会公众能充分参与到针对信用社会建构的各种问题，让公民自内心建立对诚信的认同，进而实现社会信用体系建设中的主体性重塑。公众的主体意识和权利意识越高、社会诚信之风越强劲，反而又将促进政府依法行政，推动政务信用建设。基于信息共享机制，信用工具在源头上被赋予了公信力和执行力，在市场主体的评价与监督的激励下，能够及时启动严厉的市场驱逐式惩罚，有效阻吓企业放弃潜在的违法行为，是一种高效辅助公共执法的社会治理形式。[1]不过，随着行政处罚决定公示的推行，其与发布黑名单、失信联合惩戒、违法事实公布等制度的区隔逐渐弱化，对其行为定性的复杂程度也增加了相对人及时采取救济途径的困难程度。

　　行政执法公示制度的推广意在打造阳光政府，通过事前公开、事中公开、事后公开于统一公示平台，为行政处罚决定公开制度的建构奠定了实践基础、开拓了实施路径。在行政处罚法的修改过程中，立法者也表示明确"行政处罚决定应当依法公开"的立法地位是巩固行政执法公示制度的试点成果，进一步完善行政处罚程序的有效措施。[2]

第二节　行政处罚决定公开的确立

　　行政处罚决定公开属于行政处罚领域中事后公开环节，对完善行政处罚程序具有重要意义。从行政处罚决定公开的前述发展进程可知，行政处罚决定公开运行立法目的由单一到多元、规范依据由混乱到规范、公开内容由模糊到清晰。乘行政处罚修改之风，具备了丰富的立法经验和实践基础的行政处罚决定公开被正式写入2021年《行政处罚法》中，完成了法律层面的制度建构。

---

　　〔1〕　参见吴元元：《信息基础、声誉机制与执法优化：食品安全治理的新视野》，载《中国社会科学》2012年第6期。

　　〔2〕　许安标：《关于〈中华人民共和国行政处罚法（修订草案）〉的说明——2020年6月28日在第十三届全国人民代表大会常务委员会第二十次会议上》，载《中华人民共和国全国人民代表大会常务委员会公报》2021年第2期。

一、行政处罚决定公开的修改历程

"行政处罚决定"与"公开"在处罚法层面的首次合体是 2019 年 10 月发布的《行政处罚法（征求意见稿）》第 42 条第 1 款。在行政处罚法修订过程中，该条又经历了从"行政处罚决定应当公开"到"行政处罚决定应当按照政府信息公开的有关规定予以公开"再到"具有一定社会影响的行政处罚决定应当依法公开"之变化。可见，针对行政处罚决定是否公开、如何公开为立法者细致考量、反复斟酌，个中思量错综复杂、争论不休（见下表）。

规范名称	《行政处罚法（征求意见稿）》（2019 年）	《行政处罚法（修订草案）》（2020 年 6 月 28 日）	《行政处罚法（修订草案二次审议稿）》（2020 年 10 月 22 日）	《行政处罚法》（2021 年 7 月 15 日）
条款内容	第 42 条："行政处罚决定应当依法公开。"	第 45 条第 1 款："行政处罚决定应当公开。"	第 46 条第 1 款："行政处罚决定应当按照政府信息公开的有关规定予以公开。"	第 48 条第 1 款："具有一定社会影响的行政处罚决定应当依法公开。"

（一）《行政处罚法（修订草案）》

2020 年 6 月《行政处罚法（修订草案）》（以下简称《修订草案》）保留了 2019 年《行政处罚法（征求意见稿）》中"行政处罚决定应当依法公开"之表述。由于 1996 年《行政处罚法》中公开原则并未要求对处罚结果的公开，《修订草案》创设的处罚决定公开制度实则为公示制度系好了"最后一粒扣子"，是对处罚程序的完善。从法律规范的行为模式来看，该条作为义务规则，意味着义务人必须履行公开行为，具有强制性而无选择性。[1] 具体到《修订草案》的第 45 条，该条文的逻辑实际上是行政处罚决定应当被依法公开，并无促使积极作为的前置或后置条件。深究之，置于此处的"应当"引发了条文适用的疑惑：一是公开主体被遗漏。《修订草案》第三章明确规定了行政处罚的实施机关，即能够作出行政处罚的主体是具有行政处罚权的行政机关，经法律、法规授权的组织以及经法律、法规、规章受委托的组织。然

---

〔1〕　张文显主编：《法理学》（第 3 版），法律出版社 2007 年版，第 57 页。

而，能够作出行政处罚决定的主体是否一定是公开行政处罚决定的主体，《修订草案》并未对该问题进行明确规定。二是公开的依据模糊。《修订草案》中"依法公开"，对于"法"的解释是广义的法律还是狭义的法律，《立法法》中并未明确规定针对处罚决定公开的问题授予哪一效力级别的法律予以公开。如在行政处罚信息公开阶段中，行政机关公开行政处罚决定或采取网上公示，或采取张贴公告，仅凭"依法"二字难以准确定位具体的法律规范，该条款漏洞过于明显。三是对需要公开的处罚决定过于决断。"应当"意味着对相对人所科罚种和处罚幅度不作考量，强调对所有的行政处罚决定均公开。但若公开诸如警告、小额罚款等，不仅会增加行政机关公开的工作量，同时也违反比例原则，因为公开行为对自然人的名誉、声誉，对法人及非法人组织的商誉、信誉造成的损害将远大于行政处罚决定本身。

（二）《行政处罚法（修订草案二次审议稿）》

2020 年 10 月发布的《行政处罚法（修订草案二次审议稿）》（以下简称《二审稿》）将《修订草案》第 45 条修改为"行政处罚决定应当按照政府信息公开的有关规定予以公开"。就条文内容的明确性而言，该条属于准用性规则，即没有明确规定行为规则的内容，但明确指出可以援引其他规则来确定内容。[1]结合我国现行有效的法律规范，"政府信息公开的有关规定"主要包括 2019 年《政府信息公开条例》以及各地政府信息公开具体实施办法。在行政处罚的限定下，义务公开主体可定位到《政府信息公开条例》第 19 条[2]和第 20 条[3]。增加"按照政府信息公开的有关规定"在一定程度上改变了行政处罚决定"一刀切"公开的现状，表明了立法者缩小行政处罚决定公开范围的意图。但从条文可操作性来看，该条并未对具体适用政府信息公开的哪一规定作出明确指引。现行涉及政府信息公开的规定数以百计且良莠不齐，而仅凭《政府信息公开条例》这一行政法规也无法就行政处罚决定所公开的内容、程序、方式统一规定，该条可能也难以摆脱沦为"僵尸条

---

〔1〕 张文显主编：《法理学》（第 3 版），法律出版社 2007 年版，第 58 页。

〔2〕《政府信息公开条例》第 19 条规定："对涉及公众利益调整、需要公众广泛知晓或需要公众参与决策的政府信息，行政机关应当主动公开。"

〔3〕《政府信息公开条例》第 20 条规定："行政机关应当依照本条例第十九条的规定，主动公开本行政机关的下列政府信息……（六）实施行政处罚、行政强制的依据、条件、程序以及本行政机关认为具有一定社会影响的行政处罚决定……"

款"的命运。

（三）2021 年《行政处罚法》

2021 年《行政处罚法》第 48 条改准用性规范为确定性规范，无需再援引或参照其他法律规则，但内容上实则同《政府信息公开条例》第 20 条第 6 款并无区分。在法律概念的世界中，"许多法律概念的确定性就像一个越来越高或者越来越低的刻度表"。[1]"具有一定社会影响"的入法赋予其法律意义上的概念，也预示未来对此适用的过程很大程度上就是对该法律概念的确切解释和具体运用。"具有一定社会影响"一词最早见于司法部《关于在全国监狱系统开展监狱管理工作整顿的意见》（司发通［2006］72 号）中。[2]该文件将"在本地具有一定社会影响的罪犯"等同于"职务罪犯、黑社会性质组织犯罪主犯和首要分子"，可见"具有一定社会影响"在刑法领域代指将面临判处较高刑罚的犯罪。在行政处罚领域，现行有效的行政法规、规章等文件中，共 53 部文件规定了"具有一定社会影响"行政处罚决定予以公开，涵盖了医疗、税务、水利、知识产权、交通运输等领域。[3]虽然行政处罚领域中对社会影响的评价是否定的、负面的，但该影响达到何种程度却难以判断。立足过程论视角，行政处罚决定公开实则可解构出两个行为，即"处罚决定作出"+"处罚决定公开"。[4]"具有一定社会影响"到底是判断行政处罚决定本身的影响还是针对公开处罚决定后的影响尚有争议。在上述问题尚无定论的前提下，行政处罚决定公开的运行可能会陷入混乱。

二、行政处罚决定公开的现实价值

行政处罚决定公开写入《行政处罚法》时间虽短，但经过各部门和各地政府的实践探索，已有丰富的经验。法律层面的确立意味着行政处罚决定公开将作为原则性条款，即当满足"具有一定社会影响"的条件后就会向社会

---

〔1〕　［德］哈特穆特·毛雷尔：《行政法学总论》，高家伟译，法律出版社 2000 年版，第 133 页。

〔2〕　该文件指出"对职务罪犯、黑社会性质组织犯罪主犯和首要分子，以及在本地具有一定社会影响的罪犯（以下简称'三类罪犯'）的管理及执法工作，是这次整顿活动的重点"。

〔3〕　其中包括了 1 部行政法规、15 部部门规章、17 部地方规范性文件、20 部地方工作文件。文件大多是直接照搬《政府信息公开条例》第 20 条第 6 款，并未对于何为"具有一定社会影响"的行政处罚决定进行阐释，似要为行政机关裁量留有余地。最后检索时间为 2024 年 6 月 18 日。

〔4〕　参见汤莹：《过程论视角下公开行政处罚决定的法律控制》，载《法学》2023 年第 3 期。

公开。该制度建立对行政处罚公开原则的完善、对行政处罚效果的提升以及对行政法学理论的发展都具有重要意义。

（一）行政处罚决定公开填补处罚公开原则的漏洞

处罚公开原则是行政公开和政府信息公开原则的具体转化结果。[1]处罚公开原则入法时，为彰显行政处罚对行政相对人的保护，主要聚焦于事前公开和事中公开。新增的行政处罚决定公开则聚焦于事后公开，将公开对象由行政相对人扩展至社会公众。从内容上看，事前公开主要包含了处罚依据公开，2015年《立法法》第5条就确定了立法公开原则，不论是立法程序还是立法结果都需要向社会公开，这也体现在2021年《行政处罚法》第5条第3款中，对于违法行为给予行政处罚的规定必须公布。这里的公布是指向社会公布，明确了何种行为才能被处罚，能够制定行政处罚的法规、规章等规范性文件只有向社会公布才能生效，是法的安定性与预期性体现。事中公开则强调了行政处罚执法过程向相对人公开，告知相对人违法事由、处罚依据及其权利义务，以保障相对人的参与权、知情权与救济权。事后公开要求行政机关在执法决定作出后的一定时间内，将执法机关、对象、类别、结果向社会公示。行政处罚决定公开入法后规范了公开行为，在监督行政处罚行使过程中，对于公开的内容、程序还应当同政府信息公开相契合，而涉及个人隐私、商业秘密、国家秘密的，则不得公开。可以说，行政处罚决定公开守好了处罚公开原则的最后一道关口，保障了公众对何种行政处罚决定的知情权。

（二）行政处罚决定公开助力行政处罚效果的提升

行政处罚决定公开是一项事后行为，一经公开，影响即刻造成，持久长远。在该影响的加持下，行政机关必须秉持严格规范公正文明执法，权力行使就不得肆无忌惮。《行政处罚法》第1条规定了行政处罚的立法目的，其中"保障和监督行政机关有效实施行政管理"处于四大立法目的中的第二排序，结合行政处罚决定公开制度再对该目的进行解读时，可以发现公开处罚决定有助于推动行政机关达到有效实施行政管理的目的。就字面意义而言，"有效"

---

[1] 胡建淼：《〈行政处罚法〉通识十讲》，法律出版社2021年版，第44页。

意为"能实现预期目的或有效果"。[1]行政处罚不是目的，只是管理手段。行政机关在运用行政处罚以达成制裁违法行为、保障合法权益，从而实现公共利益的目的。但公权力在运行的过程中离不开制约与监督，尤其在法治发达国家中，国家治理的关键就在于治权。建立行政处罚决定公开制度意味着行政机关要将行政处罚的依据、过程和结果都公之于众，即对何种行为认定为处罚、违反了何种行政法律规范、如何作出处罚、作出何种程度的处罚。建立在这些公开信息基础上，社会公众就可判定行政机关是否依法处罚、是否合理处罚、程序是否正当。在公开的压力之下，社会监督功能得以发挥，行政机关行使处罚权时就会充分衡量处罚的目的，选择相适应的手段。此外，公开处罚决定也是一种有效的普法手段。行政处罚决定的公开让公众知悉频繁滋生的违法行为，处罚依据与违法事由对应的释法说理，公众能理解行政处罚的目的，监督相对人承担责任，从而提升行政处罚效果，促进法律效果和社会效果的统一。

（三）行政处罚决定公开推进行政基础理论的发展

在行政处罚决定公开入法前后，学界在处罚决定是否应当公开、处罚决定应当如何公开等领域内诞生了丰富的研究成果，促进行政法学理论向纵深方向发展。这些理论成果背后也引发了如下方面的思考：其一，对行政处罚与行政处罚决定公开关系的新认知。行政处罚是一种行政制裁措施，它的制裁性体现在它对行政相对人作出的不利后果，而行政处罚决定本身就是一个不利后果。行政处罚是行政机关与行政相对人的外部管理关系，但行政处罚决定公开还涉及社会公众，在关系论上也突破了传统行政行为形式论限制。同时，关注行政处罚决定公开所造成的负面后果还将涉及其与一事不二罚理论是否相悖等问题。其二，对公私利益间衡量新方法的思考。行政处罚决定公开促成了一场在公法与私法之间的关于个人权利保护、个人信息发展等问题的讨论，公共利益与私人利益如何取舍等也频繁在修法过程中被提及。既然公开处罚决定对名誉、声誉、信誉等人格利益都具有一定程度贬损，就会涉及利益衡量，在探讨公开的损害后果时还需要结合民法、刑法、心理学、社会学等理论进行分析。其三，对公私合作行政法的新推进。从制裁效果来

---

〔1〕　中国社会科学院语言研究所词典编辑室编：《现代汉语词典》（第 7 版），商务印书馆 2016年版，第 1591 页。

看，行政处罚决定公开实质上发挥了社会公众的力量，其制度价值就体现通过传统行政手段实现合作行政的目的。在传统高权行政领域，制裁是贯彻行政目的的主要手段，通过公开行政处罚决定，对于行政相对人来说，确立其责任，捍卫国家公权力，也借此督促防止再犯。在合作行政法理念下，治理主体不再仅是国家公权力，社会治理的优势效能逐渐显现。[1]行政处罚决定公开就充分发挥了社会的治理效能，结合社会公众监督的力量，共同制裁违法行为。

三、行政处罚决定公开的运行挑战

通过公布行政处罚决定来实施制裁，具有成本低、见效快、影响广等特点，在实践中频频受行政机关青睐。加之信息的快速传播与交换，这种负面影响通常不会随着处罚的结束而消失，公开处罚决定实则有"一劳永逸"之效。随着行政执法三项制度在全国范围的推行以及2021年《行政处罚法》的实施，各地对于行政处罚决定公开的开展更是如火如荼。行政处罚决定公开利用信息社会的技术优势，不仅打破了时空壁垒，还将产生信息检索链。当公开的处罚决定越多，相关个人、法人或非法人组织的违法信息就会形成信息库，并被永久保存。因此，该制度运行将面临如下三方面挑战。

（一）大数据时代对加强私益保护的挑战

迈入《民法典》时代，健全充实的民事权利体系与规范有效的权利保护机制形成使得我国对人身权、财产权、人格权的保护得以全面加强。2021年《行政处罚法》第1条亦明确保障公民、法人及其他组织的合法权益是立法目的之一。而作为规制工具的行政处罚决定公开将可能加重对个人信息权、隐私权及名誉权等权益保护的负荷。

第一，处罚决定公开对个人信息权造成不利影响。互联网时代下，招聘、购物、就诊、工作、学习等无一不要求对个人信息的输入，诸多的社交软件以及人脸识别，使得获取个人信息简单便捷，国家机关更是具有这一"先天优势"。[2]人工智能与大数据时代使得个人信息数据价值凸显，"关于个人信

---

〔1〕 参见章志远：《迈向公私合作型行政法》，载《法学研究》2019年第2期。

〔2〕 据《关于〈中华人民共和国个人信息保护法（草案）〉的说明》，截至2020年3月，我国互联网用户已达9亿，互联网网站超过400万个、应用程序数量超过300万个，个人信息的收集、使用更为广泛。

息的处理如果欠缺适切性的话，就会发生不当的侵害个人的权利利益的事情"。[1] 2021年《个人信息保护法》赋予了自然人个人信息权，即自然人在数据处理过程中享有的，对其个人信息的收集、使用、分析等数据处理活动的数据控制权，包含了知情权、访问权、删除权、更正权、拒绝权、可携权等具体权利。[2] 行政处罚信息本身具有私人性质和公共性质，行政处罚信息私人性使得信息归属权不能简单为行政机关所有。[3] 2021年《个人信息保护法》第11规定国家应当建立健全个人信息保护制度，推动形成政府、企业、相关社会组织、公众共同参与个人信息保护的良好环境。比较而言，个人信息公开在公法视角下具有逐步扩大之趋势，这就增加了信息泄露的可能，也与私法视角严格限制公开的立法趋势相悖。

　　第二，处罚决定公开对隐私权造成不利影响。《民法典》第110条、第1032条规定自然人享有隐私权。作为法定权利，隐私权指自然人的私人生活安宁和不愿为他人知晓的私密空间、私密活动、私密信息排除任何组织或者个人以刺探侵扰、泄漏、公开等方式的侵害。相对于个人信息侧重"个人"对信息的专属而言，隐私权更强调信息的隐秘与不公开性。[4] 但在大数据时代，当个人私行为被照片、视频等记录，并上传到网络空间后，这些个人照片与视频其实也构成了隐私的一部分。当前行政处罚决定公开的范围包括了全部或部分案件事实、相对人姓名或名称、处罚类型等，而根据姓名、名称和违法事实其实很容易定位具体的相对人，隐私并未得到实质保护。实际上，这种隐私权代表的个人利益是对人的尊严的尊重，是表征人在社会中立足和在法律中存在的与他人平等的法律地位。[5] 隐私被公开后，被公开的人与普通的人在社会中的地位就失去了平等。行政机关作为公共利益的守护者，公开处罚决定一定程度上保障了社会公众的知情权，但知情权不一定大于隐私权。对于情节轻微、不涉公共利益的处罚类型，公众并无"知的必要"。

---

〔1〕　［日］盐野宏：《行政法总论》，杨建顺译，北京大学出版社2008年版，第231页。

〔2〕　参见付新华：《个人信息权的权利证成》，载《法制与社会发展》2021年第5期。

〔3〕　参见朱兵强、陈指挥：《行政处罚信息公开中知情权与隐私权的平衡》，载《电子政务》2015第4期。

〔4〕　参见李卫华：《民法典时代政府信息公开中个人私密信息保护研究》，载《政治与法律》2021第10期。

〔5〕　参见胡玉鸿：《人的尊严的法律属性辨析》，载《中国社会科学》2016年第5期。

第三，处罚决定公开对名誉权造成不利影响。《民法典》第 1024 条界定了"名誉是对民事主体的品德、声望、才能、信用等社会评价"。法律上的名誉是一个人的社会评价，具备社会性和特定性。名誉权是自然人和法人、非法人组织就其自身属性和价值所获得的社会评价，享有的保有、使用和维护的人格权。[1]基于品德、声望、才能、信用等社会评价所形成的名誉事关人格权、财产权利益，而"好名声"或"坏名声"的初始印象一旦形成就难以改变。行政处罚决定作为对相对人的否定评价，已然对相对人名誉造成了影响，而一旦被公之于众，该负面影响不仅降低了社会大众对其评价，更重要的是会侵害其平等的社会交往权利，甚至引发信任危机。在"生于斯、长于斯、死于斯"的乡土社会中，失信的代价往往比法律的强制性更具威慑力。[2]而与古代口口相传不同的是，信息时代下公开处罚决定的声誉惩戒效果更为明显，因为被惩罚的记忆会以数据形式被长久保存。对于公众人物、知名企业来说，这种不利影响更甚。

（二）对包容审慎监管原则的挑战

随着政府职能转变，新时代行政法之功能特色之一就在于行政高权的柔性处理。[3]随着契约精神引入我国行政法，与传统高权手段相比，行政机关更倾向于选择能够贯彻主体尊严、平等、合作、宽容等价值的柔性治理手段。相对而言，行政处罚这一传统高权行政手段在面临互联网经济模式就将呈现出行政执法力不从心、无所适从的尴尬境地。为较好解决新经济模式发展与现行法律法规滞后的矛盾，我国创造性地提出了包容审慎监管原则。2018 年，李克强总理在考察国家市场监管总局召开座谈会的讲话精神中对"包容"与"审慎"具体内涵的阐释为适用包容审慎监管指明方向："所谓'包容'，就是对那些未知大于已知的新业态采取包容态度，只要它不触碰安全底线。所谓'审慎'有两层含义：一是当新业态刚出现还看不准的时候，不要一上来就'管死'，而要给它一个'观察期'；二是严守安全底线，对谋财害命、坑蒙拐骗、假冒伪劣、侵犯知识产权等行为，不管是传统业态还是新业态都要

---

〔1〕 参见袁雪石：《民法典人格权编释论：条文缕析、法条关联与案例评析》，中国法制出版社 2020 年版，第 455 页。

〔2〕 参见费孝通：《乡土中国》，北京大学出版社 2012 年版，第 134 页。

〔3〕 参见关保英：《新时代背景下行政法功能重构》，载《社会科学研究》2018 年第 5 期。

采取严厉监管措施，坚决依法打击。"〔1〕这一兼具理性与规范的监管原则对行政机关实现管理目标与保护新生事物之间的平衡具有指导意义。2019 年《优化营商环境条例》第 55 条正式确立了包容审慎监管原则的法律地位，也意味着包容审慎监管原则已由一项国家政策逐步发展为一项新的行政法原则。该条为包容审慎监管的普遍适用提供了法律依据，即今后无论是在启动调查、听取陈述申辩、作出行政决定等具体行政执法领域，还是在行政立法、司法审查等领域中，针对新技术、新产业、新业态、新模式均要遵循包容审慎监管原则。随着新一轮"放管服"改革推进，面对互联网新业态监管时，行政机关设计了诸多宽松化的规制方案。实践中也出现了设定"包容期"〔2〕"沙盒监管"〔3〕"触发式监管"〔4〕等具体形式。正如李克强总理在国务院常务会议所强调的："各部门都要树立'包容审慎'监管理念，为就业创造更大空间。"〔5〕《法治中国建设规划（2020—2025 年）》《法治政府建设实施纲要（2021—2025 年）》等文件均明确要求将包容审慎监管方式作为构建职责明确、依法行政的政府治理体系的重要内容，包容审慎监管原则已然从行政执法的特殊领域跨越到一般领域，并将持久地嵌入执法的理念中，为各级行政机关及其工作人员遵循。

就其目的而言，包容审慎监管旨在实现三个目的：一是包容鼓励科技创新；二是审慎预防行业风险；三是尊重行业发展特性。包容审慎监管体现出政府包容新业态新经济模式，给市场一个良好预期，鼓励市场自治，致力于建设"有效市场、有为政府"的目标与态度。2021 年《行政处罚法》中"轻微不罚""首违不罚""无错不罚"等制度突出了处罚的教育功能，要求处罚

---

〔1〕　参见《李克强详解为何对新业态实施"包容审慎"监管?》，载 http://www.gov.cn/guowuyuan/2018-09/12/content_ 5321209. htm，2024 年 6 月 17 日访问。

〔2〕　《广州市优化营商环境条例》第 68 条第 2 款："……市、区人民政府及其有关部门应当按照有利于市场主体经营发展的原则给予一定时限的包容期，不得简单予以禁止或者不予监管。"

〔3〕　中国人民银行于 2020 年 1 月 14 日发布《金融科技创新监管试点应用公示（2020 年第一批）》，将"基于物联网的物品溯源认证管理与供应链金融""微捷贷产品""AIBank Inside 产品"等 6 项互联网金融产品列入首批"金融科技创新监管试点的应用"。

〔4〕　2020 年 7 月 14 日，《关于支持新业态新模式健康发展 激活消费市场带动扩大就业的意见》提及"探索触发式监管机制，建立包容审慎的新业态新模式治理规则"，即政府部门为新兴业态提供宽松的发展环境，同时设定不可逾越的监管底线。一旦企业触碰监管底线，即启动监管执法。

〔5〕　参见《李克强为何反复强调要秉持"包容审慎"的监管理念?》，载 http://www.gov.cn/xinwen/2017-09/23/content_ 5227149. htm，2024 年 6 月 17 日访问。

在强调力度时兼具温度，这正是包容审慎监管理念的体现。[1]因此，在经济发展进入新常态下，若大量采用处罚决定公开这一手段，并不利于政府引导新产业、新业态健康有序发展，还容易导致新业态经济发展空间被压缩。此外，若频繁将处罚决定予以公开还会影响对相对人的监管效果。处罚决定作为对相对人的负面评价一旦公开势必会影响相对人的声誉，在舆论助推下，社会公众就只会关注被处罚的事实和被处罚的结果。这种借助舆论的实际效果就削弱了公开行政处罚本身的力量，若一下子施用于一大批人，亦将影响制裁效果。司法实践中，包容审慎监管原则多用于行政处罚案件中，如陈某诉济南市城市公共客运管理服务中心客运管理行政处罚一案中，法院最终认定网约车这新业态行为虽然违法但社会危害性较小，以处罚畸重为由判决撤销行政机关作出的2万元罚款决定。该案所确定的价值符合包容审慎监管对顺应风险社会治理、数字法治发展的大趋势，亦符合行政法中平等、正义、安定、效益价值。新发展阶段下创新行政执法方式要求"广泛运用说服教育、劝导示范、警示告诫、指导约谈等方式，让执法既有力度又有温度"。[2]质言之，在遵循包容审慎监管原则下，包容创新、审慎监管、有效监管的实质内涵要求行政处罚决定公开这一具有声誉制裁效果的规制手段应当审慎适用。[3]

(三) 对处罚决定公开实效救济的挑战

基于行政处罚的制裁性，公开行政处罚决定就具有扩大和延长惩戒程度和时间的可能。近年来，以"曝光、揭露"等夺人眼球和流量的新闻失真事件不胜枚举，且通过自媒体传播发酵后，事件内容多有歪曲事实、故意引导之嫌，如"南京彭某案""李某非法行医案"等。[4]公开发布难以避免违法行为被交予大众审判的后果，这种审判围绕案件的全过程，甚至先于行政机关作出决定。如2010年，合肥市首创行政处罚案件群众公议制度，[5]该制度

---

〔1〕 参见胡建淼：《〈行政处罚法〉通识十讲》，法律出版社2021年，第6页。

〔2〕 参见《法治政府建设实施纲要（2021—2025年）》。

〔3〕 参见张效羽：《行政法视野下互联网新业态包容审慎监管原则研究》，载《电子政务》2020年第8期。

〔4〕 刘凯湘：《媒体与司法：如何建立良性互动》，载《人民法院报》2014年7月25日。

〔5〕 2015年《合肥市行政处罚案件群众公议办法》规定，对于适用一般程序的行政处罚案件实行群众公议。

中需要公议的行政处罚案件是已在行政机关拟作出行政处罚决定之后再开展群众公议活动，而新闻媒体曝光的行政处罚案件就是群众公议的案件类型之一。问题在于，经新闻媒体曝光后的处罚案件已经在一定范围内产生影响，行政相对人能否要求不公开或对个人隐私进行脱密处理并不清楚。因为行政处罚案件并非都是涉及公共利益的案件，在作出处罚决定之前还应当遵循正当程序，告知相对人陈述、申辩、申请听证等权利，在此过程中要求案外不相关人员参与并不符合民主理论的基本要求。[1]若在提请行政复议或行政诉讼之前，关于相对人的处罚信息已被公开，无疑将加剧相对人后续维权的成本与效果。

　　行政处罚决定公开在全国推广后，还存在加强对相对人惩戒之可能，诸如名誉权、荣誉权等行政相对人的人身权在行政机关错误公开或具有污名化倾向之时，就将受损且难以修复。基于声誉受损的事实，有学者归纳了"交给时间""诉诸隐私""增加信息"三类手段来探讨声誉信息的修复。[2]还有学者认为可建立个人声誉的恢复机制，允许相对人认识自己的错误、积极沟通并取得谅解。[3]实践中也出现过删除记录、移出名单或信用评价升级等做法，但各地修复时限、条件和申请机关等均有不同。就算当下删除，也难以消除属于个人特征的信息已存在于网络中的相关印记，意味着从根本上很难消除所产生的社会影响。[4]正如声誉或者声誉评价已经成为诸多行业重要衡量标准之一，通过公开行政处罚决定，将使得相对人饱受法律和道德双重审判。[5]若不加以合理规制，当行政机关在作出警告、罚款、没收违法所得等处罚行为制裁效果并不显著时，就会随意使用公开处罚决定来增强对相对人制裁效果。而一经公开，任何补救、改正与时间沉淀都不一定能够有效消除影响，并且相对人也难以通过行政复议、行政诉讼等获得实效救济。如在孟某玲诉龙口市公安局、龙口市人民政府政府信息公开一案中，原告因被告对其作出的龙公港决字［2007］第0504号行政处罚决定书被单位给予"开除党

---

〔1〕　参见李利军：《行政民主的边界》，载《中国行政管理》2015年第3期。
〔2〕　戴昕：《声誉如何修复》，载《中国法律评论》2021年第1期。
〔3〕　参见张晓冉：《国内个人声誉机制的规范研究——以信誉和声誉的区别为切入点》，载《征信》2019第11期。
〔4〕　参见朱芒：《作为行政处罚一般种类的"通报批评"》，载《中国法学》2021年第2期。
〔5〕　参见雷宇：《声誉机制的信任基础研究》，经济科学出版社2018年，第22页。

籍处分"向被告申请公开行政处罚决定书，法院却认为原告行为实质是以政府信息公开的名义申请查阅材料，以不属于行政诉讼受案范围而驳回原告起诉。[1]同样在吴某丽诉北京市东城区城市管理综合行政执法局行政处罚一案中，一审、二审法院均认为被告有义务将其作出的行政处罚结果进行公示并纳入公共信用信息服务平台，该项工作是其作出行政处罚决定的一项附随行为，效力依附于涉诉处罚决定，并不单独对原告的权利义务产生实际影响，并据此驳回原告诉讼请求。[2]基于声誉修复难度和救济缺位，行政处罚决定公开这种监管手段就需要审慎适用。

第三节　行政处罚决定公开的界定

任何概念都拥有自身的历史，它们无法抵抗时代的变化。[3]行政处罚决定公开演进历程也折射出该概念范畴的变迁。当然，概念作为理解事物的逻辑起点，必须精准而确切。2019年《政府信息公开条例》发布之后，行政处罚决定公开作为规范术语就频繁出现在各类文件中，但行政处罚信息公开、行政处罚结果公开、行政处罚事项公示等概念仍然存在。这些概念与行政处罚决定公开的相似程度不同，学界也并未直接就行政处罚决定公开的概念进行研究。概念本身就难以准确界定，加之身处行政法领域之中，仅能描述而无法加以定义的无奈也符合了行政法复杂而多变之特征。本部分以2021年《行政处罚法》所采取的"行政处罚决定公开"进行解构，将其分为两个部分：一是行政处罚决定，它应结合行政处罚的定义进行理解，一并对行政处罚主体、行政处罚依据、行政处罚程序等概念进行解释；二是公开，它表达了行政处罚决定所处的一种事实状态，将涉及公开行为作用的对象、具体内容和程序。除试图对行政处罚决定公开进行界定外，归纳行政处罚决定公开的特征亦有助于将其同政府信息公开、声誉罚、失信联合惩戒等概念相区隔。

一、行政处罚决定公开的内涵

行政处罚法修法之前，多数学者认为行政处罚决定公开属于政府信息公

---

〔1〕　参见山东省龙口市人民法院［2021］鲁0681行初18号行政裁定书。

〔2〕　参见北京市高级人民法院［2020］京行申443号行政裁定书。

〔3〕　［德］伯恩·魏德士：《法理学》，丁晓春、吴越译，法律出版社2013年版，第81页。

开的主要内容。如有学者指出行政处罚决定公开就是将行政处罚信息向社会告知，实现公众对行政执法的社会监督。[1]有学者指出公布行政违法信息是政府对所收集的一类行政信息的公开。[2]行政处罚决定公开入法后，学界关于行政处罚决定公开的概念探讨甚少，大多集中在对是否应当公开、应当如何公开等正当性和实操性问题上。随着失信联合惩戒制度、黑名单制度、通报批评等概念不断涌现，何为行政处罚决定公开难以捉摸，其特性也逐渐弱化。为厘清行政处罚决定公开的概念，本部分从"行政处罚决定"与"公开"两个部分进行解读。

（一）行政处罚决定的内涵

行政处罚决定广泛地运用在行政立法和行政执法之中，但不同语境下的内涵存在一定差别。归纳而言，可以从广义与狭义两个层面进行切入。

广义的行政处罚决定。厘清行政处罚决定的概念首先需要对行政处罚进行界定。自1989年《行政诉讼法》创设具体行政行为法律概念，尤其是2014年《行政诉讼法》进一步改用行政行为作为基本概念，我国构建了以行政许可、行政处罚、行政强制、行政征收等行政行为为支点的行政行为法体系。[3]1996年《行政处罚法》立法之初，对行政处罚定义有了基本共识：行政处罚是一种制裁性的具体行政行为，旨在对违法人造成一定的不利后果，维护其他公民的权益和社会公共秩序。2021年《行政处罚法》首次规定了行政处罚的概念。[4]该定义明确了行政处罚概念四要素：以"行政机关"作为处罚主体；以"违反行政管理秩序的公民、法人或其他组织"作为处罚对象；以"减损权益或者增加义务"作为处罚方式；以"惩戒性"作为行政处罚本质特征。四要素标准是为区分行政处罚同行政许可、行政强制、行政协议而设，但单从四要素来看也无法直接将行政处罚与行政处罚决定区分。"决定"一词在《现代汉语词典》中有两种词性和三种含义：一种是动词含义，可指对如

---

〔1〕　王淑芹：《行政处罚信息公开与政府公信力建设研究》，载《人民论坛（学术前沿）》2016年第3期。

〔2〕　参见贺译葶：《公布行政违法信息作为声誉罚：逻辑证成与制度构设》，载《行政法学研究》2020年第6期。

〔3〕　周佑勇：《中国行政法学学术体系的构造》，载《中国社会科学》2022年第5期。

〔4〕　2021年《行政处罚法》第2条规定："行政处罚是指行政机关依法对违反行政管理秩序的公民、法人或者其他组织，以减损权益或者增加义务的方式予以惩戒的行为。"

何行动作出主张，也可指某种事物成为另一事物的先决条件，起主导作用；另一种是名词含义，指决定的事项。[1]显然，在行政处罚决定一词中，"决定"是名词含义，指行政机关作出了行政处罚这一事项。在具体案件中，行政处罚决定包括了该处罚案涉及的所有事项，包括了处罚依据、违法事实、处罚理由等内容。如实践中公布的"行政处罚决定书"中的"行政处罚决定"，就是指一个完整的行政处罚案件，笔者将其称为广义的行政处罚决定。[2]

狭义的行政处罚决定。通过对概念进行横向比较，可以发现与行政处罚同一位阶的概念是行政许可、行政强制等，而与行政处罚决定处于同一位阶概念则是行政处罚程序、行政处罚依据、行政处罚内容。此时，行政处罚就可视为概念集合，行政处罚决定即为其子概念，是行政处罚行为作出的一个结果，笔者将其称为狭义的行政处罚决定。如根据 2020 年《中国银保监会行政处罚办法》第 88 条之规定，银行业行政处罚信息表包括了行政处罚决定书文号、被处罚当事人、主要违法违规事实、行政处罚依据、行政处罚决定、作出处罚决定的机关名称以及作出处罚决定的日期等信息。经网站公布的行政处罚信息表中行政处罚决定一栏就简明扼要地表示"罚款 XXX"。同样，上海市行政处罚信息公开网上所公开的内容中的"处罚结果"也是指狭义的行政处罚决定。如上海市公安局行政处罚公开网站包括了处罚决定书文号、案件名称、被处罚人姓名、处罚事由、处罚依据、处罚结果、行政执法单位名称、处罚日期等信息。

（二）公开的内涵

在《现代汉语词典》中，"公开"有两种含义：一为形容词含义，即"不加隐蔽的，面对大家的（跟'秘密'相对）"；二为动词含义，即使秘密的成为公开的。与公开相对应的近义词，一个为"公布"，指"（法律、命令、文告、通知事项等）公开发布，使大家知道"，另一个为"公示"，指"让公众了解并向公众征求意见"。[3]三者相同之处在于公开的对象是社会公众

---

[1] 中国社会科学院语言研究所词典编辑室编：《现代汉语词典》（第 7 版），商务印书馆 2016 年版，第 712 页。

[2] 若无特别说明，后文提及的行政处罚决定是指广义的行政处罚决定。

[3] 中国社会科学院语言研究所词典编辑室编：《现代汉语词典》（第 7 版），商务印书馆 2016 年版，第 450~452 页。

（大家），区别在于公布强调行为的主动性与义务性，公示强调结果需要向公众征求意见，而公开则强调内容的"秘密性"。据此，在"行政处罚决定公开"这一词汇中，"公开"应是动词含义，表示要将行政机关作出的这一具有秘密性的决定成为周知。其所追求的结果等同公布，让公众知晓，但又不同于公示，对已经作出的处罚决定并不需要征求公众的意见。鉴于公开是指对外作出的一种行为状态，立足权力视角，公开就将涉及如下问题：由谁公开（权力主体）、向谁公开（权力对象）、公开什么（权力内容）、如何公开（权力方式）四个问题。探究上述四个问题就可以划分出行政处罚决定公开的类型：立足公开主体，行政处罚决定公开可划分行政机关和非行政机关公开；立足公开对象，行政处罚决定公开可划分为对行政相对人的公开和对社会公众的公开；立足公开内容，行政处罚决定公开可划分为依据公开、违法事项公开、结果公开；立足公开方式，行政处罚决定公开可划分为事前公开、事中公开以及事后公开。

综上所述，本书的研究对象是行政机关以 2021 年《行政处罚法》中第 5 条、第 48 条为依据，将其作出的具有秘密性、惩戒性的包括处罚依据、处罚事由、处罚结果等在内的行政处罚决定向社会公众公开的行为。

二、行政处罚决定公开的特征

我国法学方法和逻辑总是倾向于将特征置于概念之后，这种探讨方式难免会陷入一种认识误区，即概念决定特征，但特征决定概念才应作为正确的思维方式。[1]

概念中具体要素对判断何为行政处罚决定公开具有实质意义，它进一步解决了行政处罚决定由谁公开、公开的权限以及公开的内容等细节问题，能更好地归纳其特征。

（一）公开主体行政性

按照行政执法公示制度，除法律、行政法规另有规定的，对于行政处罚的执法决定信息，执法机关要在执法决定作出之日起 7 个工作日内，向社会

---

〔1〕　参见胡建淼：《论"行政处罚"概念的法律定位　兼评〈行政处罚法〉关于"行政处罚"的定义》，载《中外法学》2021 年第 4 期。

公布执法机关、执法对象、执法类别、执法结论等信息。根据"谁执法谁公示"的原则，行政处罚决定公开的主体是具有行政处罚权的行政机关。如人民代表大会、检察院、法院、监察委员会等非行政机关的其他国家机关并不具有行政处罚权，而行政机关以外的其他组织，未经法律、法规授权，或未经具有行政处罚权的行政机关依照法律、法规、规章等内容在法定范围内委托的其他组织都不具有行政处罚权。[1]对行政处罚决定公开的主体身份必须明确，否则公开权限的模糊就将影响后续公开内容、公开程序，进而阻碍行政相对人的权利救济。在公权力行使过程中，法无授权即禁止。行政处罚决定应当依法作出，而只有作出行政处罚决定的机关才能知悉处罚行为是否终止。因此，在行政处罚决定公开中，公开的主体应当是行政机关，而非个人、法人或其他社会组织。

然而，实践中往往出现非行政机关将行政处罚决定予以公开的行为，引发了理论界在权力行使与权利保障间的激烈争论。主要如下：其一，党的机关公开党员的行政处罚决定。如为纠治"四风"，教育引导党员、公职人员树牢纪法意识、规范日常行为，云南省纪委规定从2021年2月10日至2月24日对党员、公职人员酒后驾车、赌博、嫖娼等涉嫌违反社会治安管理秩序问题每日进行公开通报曝光，此次行为采取"先曝光、后核查、再处理"的方式，在云南日报、云南网、云南省纪委省监委网站、"清风云南"微信公众号等省级媒体公开通报曝光。[2]其二，高校等事业单位公开学生的行政处罚决定。如复旦大学将在校外嫖娼的三名学生被处以拘留和罚款的行政处罚张贴于校内公告栏，并对其三名学生作出开除学籍处分。[3]其三，行业协会公开其成员行政处罚决定。如中国音乐家协会证实了李某某涉案的事实，因其产生极其恶劣的社会影响公开其嫖娼处罚决定并发表声明，取消李某某中国音乐家协会会员资格。[4]其四，城市或乡村社区自制"红黑榜"公布违法违规行为。"红黑榜"涉及了环境整治、食品监督、道德宣扬、脱贫致富等领域，

〔1〕参见袁雪石：《中华人民共和国行政处罚法释义》，中国法制出版社2021年，第14页。
〔2〕参见《涉嫌违反社会治安管理秩序问题党员公职人员将被公开通报曝光》，载《春城晚报》2021年2月8日。
〔3〕参见《复旦大学三名学生 因在校外嫖娼被开除学籍》，载《新晚报》2021年9月25日。
〔4〕参见《"钢琴王子"的人生岂能乱弹？》，载《北京晚报》2021年10月22日；《李云迪中国音协会员资格被取消》，载《羊城晚报》2021年10月22日。

该评判标准各不相同，旨在褒扬先进、曝光后进。[1]这些非行政机关主体并不能成为法定意义上的行政处罚决定公开主体，公开的程序和内容也任其规定，公开所涉及的相对人就难以就上述行为而获得救济措施。但因为被处罚对象与公开主体之间身份的特殊性（党组织对党员、高校对学生、协会对成员、社区对居民或村民），被处罚对象被赋予了更多的义务和责任。这些主体公开行政处罚决定目的主要在于惩戒被处罚对象，而该惩戒效果比起处罚决定本身而言更为严重。本书所探讨的行政处罚决定的公开主体则仅限于由享有行政处罚权的行政机关，是法定公开主体。

（二）公开内容私密性

从词意来看，"公开"的内容应具有秘密性。行政处罚是一种具体行政行为[2]，其针对特定的自然人、法人或非法人组织作出，同时效力上也具有一次性，且一个处罚决定仅可适用同一人、同一事。因此，这种具体性进一步反映出行政处罚决定对人对事的专属性和隐秘性。就其专属性而言，行政处罚决定专属于某一具体的自然人、法人或非法人组织，被公开的行政处罚决定往往会写明被处罚自然人姓名，被处罚的企业或其他组织的名称、法定代表人姓名、统一社会信用代码。就其隐秘性而言，行政处罚决定书中详细记录了被处罚对象的违法事由经过，包含了涉案缘由、行为目的、处罚结果、处罚日期等，若以行政处罚决定书全文式公开形式加以披露，即使有针对商业秘密、个人隐私的豁免条例，但在强大的数据挖掘技术下，也难免会有侵权的缝隙。由于各地并未就公开的内容作出详细规定，公开得越多越容易导致相对人隐私的泄露，这是行政权需要受到法的拘束性的缘由之一。如上海市市场监督管理局不仅公布了简要的行政处罚信息，还附带了相应行政处罚决定书。行政处罚决定书中就详细地介绍了被处罚当事人，并记录了违法事件的前因后果和处罚流程。相对简单的摘要式公开，以行政处罚决定书作为公开方式就披露了较多的私密信息。当

[1]　参见《湛河区"红黑榜"开启文明城市创建竞赛模式》，载《平顶山日报》2020年10月15日；《村民因"无所事事致富愿望不强"被上黑榜公示　当地：为了激励后进者》，载《成都商报》2023年2月1日。
[2]　2014年《行政诉讼法》将"具体行政行为"表述一律修改为"行政行为"后，该提法已逐渐为学界摒弃。此处仅为借此表达行政处罚决定的专属性和隐秘性。

然，除合法性之外，对于公开内容程度的把握还需要行政机关斟酌行为所需达成的目的，是以恢复社会秩序、实现社会正义还是加重惩罚就需要反复斟酌。

（三）公开加重惩戒性

按照行政处罚的定义，惩戒是行政处罚的目的。相比立法所采纳的"惩戒"这一用语，学界则多适用"制裁性"这一表述。首次表明行政处罚具有制裁性的是罗豪才教授主编的《行政法学》一书中。[1]随后，制裁性逐渐成为界定行政处罚的重要因素之一，也成为学界争议焦点：如有学者认为制裁的本质属性就是惩罚，且该惩罚是违法者相对于守法者承担较多的义务。[2]有学者认为制裁的目的是通过强制违法者为其违法行为付出对应的、对其不利的代价。[3]有学者则认为制裁的核心是剥夺当事人已有利益或给予其新的不利益，以此区分责令改正。[4]有学者认为，制裁的内容是剥夺一定价值、利益或科以一定的负价值或不利益。[5]还有学者提出行政处罚上的制裁是狭义的制裁，以过去的私人违法行为为对象，以课以不利后果为目的，以课予本来义务之外的负担为特征。[6]学界对制裁性的表述不一，但就其不利处分性达成了共识，即以"减损权益或增加义务"为制裁之方式。作为处罚程序的事后环节，行政处罚决定公开的惩戒性正是来源于行政处罚决定所具有的制裁性。将具有制裁性的行政处罚决定成为周知就加重了原行政处罚的惩戒性。"周知"意味着可以将违法行为定位到具体的违法行为人，在信息技术的助力下，扩散是不存在边界的。正是意识到公开处罚决定的负面影响，在《二审稿》审议过程中，有委员就提出行政处罚决定公开不同于其他行政执法

---

〔1〕 该书将行政处罚界定为："行政处罚是国家特定行政机关依法惩戒违反行政法律规范的个人、组织的一种行政行为，属行政裁制范畴。"参见罗豪才主编：《行政法学》，中国政法大学出版社1989年版，第155页。

〔2〕 杨解君：《秩序·权力与法律控制——行政处罚法研究》，四川大学出版社1995年版，第48~49页。

〔3〕 胡建淼：《"其他行政处罚"若干问题研究》，载《法学研究》2005年第1期。

〔4〕 马怀德：《〈行政处罚法〉修改中的几个争议问题》，载《华东政法大学学报》2020年第4期。

〔5〕 熊樟林：《行政处罚的种类多元化及其防控——兼论我国〈行政处罚法〉第8条的修改方案》，载《政治与法律》2020年第3期。

〔6〕 王贵松：《论行政处罚的制裁性》，载《法商研究》2020年第6期。

行为公开。〔1〕这也是对行政处罚决定公开持否定论的学者的观点。〔2〕可以肯定的是，将行政处罚决定公布在互联网后，这种惩戒性远超出"张榜公告"的效果，转发与重复检索就有导致行政相对人面临"社会性死亡"的后果。〔3〕这也解释了行政处罚决定公开频频成为行政机关规制相对人的首选手段之缘故。

（四）公开影响广泛性

借助信息化手段，行政处罚决定公开的载体丰富多样，除传统电视、广播等手段外，通过政府官方网站、微信公众号、微博等传播媒介以图片、视频等方式公开更能确保公开的广度。如"平安XX"的警方微博账号就成了行政处罚决定的公开平台。上海在其官方微信公众号"上海发布"中的"监管"板块中定期发布交通违法案例，在这些案例中配有电子实拍的截图、违法行为人手指车辆展示照片等涉及人、车等信息以及行政处罚信息。目前，将生效的行政处罚决定公开上网是行政机关普遍采用的一种方式，但由于统一的行政处罚决定公开规范尚未出台，对于上网的行政处罚决定，有的是以行政处罚决定书进行全文公开，有的是以表格形式进行摘要公开。有的直接点击页面即可看到行政处罚决定，而有的则需要另行下载完整的行政处罚决定书进行查看。虽然不同公开方式使得处罚信息详略不一，对行政相对人的负面影响程度也有所不同，但只要一经对外公布，处罚决定就将永久存留。

三、行政处罚决定公开与近似概念的区分

虽然行政处罚领域是最早受规制的行政行为，但实践中存在的交通"罚

〔1〕 该委员指出行政处罚决定公开将造成当事人的社会评价降低，进而影响当事人的其他合法权益，实质上是对当事人"二次处罚"，需要对"公开"进行全面规范。参见舒颖：《行政处罚法修订草案二审：下放行政处罚权等多处修改引关注》，载《中国人大》2020年第20期。

〔2〕 参见朱兵强、陈指挥：《行政处罚信息公开中知情权与隐私权的平衡》，载《电子政务》2015年第4期。

〔3〕 "社会性死亡"（social death）是舶来词汇，最早应用于医学上，后与奴隶制度相连，以形容受害者与社会脱节的处境。该概念如今存在向中性日常用语转变的趋势，导致社会性死亡相关的时间往往伴随着个体对其他个体或群体的语言暴力、人身伤害、社会价值贬低，总是和一些网络暴力行为密不可分。参见张国清、阿里木江·于山：《"社会性死亡"及其批判》，载《社会科学》2022年第8期。

岗""扣分""限制子女上学""强制参加学习班""黑名单""违法行为的曝光"是否属于行政处罚却难以用只言片语厘清。[1]既然行政处罚表现形式具备多样性，行政处罚决定公开也需要同类似概念进行区分，进而打破行政处罚决定公开同近似概念"陌生又熟悉"之感，揭开行政处罚决定公开的面纱。实践中，为学界探讨较多的是政府信息公开、声誉罚、失信联合惩戒等概念。

（一）行政处罚决定公开与政府信息公开

在政府信息公开时代，彼时行政处罚决定更多地被称为行政处罚信息，是政府信息的内容之一。[2]2019 年《政府信息公开条例》增加了对具有一定社会影响的处罚决定进行主动公开之规定，适用该条款就应遵循政府信息公开原则和公开程序，将行政处罚决定作为政府信息加以看待。随着行政处罚决定概念的精细化发展，行政处罚决定与政府信息出现了细微差别，导致其并不能直接适用政府信息公开的相关规定。理由在于，根据《政府信息公开条例》第 2 条，政府信息专属于行政机关，是经加工和分析的信息。[3]而《征信业管理条例》第 44 条明确将信息主体的行政处罚信息归为不良信息，将对信息主体信用状况构成负面影响。相比制裁性明显的行政处罚决定而言，政府信息是客观的、中立的。若从行政控制的时间性来看，行政处罚属于典型的事后控制，那公开行政处罚决定就应当属于事后的"事后"。在风险社会和服务行政理念下，预防性与过程性行政手段备受重视，公开行政处罚决定可视为对某一具体违法行为的事后控制，又可视为对该类违法行为的事先预防。事先预防就体现在公开加重惩戒性之威慑力，促使行为人自查自纠，预防其他同类违法事件发生。再从目的来看，公开政府信息的目的在于保障公民知情权，而行政处罚决定公开的目的则是多元化的，制裁之目的就是政府信息公开不具备的。再从公开原则和公开方式来看，带有负面评价性的行政处罚决定不能径直适用以公开为常态、以不公开为例外的原则。虽然《政府信息公开条例》规定了行政处罚决定作为政府主动公开的信息，但当"根据自身

---

〔1〕 参见胡建淼：《论"行政处罚"概念的法律定位　兼评〈行政处罚法〉关于"行政处罚"的定义》，载《中外法学》2021 年第 4 期。

〔2〕 在探讨行政处罚决定公开的内涵时，笔者归纳了学界普遍认为行政处罚决定是特殊政府信息的观点，此处不再赘述。

〔3〕 2019 年《政府信息公开条例》第 2 条："……政府信息，是指行政机关在履行行政管理职能过程中制作或者获取的，以一定形式记录、保存的信息。"

生产、生活、科研等特殊需要"作为申请政府信息公开的前置条件被删除后，任何人都可对涉隐涉私类行政处罚决定申请公开，而这将严重侵犯私人利益，显然与建设透明政府、促进信息惠民的立法目的相悖。事实上，立足行政处罚决定的私密性与制裁性，行政处罚决定公开的复杂程度也并不适合均采用政府信息公开程序。[1]

（二）行政处罚决定公开与声誉罚

在行政处罚种类划分上，声誉罚是对违法者的名誉、荣誉、信誉或精神上的利益造成一定损害的性质处罚，[2]与财产罚、资格罚、行为罚、人身罚共同构成行政处罚的学理分类。早期的学术著作将声誉罚称为申诫罚，指出其是针对轻微或尚未造成实际危害后果的违法行为所设置的处罚。[3]后来声誉罚又被冠以精神罚、名誉罚之称，概念上呈现混用之势。有学者认为声誉罚与申诫罚是两种不同类型的处罚，声誉罚的制裁效果因涉及名誉、荣誉、信誉等而明显高于申诫罚。[4]1996 年《行政处罚法》公布之后，在行政处罚的种类上，我国采纳了"列举+兜底"式的立法模式，并未采取学理上的分类。警告就被列为声誉罚（或申诫罚）的种类，这一处罚种类的目的是行政机关向违法者提出告诫，使受罚人精神上受到损害。[5]这实际上依然未对声誉罚与申诫罚进行区分。2021 年《行政处罚法》增加了处罚的种类，仍然未采纳理论分类。不过，其在警告后增加了通报批评作为声誉罚的具体表现形式。虽然我国立法将警告、通报批评划定在同一序列，但在判定相对人名誉减损和社会评价降低的效果上，通报批评的程度应大于警告。[6]但随着行政处罚决定公开的推广，区分警告和通报批评的公开程度就毫无意义，甚至警告和通报批评的存在也会受到怀疑。从性质上来说，虽然行政处罚决定公开也会产生对相对人名誉减损和社会评价降低的效果，但警告、通报批评才是行政机关作出的行政处罚决定。一般情况下的行政处罚决定公开并非行政处

〔1〕 详见本书第五章。
〔2〕 杨解君：《关于我国行政处罚的对象、内容与种类》，载《法商研究》1995 年第 3 期。
〔3〕 参见应松年主编：《行政行为法——中国行政法制建设的理论与实践》，人民出版社 1993 年版，第 493 页。
〔4〕 参见章志远：《行政法学总论》，北京大学出版社 2014 年版，第 199 页。
〔5〕 袁雪石：《中华人民共和国行政处罚法释义》，中国法制出版社 2021 年版，第 61 页。
〔6〕 参见朱芒：《作为行政处罚一般种类的"通报批评"》，载《中国法学》2021 年第 2 期。

罚的种类，它更多的意义在于对行政处罚决定的后续程序规制；而特殊情况的行政处罚决定公开具有声誉罚之性质，如对已经公开过的行政处罚进行二次公开，这在行为性质上就相当于通报批评。

（三）行政处罚决定公开与失信联合惩戒

失信联合惩戒是一种新型监管方式，其早期被称为"黑名单制度"，现多以备忘录的方式确立并实施。[1]失信联合惩戒是复杂化概念，是多个行为的综合结果。立足行政过程论视角，失信联合惩戒包含了拟列入行为、列入行为、公布行为、惩戒行为。[2]与行政处罚决定公开近似的则是公布失信联合惩戒名单这一行为。但二者也存在差异。其一，就其公开主体而言，失信联合惩戒的主体不仅包括了行政机关，还包括了司法机关、行业协会、社会团体等。其二，就其措施而言，按照对失信人的约束程度，失信惩戒措施可以分为惩罚类措施、禁止类措施、限制类措施、加强监管类措施、公示类措施、参考类措施等。[3]这些惩戒措施中大多不具有行政处罚性质，行政处罚决定公开实质上仅相当于其公示类措施。其三，就其目的而言，不同公开主体的联合惩戒目的也不相同，如最高人民法院公布的失信被执行人名单之目的在于敦促义务履行，而非对违法行为的制裁。而部分行政机关公布惩戒对象名单，目的则在于制裁。[4]鉴于传统概念法学在确定失信联合惩戒属性的失灵，学者们试图引入预防理论、社会治理理论、政府管制理论等为失信联合惩戒提供理论支撑，但与实践中失信联合惩戒的行为属性和法律责任不符。[5]此外，失信联合惩戒以失信行为作为认定的依据，而行政处罚决定公开是以违法行为作为公开内容，从某种意义上说，失信联合惩戒的泛道德性更

---

〔1〕 如由国家发展改革委和最高人民法院牵头，人民银行、中央组织部、中央宣传部、中央编办、中央文明办、最高人民检察院等44家单位于2016年1月20日联合签署的《关于对失信被执行人实施联合惩戒的合作备忘录》。

〔2〕 参见范伟：《行政黑名单制度的法律属性及其控制——基于行政过程论视角的分析》，载《政治与法律》2018年第9期。

〔3〕 张晓莹：《行政处罚视域下的失信惩戒规制》，载《行政法学研究》2019年第5期。

〔4〕 如民政部发布的《养老服务市场失信联合惩戒对象名单管理办法（试行）》第2条规定，联合惩戒名单是指民政部门将严重违法失信的养老服务机构和从业人员列入联合惩戒对象名单，在一定期限内向社会公布，实施信用约束、联合惩戒。

〔5〕 门中敬：《失信联合惩戒的正当性拷问与理论解决方案》，载《法学杂志》2021年第6期。

为显著。〔1〕而从其公布的惩戒名单的信息来看，名单不仅涉及了姓名、名称，还包含了身份证件以及严重违法失信行为的事实，其公开的内容实则要大于行政处罚决定公开之内容。在制裁效果上，列入失信名单对当事人的社会形象及后续被限制高消费等行为也较行政处罚决定公开严重得多。〔2〕因此，失信联合惩戒较行政处罚决定公开而言惩戒目的更为明显，惩戒措施更为全面，且并无监督行政执法之目的。

---

〔1〕　参见周海源：《失信联合惩戒的泛道德化倾向及其矫正——以法教义学为视角的分析》，载《行政法学研究》2020 年第 3 期。

〔2〕　参见孔祥稳：《行政处罚决定公开的功能与界限》，载《中外法学》2021 年第 6 期。

第二章

行政处罚决定公开的属性

定性是行为基础，决定该行为的法治化走向。行政处罚决定公开作为一项新型行政行为，表现类型多样，且涉及多学科内容。对行政处罚的研究离不开刑罚，行政处罚针对的是违反行政法律规范而尚不需要追究刑事责任的行为；向公众公开行政处罚决定也将涉及社会学、心理学等学科知识。公开大量的不利决定还需考虑政治效果、社会效果。回到行政处罚领域，可以发现《行政处罚法》的适用逻辑是一旦某一行政行为被确定为行政处罚后，就需要受制于《行政处罚法》中诸多程序与实体性规则。[1]虽然公开行政处罚决定被规定在《行政处罚法》以及相关行政法规、规章中，但它并不是法定行政处罚类型之一。实践中诸多公布类行为与行政处罚决定公开在惩戒性上具有同质性，但却脱逸在《行政处罚法》之外。若运用传统行政行为形式论对行政处罚决定公开进行审视，可以发现该行为很难被放置于某一种特殊的行政行为类型之中，运用行政行为特征去描述就稍显困难。为透彻理解行政处罚决定公开的行为特征，厘清其同其他行为的区隔，回归属性研究才是根本之策。因为一种行为的法律属性决定其法律特征，对这些共有特征进行浓缩和抽象才形成了概念。[2]加之行政处罚决定公开的法律属性是其客观本质的展现，还将关乎行政处罚法的适用问题、行政诉讼管辖问题、起诉期限问题等，这些将决定行政处罚决定公开后续实体法及程序法走向。基于此，本章将结合国内外行政处罚决定公开的制度实践，对行政处罚决定公开的法律属性进行重述，以此回应该行为所引发的理论争议，试图走出对该制度的理解误区。

---

〔1〕 马怀德：《〈行政处罚法〉修改中的几个争议问题》，载《华东政法大学学报》2020 年第 4 期。
〔2〕 胡建淼：《论"行政处罚"概念的法律定位 兼评〈行政处罚法〉关于"行政处罚"的定义》，载《中外法学》2021 年第 4 期。

第一节　行政处罚决定公开的属性争论

既有研究关于行政处罚决定公开属性的讨论并不丰硕，行政处罚决定公开虽已成为常态，但考虑到公开行政处罚决定难以避免对相对人权益的损害，它的属性如何确定并未在学理上达成共识。按照行政行为模式论，一个特定的行政行为，是行政主体一种外化的特殊意志。〔1〕如行政处罚是行政主体对违反行政法规范的相对人实施制裁的行为，行政许可是行政主体对符合行政法规范的相对人授予权利的行为。这类行政行为因其概念、体系已接近完备的状态，故而又被称为型式化行政行为。〔2〕行政处罚决定公开作为行政机关的行为，应当归入哪一类具体行政行为为学界久争不休。受 1989 年《行政诉讼法》影响，采取具体行政行为与抽象行政行为的二分法一直被我国行政法学界奉为圭臬，随后出台的"行政行为三法"也都是以诉讼制度为导向的。但这种以行政行为是否能被纳入行政诉讼受案范围为划分标准使得诸多行政事实行为和行政协议成了难以被救济的领域，不利于保护行政相对人合法权益。随后，具体行政行为概念在 2014 年《行政诉讼法》修改中被摒弃，加之民事行为理论逐渐成熟，行政法学者也逐步运用民事行为理论对行政行为进行分类。根据行为表示意思和表示效果的不同，行政行为就出现了行政法律行为、行政准法律行为以及行政事实行为之分。〔3〕经对处罚决定公开行为现有研究的整理与归纳，代表性观点主要有作为单方行政行为以及行政行为附随义务两种，而在作为单方行政行为的论点中，又有行政法律行为与行政事实行为之争。以下分别详述。

一、行政法律行为说

在民事法律行为的影响下，德国行政法产生并发展了行政处分概念。行政

---

〔1〕　叶必丰：《行政行为原理》，商务印书馆 2019 年版，第 71 页。

〔2〕　参见林明锵：《论型式化之行政行为与未型式化之行政行为》，载林明锵：《当代公法理论》，月旦出版公司 1993 年版，第 341 页。

〔3〕　早前王名扬教授在谈及行政行为分类时指出，行政行为系行政权作用，包括事实行为和法律行为。其中，行政法律行为又分为单方行政行为和双方行政行为。但在此三种类型之中，行政准法律行为并未形成通说，还有待理论进一步探索。

处分者, 行政官署就具体事件, 为公法上单方的意思表示, 依其意思表示, 而发生法律效果者也。[1] 行政处分又被称为行政法律行为, 受其影响, 立足权利救济视角, 1989 年《行政诉讼法》引入了具体行政行为概念, 其本质与行政法律行为并无差异, 均以行政机关决定、措施或者处置, 旨在发生法律效果之行为。

（一）行政法律行为说之理由

持此观点的学者认为行政处罚决定公开就是行政机关作出的单方行政行为形式的一种, 他们的观点主要集中在对公开处罚决定行为效果的定性。如有学者认为处罚决定公开对应的是当事人的名誉权、信用权, 将直接影响到其名誉、商誉、信用乃至财产, 处罚决定公开将具有一定程度的惩戒性质。[2] 有学者虽未直接针对行政处罚决定公开性质进行研究, 但认为行政处罚决定作为行政违法信息的内容之一, 公布行政处罚决定能产生声誉罚之行为效果。[3] 综其所论, 行政处罚决定公开具有行政法律行为属性之缘由在于它满足了意思表示的要件。根据民法理论, 意思表示是由意思和表示两个要素构成, 意思是主观要素, 包含了行为意思、表示意思和效果意思; 表示是客观要素, 是指外部表示行为。在执法实践中, 诸如公布醉驾者名单、公布卖淫嫖娼的违法行为人的处罚信息、公布交通违章信息等这些行为中, 行政机关都具有明显的制裁意思和惩戒效果。

另外, 从 2021 年《行政处罚法》对行政处罚的定义, 也能找到公开行政处罚决定成为一个独立的行政法律行为的依据。这种具有独立行政行为属性的行政处罚决定公开也在行政审判实践中被认可。如在杭州天恒投资建设管理有限公司诉丽水市住房和城乡建设局一案中, 原告认为被列入不良记录人名单并进行网上公示, 导致其不得在该市范围内承接业务, 因而具备了惩戒性、制裁性的法律特征, 表明"上网公示"本身就是行政处罚的一种措施或手段。[4] 法院的一个重要观点在于"不良行为公示与限制从业的实际后果不

---

[1] 参见林纪东:《行政法》, 三民书局 1986 年版, 第 301 页。

[2] 袁雪石:《中华人民共和国行政处罚法释义》, 中国法制出版社 2021 年版, 第 288 页。

[3] 参见贺译莘:《公布行政违法信息作为声誉罚: 逻辑证成与制度构设》, 载《行政法学研究》2020 年第 6 期。

[4] 再审法院认为该行为仅系被申请人对再审申请人违法违规行为的一种记录和客观反映, 仅是对已经发生的事实和行为进行的信息公开, 制裁性不是不良行为公示行为本身的内容, 而是基于规范性法律文件规定产生的后果。浙江省高级人民法院 [2015] 浙行申字第 313 号行政裁定书。

应分割考量"，而这正是对公开行政处罚决定行为制裁效果的独立考量。同样，在上海味利皇食品有限公司不服上海市卫生局卫生监督通报案中，被告以通报原告生产无糖月饼引发的集体性食物中毒事件（其中的通报包括了对原告作出责令停产停业的处罚决定）不属于具体行政行为为由驳回了原告的行政复议请求。而上海市黄浦区人民法院认为：被告上海市卫生局下属的卫生监督所作为食品卫生监督部门，以《卫生监督简报》的形式通过新闻媒体向社会作出关于上海味利皇食品公司生产的无糖月饼引起食物中毒的通报，其性质是一种履行法定职责的行政管理行为，而否定了被告认为该公开行为不属于具体行政行为之观点。法院审理后认为被告按照《食品安全法》的有关规定作出的通报行为，符合法定职权和程序，驳回了原告诉讼请求。[1]

（二）对该属性的反思

实践中，向社会公开行政处罚决定的形式大多表现为公开部分或全文的行政处罚决定书，但公开行政处罚决定书虽然只是行政机关的程序性行为，但作出公开的决定却有明确的表示意思。再则，意思表示在民法理论上充分尊重和保障了平等主体间充分意思自治，而以意思表示来判定行政处罚决定公开就意味着行政机关享有了较大的裁量空间，这也与依法行政要求的对行政行为严格控制存在矛盾。[2]总的来说，该观点存在以下两个方面的理论漏洞。一方面，意思表示作为区分行政法律行为与行政事实行为的标准并不严谨。行政法上之意思表示虽借鉴民法理论，但行政处分所含意思表示与私法上意思表示仍有差距：一是私法中的意思表示约束表意人本人，但行政处分之意思表示约束的是行政相对人；二是私法中极其重视意思表示、关注表意人本人的行为能力，但行政处分上作出处分决定行政执法人员的行为能力、心理状态等并不是重要因素。[3]同时，在该标准下，还存在属于行政准法律行为的属性情况，特征在于其效力系由法律之规定当然发生。通常情形下，意思通知、观念通知、情感表示是准法律行为的具体类型。

---

〔1〕　参见上海第二中级人民法院［1999］沪二中行终字第120号行政裁判书。
〔2〕　参见余军：《"行政处分"与"民事法律行为"之关系——作为规定功能的法概念》，载《法学》2007年第7期。
〔3〕　参见程明修：《行政法之行为与法律关系理论》，新学林出版股份有限公司2005年版，第87～92页。

另一方面，若以对外直接产生法律效果来评判行政处罚决定公开的话，行政机关的意思表示则是体现在公开行为之中。公开是行政机关对外作出的一种行为状态，可视作一个新的行政行为。然而，若将公开视为一个独立行政行为，那么行政处罚决定公开就可能违背一行为不二罚原则。[1] 一行为不二罚原则的本质在于禁止行政机关多次地对相对人同一行为加以处罚，它包含了两种情形：一是一行为已受到处罚后，对同一行为再行处罚；二是一行为同时受到多数处罚。[2] 该原则不仅是对法安定原则的遵循，只要行政机关在合法程序中审查过该违法行为，并加以处罚后，所产生的结果就应当是终局的，即使事后发现原来结果有误也不得重新审理；也是对人性尊严的维护，相对人得以不再长期受到行政机关追诉的威胁以及持续的处罚。行政处罚决定公开的仍然是原相对人的违法行为，除原处罚决定给相对人造成的损害外，公开则对相对人隐私权带来"二次伤害"[3]，这显然违反一事不二罚原则。

二、行政事实行为说

早期行政法著作将行政事实行为定义为不直接产生法律后果的行政行为。[4] 当前，行政事实行为的定义在我国学界具有法律效力说、目的说、确定权利义务说、物理活动说等观点。[5] 对上述学说进行归纳，行政事实行为的特征在于其法律效果的产生不是依据行政机关的意思，而是法律的直接规定。

（一）行政事实行为说之理由

持此观点的学者着眼于将行政处罚决定公开等同于政府信息公开，认为该行为并无行政机关的意思表示，制裁效果是社会公众自我选择的结果，与

［1］ 一行为不二罚原则，源于德国基本法上对刑罚的规定，又称一事不二罚、双重处罚之禁止。该法第 103 条第 3 项规定："任何人不得因为同一行为，受到普通刑法多次之刑罚。"
［2］ 洪家殷：《行政秩序罚论》，五南图书出版公司 2000 年版，第 54 页。
［3］ 朱兵强、陈指挥：《行政处罚信息公开中知情权与隐私权的平衡》，载《电子政务》2015 年第 4 期。
［4］ 参见法学教材编辑部《行政法概要》编写组：《行政法概要》，法律出版社 1983 年版，第 97 页。
［5］ 参见王锴：《论行政事实行为的界定》，载《法学家》2018 年第 4 期。

行政机关的公开行为并无关系。如有学者认为行政处罚决定公开旨在提升行政权力运行的透明度，缺乏直接的相对人，也并无设定新的权利义务之意图，应当属于行政事实行为。[1]在肯定公开行政处罚决定是行政事实行为的前提下，有学者区分了行政处罚信息与一般的政府信息，认为行政处罚信息中对相对人不利的、消极的处置信息是行政处罚决定，是政府信息公开行为的特殊类别。[2]2019年《政府信息公开条例》第51条规定肯定了政府信息公开可以成为行政诉讼案件的受案范围，依照1989年《行政诉讼法》之规定，政府信息公开则是一种具体行政行为。[3]归纳而言，学界将行政处罚决定公开作为行政事实行为主要基于以下两方面理由：一是行政处罚决定是行政机关在进行行政管理过程中搜集、制作的信息，这符合政府信息的定义，且这些信息陈述客观事实，法律没有也不会要求社会公众一定要确信这些信息；二是公开行政处罚决定并没有产生新的变更行政机关与行政相对人之间或行政机关与社会公众之间的法律关系的事实，无新的行政法上的权利义务关系。至于行政处罚决定本身对行政相对人造成的附带名誉或者个人信息的侵害，那也并非行政机关直接造成的。[4]

（二）对该属性的反思

虽然行政事实行为说否定了行政机关主观上对相对人制裁效果意思和客观上的表示行为，但实践中公开行为所带来的负面影响的确存在。行政处罚是行政主体对相对人的负面评价，是行政主体意思表示，那么将其外化也正是行政主体意思表示的外化。当行政处罚面向社会成员公开时，不仅会降低违法者的社会评价，也会对其施加巨大心理压力，行政处罚的制裁目的得以实现。基于行政相对人对公开效果的畏惧，行政机关就可进一步敦促违法者履行行政法之义务，其中不仅有行为意思还包含了效果意思。该行为隐含的一种深沉意思是，行政处罚决定一旦被公开，行为就具有了"外部性"，同古时"示众"之刑类似。区别在于，通过信息高速传播的可信度、影响度均远

---

[1]　孔祥稳：《行政处罚决定公开的功能与界限》，载《中外法学》2021年第6期。

[2]　参见杨寅：《行政处罚类政府信息公开中的法律问题》，载《法学评论》2010年第2期。

[3]　2019年《政府信息公开条例》第51条规定："公民、法人或者其他组织认为行政机关在政府信息公开工作中侵犯其合法权益的，可以向上一级行政机关或者政府信息公开工作主管部门投诉、举报，也可以依法申请行政复议或者提起行政诉讼。"

[4]　参见张桐锐：《论行政机关对公众提供资讯之行为》，载《成大法学》2001年第2期。

高于固定范围内的"口口相传"。正如声誉或者声誉评价已经成为诸多行业重要衡量标准之一，公开行政处罚决定，就将使违法者饱受法律和道德双重审判。[1]行政处罚决定公开的制裁属性就不言而喻。

此所持行政机关并无表示意思之观点，实则忽略了行政处罚决定公开的制裁效果。行政处罚决定公开虽不能将其直接认定为行政处罚，但不得不考虑公开行为所造成的实质性影响，这种影响是一种法外制裁的力量，将显现出社会性制裁。公开后果应被考虑在内，所谓"揭开面纱"寻本质。将行政处罚决定公开会产生资格或权利减损这一法律效果，行政机关对此持放任态度，想结合社会公众对违法行为人产生道德上的约束。这种道德之压制就容易损害人们自由选择道德生活的权利，进而危及人们的自我认同与人生意义。[2]行政机关主动将行政处罚决定向公众公开，这种制裁性明显的行为效果也将延续在市场、行业中，相关主体将自发地排斥违法行为人，而这一效果实际上是行政机关默许，甚至积极追求的。

质疑的观点还可能引用公布违法事实这一行为进行佐证。以实践中公布交通违章信息为例，在电子屏中直接公示所抓拍的违法行为（一般是闯红灯、超速等行为）是当前运用较多的智慧处罚手段。严格来说，对该违法事实的公布并不属于行政处罚决定公开，虽然这属于行政处罚的违法事实，问题在于这时尚未完成行政处罚。对于行政相对人来说，公布违法事实并未直接对其产生法律上的效果，需待行政机关对此确认后再针对行政相对人作出行政处罚决定。

三、行政行为附随义务说

附随义务是民法上的概念，我国附随义务规定于《民法典》第 509 条第 2 款。[3]在行政法上，行政附随义务是以行政协议为载体，与主义务、从义务共同构成契约义务。[4]严格来说，附随义务并未直接规定在行政协议中，而

---

〔1〕 参见雷宇：《声誉机制的信任基础研究》，经济科学出版社 2018 年，第 22 页。

〔2〕 杨伟清：《德教、德政与道德法律化———论德治的三种解释》，载《云南大学学报（社会科学版）》2019 年第 2 期。

〔3〕 《民法典》第 509 条第 2 款规定的附随义务包括遵循诚实信用原则，根据合同性质、目的和交易习惯履行通知、协助、保密等。

〔4〕 参见杨解君：《行政法上的义务责任体系及其阐释》，载《政法论坛》2005 年第 5 期。

是依据法律规定或契约习惯，为维护对方人身与财产利益所设定的。

（一）行政行为附随义务说之理由

该观点形成于行政审判中，它着眼于处理作出行政处罚决定与公开行政处罚决定之间的关联上，公开只是行政机关前序处罚行为的延续，也可以称之为行政处罚行为的续作。该观点指出在行政行为所进行的状态中，公开行政行为并没有实质上的意义。如在吴某丽诉北京市东城区城市管理综合行政执法局行政处罚一案（以下简称"吴案"）中，一审、二审法院均认为被告有义务将其作出的行政处罚结果进行公示并纳入公共信用信息服务平台，该项工作是其作出行政处罚决定的一项附随义务，效力依附于涉诉处罚决定，并不单独对原告的权利义务产生实际影响，并据此驳回原告诉讼请求。[1]理论上，行政附随义务是以行政协议为载体，是诚实信用原则的衍生要求，不能被直接应用于探讨行政处罚决定公开中。但若将行政处罚决定公开行为过程化，可以发现在公开行政处罚决定前必然有行政处罚决定作出，且该行为是生效的法律行为。这就意味着公开权是行政处罚权的自然延伸。因此，在实践中，行政机关以简报、年报的形式公开处罚决定实质上就是履行通知义务，只是该义务主体由行政相对人拓宽至社会公众。

（二）对该属性的反思

附属义务严格说来不具有行政行为的属性，但它同样面临着与前述行政事实行为观点的理论怀疑，即如何看待惩戒效果。就制裁效果的威慑作用而言，公开处罚决定的制裁效果显然高于仅是警告、罚款等惩戒性，这与比例原则相悖。吴案中认定被告有义务将其作出的行政处罚结果进行公示并纳入公共信用信息服务平台之观点只是考虑了公开行为的从属性。吴案中，区城管执法局在对吴某作出没收的处罚决定时虽已衡量吴某违法行为，但从最后没收的仅28面小国旗的金额判定，该案处罚金额也较少。本案发生在2021年《行政处罚法》实施之前，区城管执法局称其公示义务来源于《北京市公共信用信息管理办法》（政府规章）以及北京市城市管理综合行政执法局《关于做好行政处罚信息公示公告工作的通知》（规范性文件），规范依据位

---

[1]　参见北京市东城区人民法院［2019］京0101行初379号行政判决书；北京市第二中级人民法院［2019］京02行终1365号行政判决书。

阶低，而一旦被记入信用公示平台，吴某将被标注为信用状况不良的自然人，根据《北京市公共信用信息管理办法》第27条，[1] 对吴某可以施加的制裁措施就将多达七项之多，这些措施除直接损害声誉外，还将附带造成财产损失（如将被限制申请政府补贴资金支持）。对于吴某来说，被没收28面小红旗的制裁效果显然低于被记入信用公示平台。可以说，公开行政处罚决定的目的并不纯粹。它并不是直接履行一个法定程序，因为在行政处罚决定作出并向相对人告知后，行政处罚就具有了法律效力。基于行政行为效力，行政处罚一经告知相对人即可生效，生效行政处罚的效力就具备了公定力、确定力、执行力、拘束力，而向公众公开的行政处罚决定必然是生效的行政处罚，但这些效力在顺延至行政处罚决定公开后，是否会助力公开行政处罚决定摆脱附随性质，进阶为独立的行政行为则有待学界进一步研究。但结合行为效果来看，行政处罚决定公开显然不是依附前行政行为，而是具有独立目的。

立足行政法律关系视角，[2] 附随义务之观点也难以解释。就行政法律关系的概念而言，行政法律关系系指两个或数个权利主体，基于行政法之规定，就具体行政事件所发生之法律联结关系。由此可以确定行政法律关系的三个构成要素：其一，必须是行政间关系；其二，必须是法律关系，而非权力关系或非法律关系；其三，必须是不同权利主体间之联结关系。[3] 行政处罚确立的关系为行政机关与行政相对人的双边管理关系，可因行政处罚的撤销、废止、执行而变更或消减，但行政处罚决定公开将牵涉一个不特定的第三方——社会公众，且一经公开，效果即刻产生，无撤回的可能。在此背景下，该关系将增加行政机关与社会公众、行政相对人与社会公众两对关系，而显然行政相对人与社会公众之间并不具有行政性质的关系。2021年《行政处罚法》第48条增加了行政机关的公开义务，而社会公众就享有了对具有一定社会影响处罚决定的知情权。实践中已经公开的处罚决定显示，涉及行政相对人的

---

〔1〕《北京市公共信用信息管理办法》第27条："对信用状况不良的单位和自然人，行政机关可以依法采取下列措施：（一）在办理行政许可过程中，重点予以核查；（二）在安排日常检查和专项检查中，增加检查频次；（三）限制申请政府补贴资金支持；（四）限制参与政府采购、政府购买服务、国有土地出让、政府投资项目或者主要使用财政性资金项目的招标等活动；（五）限制担任单位的法定代表人、负责人或者高级管理人员；（六）限制参与政府组织的表彰奖励活动；（七）国家规定的其他惩戒性措施。"

〔2〕参见赵宏：《行政法学的主观法体系》，中国法制出版社2021年版，第58~80页。

〔3〕李建良：《行政法基本十讲》，元照出版有限公司2013年版，第171页。

姓名（或名称）、违法事由、违法依据等均被公开，而这些个人属性明显的信息也将会成为社会公众知悉的对象。社会公众就可据此对行政相对人产生单向制裁。因此，在处理行政机关与社会公众、行政相对人与社会公众的关系时，公开行政处罚决定就具有独立行为价值，而非附随义务。

法律作为一种规范秩序，必然在不同主体之间发生作用，行政法自不例外。由于国家任务及目的变迁，除传统秩序维持外，尚包括给付（福利）、利益调整、资源分配等诸多积极形成职能，而人民于国法关系中之地位，除传统法治国家原则所维护之权利主体地位外，更逐渐强调基于民主国原则、分权原则形成行政决定或利益调整之参与地位。[1]司法实践中，因被公开的处罚决定权益受损的行政相对人并未得到充分的救济，如在孟某玲诉龙口市公安局、龙口市人民政府政府信息公开一案中，原告因被告对其作出的龙公港决字［2007］第0504号行政处罚决定书被单位给予"开除党籍处分"向被告申请公开行政处罚决定书，法院却认为原告行为实质是以政府信息公开的名义申请查阅材料，以不属于行政诉讼受案范围而驳回原告起诉。[2]既然行政机关有损害公民基本权利的风险，就需要对行为启动合法性与合理性审查，在此视角下，附随义务之观点也应当被淘汰。不过，行政处罚决定公开已然突破了传统行政法学理论，必须结合具体样态进行解读。否则，无异于管中窥豹，落入"只见树木，不见森林"的怪圈。

第二节 行政处罚决定公开的比较法观察

在惩罚的历史上，以刑法作为统一的惩罚法的"一元惩罚体系"独树一帜、居于主导地位。随着清末《大清违警律》的出现，刑罚与违警罚这种公权力实施的惩罚体系就呈现出"二元"模式。[3]立足比较法视角，现代法治国家中"一元惩罚体系"与"二元惩罚体系"共存。由于不区分公私法，普通法国家多为"一元惩罚体系"，但不同于绝对的"一元惩罚体系"，行政机关也拥有一定处罚权，如可以给予罚款。世界范围内仅有6个国家制定了专

---

〔1〕 赖恒盈：《行政法律关系论之研究——行政法学方法论评析》，元照出版有限公司2003年版，第75页。

〔2〕 参见山东省龙口市人民法院［2021］鲁0681行初18号行政裁定书。

〔3〕 参见时延安：《犯罪化与惩罚体系的完善》，载《中国社会科学》2018年第10期。

门的行政处罚法〔1〕，在该法中径直规定行政处罚决定公开的国家只有我国。虽然域外并无同行政处罚决定公开这一行政行为完全相同的制度，却不乏行政机关向社会发布某种命令的形式，这种行为方式在一定程度上契合了行政处罚决定公开欲达成之目的。追求行政法治是现代国家法治发展和完善目标之一，行政处罚决定公开关涉处罚权和公开权两项重要的权力，而权力如何行使是受一国经济政治文化等意识形态的影响，历经锻造和考验才长久确定下来的。正如洛克林所言，"公法只是一种复杂的政治话语形态；公法领域内的争论就是政治争论的延伸……寻求在社会发展的语境中表述和阐明公法问题是一种历史悠久的智识活动"。〔2〕既然公法的政治性如此明显，那将处罚权和公开权结合而形成的行为形式也必然会体现在域外其他法系的法律制度中。本节选取了具有代表性的两个类似制度作为研究对象，为进一步剖析行政处罚决定公开的法律性质提供借鉴，总结行政处罚决定公开的共性规律。

一、作为独立信息规制工具的不利信息发布

美国法上的不利信息发布（Adverse Publicity）在国内被称为不利信息发布或负面信息披露〔3〕，在 FDA、FTC、环境保护局（EPA）、消费品安全委员会（CPSC）、专利与商标局（USPTO）等机构中被广泛运用。一般而言，普通法国家中裁决争议、处理纠纷是法院的固有权力，行政机构不能直接处理财产、剥夺自由。由于行政管理工作日趋专门化、技术化，普通法院在解决行政争议时的专门知识、专门经验和技能稍显不足，法律开始授予独立管制机构准司法权，允许其裁决和处理相应有关的民事、行政争议和纠纷。不过，美国法律中也只有行政处罚和民事处罚两类，政府部门针对个人违法行为实施的如罚金等措施在性质上归属于民事惩罚。〔4〕不利信息发布在美国被

---

〔1〕 根据学者统计，除我国外，当前仅有德国、日本、奥地利、俄罗斯、意大利制定了专门的行政处罚法。参见熊樟林编：《中外行政处罚法汇编》，北京大学出版社 2021 年版。

〔2〕 ［英］马丁·洛克林：《公法与政治理论》，郑戈译，商务印书馆 2002 年版，第 8~9 页。

〔3〕 参见朱春华：《美国法上的"负面信息披露"》，载《比较法研究》2016 年第 3 期；陈晋华：《行政机关发布不利信息的法律控制研究——以美国食品药品监管为例》，上海交通大学 2014 年博士学位论文。

〔4〕 参见时延安：《犯罪化与惩罚体系的完善》，载《中国社会科学》2018 年第 10 期。

作为信息规制工具，具有独立的警告、通知和制裁之效果。

（一）不利信息发布的适用情形

最早适用不利信息发布的是 FDA 于 1887 年至 1902 年间分十期公布的调查食品掺假的第 13 号公报。[1]1938 年，《食品、药品和化妆品法案》发布，该法案第 705 条肯定了 FDA 的不利信息发布行为，规定"若食品药品监管局局长认为食品、药品、器械或化妆品存在对健康的急迫危险或对消费者的重大欺诈的情形，则其有权就此发布信息"。[2]而后，1944 年《公共健康服务法》（Public Health Service Act）第 301（b）款规定："卫生部部长应当以出版或其他形式不定期发布关于公众健康的信息，供公众使用；发布美国和其他国家的卫生状况每周报告、卫生信息，供关心健康服务的个人与组织使用。"[3]1946 年《联邦行政程序法》（Administrative Procedure Act，APA）规定，政府应当把信息发布在《联邦政府公报》上，公众有权得到相关信息；但又赋予了行政机关广泛裁量权，规定当行政机关认为有"正当理由"或出于"公共利益"考虑时而拒绝公众申请。1966 年《信息自由法》（Freedom of Information Act）发布推动了政府信息公开制度在美国的发展以及民间消费者权利意识的觉醒，公布不利信息成为行政机关的义务。1977 年，FDA 发布"信息发布政策"（administrative practices and procedures-publicity policies）将这个范围扩大至所有的信息发布。依据 2011 年奥巴马政府签署的《食品安全现代化法案》（Food Safety Modernization Act），FDA、HEW（健康、教育和福利部）可以发布不利信息。目前，美国仅有 FDA、CPSC、USPTO 等行政机关享有发布不利信息的明确立法授权。而以 FTC 为代表的其他行政机关虽未获得法律明确授权，但制定了详细的发布政策（Public Information Policy Guidebook），主要通过官网及网络媒体进行发布。

（二）不利信息发布的建构目的

研究 FDA 最初采用不利信息发布之目的，1938 年《食品、药品和化妆品

〔1〕　参见朱春华：《美国法上的"负面信息披露"》，载《比较法研究》2016 年第 3 期。
〔2〕　21 U. S. C. 375.
〔3〕　42 U. S. C. 2420.

法案》的第 705 条旨在保护公共利益。[1]EPA 同样以保护公共健康作为其发布行为的合法性来源。格尔霍恩教授在研究不利信息发布之目的时，就将其归纳为两类：一是通知与警告；二是制裁。不过，同时他也指出行政机关公布不利信息时也可能并未意识到公开行为将会造成负面影响。[2]从规范依据来看，不利信息发布这类新型规制工具是建立在对公共利益保障的基础上，但在诸如 USPTO、FTC 等默示授权的机关实践运行中呈现出复杂性。其一，它遵循信息公开的价值，立足公众知情权保障，如 FDA、EPA 以维护公共健康安全为目的，SEC、FTC 维护金融交易安全，EEOC 维护就业平等，这些信息的及时发布能减轻不对称所导致的信息滞后、匮乏，有助于提高市场效率，是对公众负责的表现。其二，它警告危险的功能使其成为一种高效的风险规制手段，具有成本低、高效率、灵活性等优势。如在空气制动系统有限公司（Air Brake System Inc.）诉国家公路交通安全管理局（NHTSA）案中，一经销商向 NHTSA 询问该公司生产的"非电动"防抱死制动系统是否符合法定安全标准。NHTSA 回信作了否定回答，并将这一回答公布在官方上。该公司因不利信息发布直接影响其市场声誉，遂起诉了 NHTSA，但法院认为对于承担车辆安全评估和交通事故调查工作的 NHTSA 而言，向市场公布该公司技术上的问题是提醒公众。[3]其三，它具有惩戒的目的。不利信息发布惩罚效果明显，在实践中大多行政机构无需考虑执行问题且成本低廉，借助 Facebook、Podcasts、RSS feeds、Twitter 等现代媒介，在其庞大的订阅者数量下，不利信息一经发布广为流传。对于多数未有法律明确授权的行政机关而言，不利信息发布是一种非正式的行政行为，意味着它将不受复杂的行政程序约束，也无需法院批准，而属于行政机关自由裁量的领域，从而频受行政机关青睐。

（三）不利信息发布的实施隐忧

当然，美国的不利信息发布也存在诸多隐患。第一，默示授权增加了行政机关公开不利信息的任意性。在现代民主法治国家权力分立体制下，为达

---

〔1〕 该法案规定信息发布包括发布"判决、决定或法院命令"，报道其开展的任何调查行为的结果，以及涉及"对健康的急迫危险或对消费者的重大欺诈"的特定情形，均建立在公共利益优先保护的理念上。

〔2〕 See Ernest Gellhorn, "Adverse Publicity by Administrative Agencies", 86 *Harv. L. Rev.* 1384~1398 (1973).

〔3〕 See Air Brake Systems, Inc. v. Mineta, 357 F. 3d 632 (2004).

保障人权和增进公共福祉之目的，要求一切国家作为均应具备合法性。[1]不利信息发布的权限问题关涉行政机关行为实施的合法性。在整个不利信息发布的立法授权上，FDA 是享有最为明确、最直接和最广泛授权的机构，但绝大部分行政机构并无公布不利信息的明确授权。在以惩戒为主要目的的信息发布中，行为极容易超出授权范围、导致权力滥用，甚至达到了耻辱罚的效果。通过发布不利信息发动社会共同抵制违法行为，使其遭受财产、名誉等损失，已被《联邦量刑指南》所吸收。[2]其授权法院责令公司自负费用，以法院制定的形式和媒体，公开其违法行为、定罪事实与所受处罚。

第二，行政机关公开信息存在失真或夸大情形损害政府公信力。由于行政机关发布不利信息的随意性以及不确定性，加之传播的快速性，就容易出现信息错误、夸大或误导，不仅不能实现保护公众的目的，还会伤害负面信息涉及的生产商，甚至牵连整个行业。[3]其中，最典型的要数 1989 年智利水果案。[4]FDA 在检测智利水果是否含有氰化物时得到了来自两个实验室（费城实验室证实有，但辛辛那提实验室证实无）的不同结论。但 FDA 局长仍然下令禁止智利水果进口，将费城实验室的结果向社会公开，并要求将已入境水果全部撤回或销毁。随后智利种植者和出口商提起诉讼，要求赔偿 2.1 亿美元。法院后查明，费城实验室的技术人员因操作违反规程，导致结果偏差。虽然联邦第三巡回上诉法院认为 FDA 局长是在其职权范围内以合法方式作出决定，符合紧急情况下保护公众健康和利益的情形驳回了原告的诉求，但这种信息失真对于智利的出口商而言所付出的代价是高昂的，也将影响美国政府的声誉，并不利于未来市场交易。[5]

第三，行政机关公开不利信息损害相对人名誉权及财产权。如 1959 年的蔓越莓危机，蔓越莓在圣诞节前夕被查获，运输也受到限制，但 FDA 随后发

---

[1] 翁岳生编：《行政法》，中国法制出版社 2002 年版，第 172 页。

[2] See "Shame, Stigma and Crime: Evaluating the Efficacy of Shaming Sanctions in Criminal Law", 116 *Harv. L. Rev.* 2186 (2003).

[3] 参见朱春华：《美国法上的"负面信息披露"》，载《比较法研究》2016 年第 3 期。

[4] See Fisher Bros Sales v. United States, 46 F. 3d 279 (1995).

[5] See James O'Reilly, "Libels on Government Websites: Exploring Remedies for Federal Internet Defamation", 55 *Admin. L. Rev.* 507 (2003).

现这种危险可以忽略不计，这一公开就导致人们普遍不愿在蔓越莓销量最大的时候购买蔓越莓，严重损害了该行业。[1]又如 FDA 在 1992 年发布了一家医疗器械工厂的生产违规行为后，该公司的股票价值下跌了 35%，该公司随后暂停了生产，并解雇了 350 名员工。[2]相比其他行政机构发布不利信息而言，FDA 发布所造成的后果无疑更为严重，因为人们普遍对涉及食品、药品等风险信息的敏感度极高。事实上，不利信息对名誉的损害是严重的。在极其主观的评价下，被转述后的不利信息往往还会被歪曲事实或者带有偏见，这又会增加对名誉损害的程度。在此目的下，不利信息发布实质上是一种羞辱规制手段，形成一个包含员工、投资者、同行、消费者、利益集团、政治家或普通公众等在内的羞辱性社区，社区中的人对被羞辱的组织或行为感到背叛、厌恶、震惊、愤怒或失望，这些感受就会转化为行为，如顾客可以抗议、投诉或抵制被羞辱企业所制售的产品，股东可以撤回投资，员工可以罢工，同行和竞争者可以拒绝任何与被羞辱公司的业务往来，供应商可能会拒绝与之合作等。[3]总之，声誉受损的事实带来的是对违法行为人的疏远、对违法经营者的摒弃，因为公众会选择品德较好、广受尊敬的人进行交往，选择具有好名声的企业所生产的商品或服务。更令人担忧的是，不利信息发布作为一种惩罚可能会不适当地发挥作用，因为它很难控制，就像是"一种不可靠的大炮"，它最后造成的确切影响无法可靠地估计。[4]

第四，相对人难以就不利信息发布获得救济。司法实践表明，法院并不乐意以任何实质性的手段去约束行政机关发布不利信息的裁量权。在法院看来，"质疑行政机关信息发布的最佳场所，是通过政治途径而非司法途径"。[5]根据 APA 第 704 节，并非行政机关的一切行为都可获得司法审查，只有"最后

---

〔1〕 See United States Administrative Conference, *Commment on Compliance and Enforcement Proceedings*, Food and Drug Administration 7~8 （Comm. Doc. No. 10 1961）.

〔2〕 See Nathan Cortez, "Adverse Publicity by Administrative Agencies in the Internet Era", *Brigham Young University L. Rev.* 1371 （2011）.

〔3〕 See Sharon Yadin, "Shaming Big Pharma", 36 *Yale Journal on Regulation Bulletin* 131 （2019）.

〔4〕 See Peter Cartwright, "Punishment and Protection: The Role （s） of Adverse Publicity in Consumer Policy", 32 *Legal Stud.* 179 （2012）.

〔5〕 See Nathan Cortez, "Adverse Publicity by Administrative Agencies in the Internet Era", *Brigham Young University L. Rev.* 1371 （2011）, p. 1386.

确定的行政行为应受司法审查"。[1]根据这一规定，美国行政法上的救济实则采纳的是穷尽行政救济原则，即当一个行政行为达到"final"（终局性）要求时才受司法审查制约。而进入司法审查的前提是该行政行为达到"ripe"（成熟性）要求。不利信息发布很难严格满足终局性和成熟性的标准，因为从形式上说，它并不是 APA 所规定的行政行为，同时它的功能具有多样性，当作为警告或通知时，它并不会对相对人造成实质意义的损害，而当作为制裁之工具，它所造成的损害后果大多是间接的，直接损失则难以得到计算。

二、作为义务履行强制执行的公布违反事实

当传统管制手段失灵时，就需要探寻、开拓新的管理手段。日本法上公开当事人姓名、违反事实的行为就是建立在传统制裁难以发挥有效作用的基础上。这种做法在日本取得了极大的效果，实际上也被认为具有通过执行罚等金钱进行心理压迫同样的技能。

（一）公布违反事实的适用情形

行政机关公布违反事实这一行为的概念是行政相对人负有义务而不履行或对行政机关的行政指导不服从时，行政机关将该事实向一般公众公布。[2]如《国土利用计划法》第 26 条规定："都道府县知事，在根据第 24 条第 1 款的规定进行劝告后，接受该劝告的人不服从该劝告时，可以公布不服从劝告的内容以及该劝告的内容。"《国民生活安定紧急措施法》第 7 条规定："主务大臣认为销售指定物资的人的该指定物资的销售价格根据以下各号所示的品种的区分超过了该各号所规定的价格时，可以指示该人应以该各号所规定的价格以下的价格销售该指定物资。主务大臣在接受了前款规定指示的人没有正当理由不遵从该指示时，可以公布该意思。"此外，日本在社会管理实践中还存在申诫罚，将其与公布违反者的信息相结合实施声誉罚。例如，根据《交通运输法》第 27 条第 3 项和《客车运输业规则》第 38 条第 1 项的规定，客车司机违反驾驶规则时（如开车过程中看手机等），地方运输局可以对经营者实施书面警告，并将该警告内容予以公布。

---

[1] 5 U.S.C § 704.

[2] ［日］盐野宏：《行政法》，杨建顺译，法律出版社 1994 年版，第 173 页。

（二）公布违反事实的建构目的

公布违反事实目的在于引起社会关注，从心理上迫使其服从行政指导，或者通过事先设定该制度以确保行政指导的实效性。[1]就其性质而言，它不同于行政罚，但它在实际发展中也被赋予了间接强制执行的功能。如神奈川县《个人信息保护条例》第 37 条第 1 款规定："知事，认为业主进行的个人信息的处理严重不公正时，可以在听取审议会意见的基础上，对该业主进行纠正该处理的劝告。"第 2 款规定："知事，当接受根据前项规定所进行劝告的业主不服从该劝告时，可以公布该事实。"因此，在日本法中，公布违反事实主要目的在于敦促违法行为人履行义务，即以执行罚增加金钱负担或施加压力。

（三）公布违反事实的实施隐忧

日本学界在进一步研究公布违反事实时也意识到违反事实作为对违法行为人的消极评价，其公开会侵害行为人隐私权。因此，在对规范该行为的路径进行研究时，有学者认为应当从公布的内容来看其是否对私人的权利、义务产生变动，如果公布违反事实成为间接强制的一种方式，那么公布的内容就具有极大效果，同时公布违反事实就需要有法律根据作为公布违反事实的救济手段，就应当承认提起对公布违反事实的撤销诉讼，或者请求损害赔偿；若其旨在提供信息，又不侵害个人隐私权，则可以无法律根据直接实施。[2]

第三节 行政处罚决定公开的属性辨析

行政处罚决定公开的实践样态呈现出多样性，由于大量不同行为游离在法律之外，增加了行政处罚决定公开定性的难度。不过，法律的任务正是对大量彼此不同且极其复杂的生活事件进行分类，以清晰和可识别的元素描述这些事件，并在法律意义上赋予"相同"的法律效力。[3]运用类型化思维能够较好地连接抽象概念和琐碎事实，正如考夫曼所言"概念没有类型是空的，

---

〔1〕 ［日］盐野宏：《行政法》，杨建顺译，法律出版社 1994 年版，第 173 页。

〔2〕 参见 ［日］盐野宏：《行政法》，杨建顺译，法律出版社 1994 年版，第 174 页。

〔3〕 ［德］卡尔·拉伦茨：《法学方法论》，陈爱娥译，商务印书馆 2003 年版，第 319 页。

类型没有概念是盲目的"。〔1〕本节通过对行政处罚决定公开行为进行类型化研究，根据行为目的将行政处罚决定公开分为执法监督型、公共警告型和结果制裁型三类，后根据不同类型所呈现的法律效果分别作出定性。

一、执法监督型处罚决定公开

该类处罚决定的公开遵循行政公开原则，强调对执法全过程公开，旨在建设公开、透明政府。将行政执法过程置于公众的监督之下，是不断探索建立行政执法行为的事前防范、事中制约、事后监督和反馈机制中的重要一环。〔2〕

（一）行为表现

该类型的处罚决定公开在相关规范中的表述为"行政处罚信息公示""行政处罚结果信息公开""行政处罚案件信息公开""行政处罚决定书公开"等（如下表所示）。归纳该类行政处罚决定公开的立法目的在于促进执法机关公正文明执法、规范执法程序、促进公众监督。〔3〕从公开的内容来看，执法监督型处罚决定公开效仿的是裁判文书公开。行政机关多以行政处罚决定书或行政处罚信息公开表等形式进行公开，对行政相对人的身份信息进行隐名处理，而仅就相对人的违法信息进行披露，重在公开行政机关处罚过程以及相对人提起陈述、申辩、听证等过程。公开旨在促进群众知情权、参与权、表达权和监督权等落实，形成"众督"压力促使行政机关依法处罚。此外，行政机关将公开的处罚数据按处罚事项定期分析，就能预见社会主体出现的高频违法的领域，并就其原因进行分析，若是归因于行政机关的过错（如行政立法存在与上位法相抵触、执法中出现交通信号灯设置不规范等类似情况）就可及时启动自我控制程序，改进治理方式。

---

〔1〕 ［德］考夫曼：《法律哲学》，刘幸义等译，法律出版社 2004 年版，第 192 页。

〔2〕 参见马琳昆：《处罚决定公开的适用路径》，载《民主与法制时报》2021 年 6 月 17 日。

〔3〕 如《浙江省行政处罚结果信息网上公开暂行办法》第 1 条："为促进严格规范公正文明执法，自觉接受社会监督，保障公民、法人和其他组织的合法权益……制定本办法。"《江苏省行政执法公示办法》第 1 条："为了提高行政执法工作的透明度，促进严格规范公正文明执法……制定本办法。"

类型	近似表述	代表规范	效力级别
执法监督型处罚决定公开	行政处罚信息公示	《企业信息公示暂行条例》第 6、7、10 条	行政法规
	违法案件公开通报	《自然资源行政处罚办法》第 40 条	部门规章
	行政处罚案件信息公开	《上海市行政处罚案件信息主动公开办法》	地方政府规章
	行政处罚结果信息公开	《浙江省行政处罚结果信息网上公开暂行办法》	地方政府规章
	行政处罚的执法决定信息公开	《关于全面推行行政执法公示制度执法全过程记录制度重大执法决定法制审核制度的指导意见》	国务院规范性文件
	公开行政处罚决定	《公安机关执法公开规定》第 12 条	部门规范性文件
	行政处罚决定书公开	合肥市国家税务局《关于推行行政处罚决定书公开工作的通知》	地方规范性文件

（二）属性厘定

就执法监督型处罚决定公开而言，该类行为中行政机关与社会公众之间的关系是行政机关向社会公众实施的一种信息提供活动，是政府信息公开内容之一。具体而言，遵循处罚公开原则之要求，行政机关作出公开处罚决定是履行向公众提供信息的义务。基于公开的信息，社会公众才能监督执法。这种公开行政处罚决定的行为不会对行政相对人或社会公众的权利与义务进行直接处分，由于公开内容是客观的执法信息，行政机关也无贬低行政相对人或要求其强制履行义务的目的。因此，执法监督型处罚决定公开应被定性为行政事实行为。

二、公共警告型处罚决定公开

食药品监管、特种设备监管和安全生产监管领域事故频发，表明人盯人的严格执法模式已经无济于事，行政法治必须实现从事后补救向事前预防的思维切换。[1]

对社会公众来说，这类行政处罚决定公开是出于对公共利益的保护，是

---

〔1〕 参见章志远：《监管新政与行政法学的理论回应》，载《东方法学》2020 年第 5 期。

知情权保障的重要途径。在食品、金融交易、环境、卫生等领域，行政处罚决定就是一种重要的信息来源，行政机关及时发布这些领域的处罚决定就有助于社会公众对此及时知悉，进而提前作出预判、降低不必要之损失。对于一些严重危及公共健康、公共卫生安全的事件，行政机关进行个案公开的情形也属于此种类型。如对长春长生生物科技"假疫苗"事件的处罚信息公开，就是为保障公众对于严重危害公共利益案件的知情权。如新冠疫情期间，对于不配合卫生防控工作，公布对疑似或确诊患者的处罚信息，是出于公共卫生健康安全考量。因为在这种情况下，一旦发生违法事实，涉及潜在受害者众多、波及面广，而信息就是生命，广大公众对风险信息的需求会比平时更大，公开就是最好的防控。[1]而通过行政处罚决定的公布，将存在风险的事项向社会公众进行披露，就能及时保障公众人身权、健康权等重大权益，使公众获知危险信息的渠道畅通无阻。

（一）行为表现

该类型多以公布因违反《食品安全法》《环境保护法》《证券法》等规定，危害公共健康、卫生、环境安全等公共利益的行政处罚决定，侧重发挥预防功能，类似公共警告性质（如下表所示）。[2]

类型	近似表述	代表规范	效力级别
公共警告型处罚决定公开	处罚决定公开	《证券法》第 174 条	法律
	处罚信息公开	《环境保护法》第 54 条	法律
	食品安全事故及其调查处理信息公布	《食品安全法》第 118 条	法律
	行政处罚信息公开	《中国银保监会行政处罚办法》第 93 条	部门规章
	行政处罚案件信息公开	《食品药品行政处罚案件信息公开实施细则》	部门规范性文件

---

〔1〕 参见周佑勇、朱峰：《风险治理现代化中的公民知情权保障》，载《比较法研究》2020 年第 3 期。

〔2〕 参见马琳昆：《处罚决定公开的适用路径》，载《民主与法制时报》2021 年 6 月 17 日。

（二）属性厘定

就公告警告型处罚决定公开而言，行政机关作为风险信息的提供者，旨在保障社会公众的知情权。即时公开内容中存在对行政相对人的不利信息，但公开的目的是维护公共利益，在个人利益和公共利益衡量之间，保障公共利益的倾向性更大。公共利益作用对象不特定、覆盖范围更广，行政机关所公开的行政处罚决定对于与处罚案件无关的其他社会公众来说，是一种行为提醒，属于行政机关的单方行为。即便该领域的行政处罚决定内容非常重要，行政机关也并非强迫公众接受信息，社会公众仍然能自主选择是否根据此信息作出决定，行政机关并不会对此进行干涉。公开的行政处罚决定对行政相对人来说都不具有强制执行力，那对于社会公众就更不存在强迫接受的负担。由此可以认定基于公共警告作出的行政处罚决定公开的行为属于行政事实行为。

三、结果制裁型处罚决定公开

与传统的政府独享监管权模式所不同的是，新时代的监管越来越强调协同性和集成性，越来越离不开政府之外的社会组织、行业协会、第三方专业机构和市场主体的积极参与、支持和配合。[1]结果制裁型处罚决定公开作用对象是行政相对人，在这类公开下，仅给予相对人行政处罚还不足以对其造成威慑，因此借助行政机关之外的第三方之力量就能增加监管的力度。

（一）行为表现

实践中这类公开的形式多样且数量之多，是致使个人利益受损最为严重的一类。如 2003 年 8 月，博白县县烟草专卖局在博白县城及乡镇设置跨街横幅标语，将违法行为人的违法事实进行明示。[2]2006 年 11 月，福田警方在"扫黄"专项活动中抓获了 100 名违法犯罪人员。福田公安分局副局长公开宣布处罚决定，吸引千余名群众观看。这种纯粹以制裁为目的公开处罚的决定

---

〔1〕 参见章志远：《监管新政与行政法学的理论回应》，载《东方法学》2020 年第 5 期。
〔2〕 标语内容为"博白镇南门塘队某某某谩骂、阻碍烟草执法人员被公安机关依法拘留"，落款是"博白县清理整顿烟草市场工作领导小组"，标语采取蓝布白字格式被悬挂在了县城和各乡镇的主要路口。

也曾有规范依据作为支撑，如 2008 年《营业性演出管理条例》第 49 条规定了对于尚不构成犯罪的，经相关部门给予罚款后，再由国务院文化主管部门或省、自治区、直辖市人民政府文化主管向社会公布违法行为人的名称或姓名，直至由原发证机关吊销演出举办单位的营业性演出许可证。[1]这一规定并无上位法的依据，但确有加重对违法行为人惩戒之意。而随着 2008 年行政处罚决定公开迈入政府信息公开阶段后，行政机关对于行政处罚决定公开行为开始得以规范。就目前而言，结果制裁型的处罚决定公开主要表现为通过发布违法行为人的名单进行公开，如发布"黑名单"、公布醉驾者名单、公布卖淫嫖娼的违法行为人的处罚信息、公布交通违章信息等。在法治政府建设下，以严重侮辱人格之公开行为当前已并不多见。[2]公开的方式如召开新闻发布会，或采取滚动式在社区、公园、高速路口、官方公众号等场所进行公布，并无特定的程序可以遵循。

（二）属性厘定

理论上，这类行政处罚决定公开极易同公布违法事实这一行为混淆。根据《立法法》第 11 条的规定，只有法律才能规定对公民政治权利剥夺和限制人身自由的强制措施与处罚，但早前公布违法事实并无法律上依据，实践中也因严重侵犯名誉权、隐私权为学界诟病。公布违法事实不仅仅局限于行政处罚决定，因违法事实类型不同，行政机关公布违法事实的法律属性包括了声誉罚、公共警告、行政处罚结果公开以及行政强制执行手段等区分。[3]不过，2021 年《行政处罚法》已明确将行政处罚决定公开排除在法定处罚类型，这就意味着行政处罚决定公开不是法定处罚种类，却也具备了行政处罚之惩戒性。

本书认为廓清此类行为的属性需要结合原行政处罚目的是否实现进行判断。对于结果制裁型来说，若这类行政处罚已然达成了原处罚行为的目的，

---

〔1〕 该法 2020 年修订后对应条款为第 35 条："文化主管部门应当建立营业性演出经营主体的经营活动信用监管制度，建立健全信用约束机制，并及时公布行政处罚信息。"

〔2〕 实践中，2021 年 12 月广西百色靖西市公安局对违反防疫的行为人进行的公开惩戒就是一起典型的人格羞辱类制裁，应当被禁止。参见古孟冬：《为了疫情防控，就可以搞"游街示众"？》，载《河北法制报》2022 年 1 月 14 日。

〔3〕 参见章志远、鲍燕娇：《公布违法事实的法律属性分析》，载《山东警察学院学报》2011 年第 6 期。

在对外公开时是为了惩戒违法行为人，但违法行为人的社会评价降低甚至造成财产损失的后果并非行政机关的直接意思表示（因为原处罚行为的惩戒目的已然满足），则属于行政准法律行为。行政准法律行为的概念是参照民法上准法律行为，指行政主体通过观念表示的方式作出的间接产生行政法律效果的行为。[1]行政准法律行为与行政法律行为共同构成行政处分之概念，区别在于行政准法律行为以行政机关意思表示之外的心理表示为构成要素（不问行政机关的意思如何）径自发生法律效果，而行政法律行为则以行政机关的意思表示为主要构成要素发生法律效果。[2]准法律行为为我国接受的目的之一在于对权利救济的保护，它与事实行为的相似之处在于意思表示并不完整，而区别在于准法律行为具有表示行为，行政机关有对外作出的行为态度，表示该类行为是违法的。不过，既然行政机关已经作出了行政处罚决定，则其应当达成某种效果，或是为了扩大惩戒影响，或是敦促违法者履行行政法之义务，但这些效果并不是法律上所规定的，也不受行政机关的控制。

在结果制裁型处罚决定公开中，还存在一种特殊的公开，该类型针对的是原行政处罚决定并未达成原处罚效果，行政机关的公开行为则为了进一步实现惩戒。本书认为这种超出法定公开期限的二次公开属于行政法律行为。质疑者可能会以该属性违法一事不二罚原则进行批驳。本书观点在于：在总结行政处罚决定公开作为独立行为的情形时，往往会发现这些案件事实中，行政处罚的任务并没有实现。在衡量行政处罚的功能时，处罚不仅有惩戒功能，还有维护秩序及预防的功能，当作出行政处罚决定难以实现处罚任务时，那么国家的保护功能也会随之丧失。针对不同的行政处罚类型，处罚欲达成之目的必然不同，若行使原有的行政处罚后，相对人承担了行政责任，再行使行政处罚将会超越制裁该违法行为的处罚分量时，再罚则不具有合法性；但原有处罚并未达成处罚目的，相对人也未能清楚认识到行为违法性，再罚就具有补充性。如公安机关对演员李某某嫖娼的行政拘留决定公开中，[3]按照对作出行政处罚决定后7个工作日内予以公开之规定来推算，李某某的法律责任应当在公安机关第二次公开之前已履行完毕（因涉嫌个人隐私，彼时

---

〔1〕 王锴：《论行政事实行为的界定》，载《法学家》2018年第4期。

〔2〕 参见林纪东：《行政法》，三民书局1986年版，第301~302页。

〔3〕 参见《演员李某某因多次嫖娼被行拘》，载《扬子晚报》2022年9月12日；孔一涵：《褪下"明星滤镜"活成自己的偶像》，载《中国妇女报》2022年9月14日。

公开并未让公众知悉其身份信息），但李某某因"网络谣传事实"而接连否认其违法行为，并以名誉权侵权为由提告，由此可见，公安机关作出的原行政拘留决定并未达成惩戒且教育的目的，而后的第二次公开行为披露李某某演员身份，是以达成补充惩戒之目的。无疑，公安机关第二次公开的制裁效果是非常显著的，李某某社交账号被关停、商务代言被终止，财产权及荣誉权也将受到严重影响。在从属性的问题上该第二次公开行为应当成为一个新的行政行为，李某某也应有对此公开行为提起行政复议或行政诉讼的权利。

（三）社会性制裁本质的揭示

"社会性制裁"对我国学界而言是一个较为新鲜的概念，直接与其相关的法学著述较少。[1]对此领域研究的集大成者要数日本刑法学者佐伯仁志。[2]而后，在《制裁论》一书中，他基于对"制裁"之概念的理解，将"制裁"又细分为"法律制裁"与"社会性制裁"，两者之间是互斥的，指出"以国家为主体、作为法律制度被组织化的法律制裁"之外的"制裁"均可视为"社会性制裁"。[3]行政处罚决定公开使得法律制裁的效果被扩张到社会层面，进而产生了"社会制裁"的效果，这种贬损效果是法律规范难以预测，也不能去规范的，但社会性制裁的效果是法律规范所默许的。虽然公开行政处罚决定都具有扩大惩戒性的可能，但最为严重的则是结果制裁型的处罚决定公开。

1. 社会性制裁的动因

研究社会性制裁的动因可以发现，它实质上考虑到公开惩戒的威慑效力。公开惩戒是一种古老的治理技术，具有复杂的社会功能。[4]公开惩戒在我国适用时间上可谓源远流长、类型也层见叠出。在以刑罚为主体和核心的中华

---

〔1〕 相关研究参见王瑞君：《"刑罚附随性制裁"的功能与边界》，载《法学》2021年第4期；王瑞君、吴睿佳：《法外的惩戒："社会性制裁"概念辨析及其内涵证立》，载《甘肃政法学院学报》2019年第2期。

〔2〕 在其著作《刑法与民法的对话》中，佐伯仁志已经尝试以跨部门法学的视角去讨论"制裁"问题。比如，其在讨论名誉与隐私的损害赔偿问题时，指出"（刑法和民法）两者不仅在成立要件上具有密切关联，而且在制度的机能上也有很大的共通之处"，进而认为名誉与隐私的损害赔偿，在侵权行为法和刑法的视角下都具有"制裁机能"和"抑制机能"。参见［日］佐伯仁志、道垣内弘人：《刑法与民法的对话》，于改之、张小宁译，北京大学出版社2012年版，第323~333页。

〔3〕 ［日］佐伯仁志：《制裁论》，丁胜明译，北京大学出版社2018年版，第6页。

〔4〕 袁雪石：《中华人民共和国行政处罚法释义》，中国法制出版社2021年版，第288页。

法系中，示众之刑独树一帜，经久不衰。就惩戒效果而言，示众刑与现代公开惩戒实则有异曲同工之妙，这一行为的现代演变形式为"责令张贴和公告宣告的判决"。[1]传统示众刑罚都带有耻辱刑色彩，墨、劓、刖、宫、弃市、明刑、枷号、刺字等，每个朝代倾向适用的刑罚种类又各有区别。[2]如"刺配"就要求违法者随身携带枷锁，而面有黥刺的人通常都会成为被检查的对象。[3]又如"粉壁""申明亭"等媒介不仅是民众获取信息的有效渠道，也是示众的重要场所。其中，明代示众的场所"申明亭"就颇有行政处罚决定公开之意味，申明亭中不仅张挂明代的"榜文"，还会张挂违法之人的姓名和罪状，亭内的所公示的犯罪信息非常丰富。[4]可以说，古代刑罚体系中的示众刑，或作为独立刑，或作为附加刑，是统治者运用耻感文化对国家进行管理的尝试，充当了阶级统治与压迫的重要工具。随着社会的不断进步，公众道德水准和法治意识不断增强，对违法行为的容忍度愈渐降低，当害怕再遭到他人公开的嘲笑或孤立的耻辱感增强时，公开惩戒约束"面子"的内外部机制将使违法行为人不敢再犯、不想再犯。

第一，负评影响的外在机制使其不敢再犯。早在1923年，鲁迅先生就批判了国人重"面子"，他指出国人对面子的重视程度仅次于生命。[5]"面子"在人们生活中指的是一种声誉、声望或名誉，它是借由个人的成功以及社会赞誉而获得并累积起来的社会形象，这一社会形象离不开外在的社会环境，可以说是社会互动的结果。[6]在中华传统文化熏陶下，国人对于"面子"的重视更是长久。正如阿瑟·史密斯所言："面子似一把钥匙，一旦人们正确理解了其中深意，便可打开中国人诸多重要的性格之锁。"[7]"驳面子、伤面子"所带来的耻感，是个体良心在一种否定性评价机制方式作用下显现出来的，

---

〔1〕 这种示众制度实际上是中西方古代刑罚中普遍存在的刑罚种类，民众的主要印象还是在断头台。参见陈果、王新清：《情、理、法视野中的示众行为》，载《求索》2008年第1期。

〔2〕 杨鸿雁：《中国古代耻辱刑考略》，载《法学研究》2005年第1期。

〔3〕 参见魏峰：《从刺字看宋代军制》，载《史学月刊》2005年第9期。

〔4〕 参见杨练：《明代乡村治理中的国家治权与社会力量——以申明亭为视角》，载《中国行政管理》2020年第9期。

〔5〕 鲁迅：《"面子"和"门钱"》，载刘运峰编：《鲁迅全集补遗》，天津人民出版社2006年版，第398页。

〔6〕 参见胡先缙：《中国人的面子观》，载黄光国等：《人情与面子：中国人的权力游戏》，中国人民大学出版社2010年版，第41页。

〔7〕 参见［美］阿瑟·史密斯：《中国人的性格》，鹤泉译，中国华侨出版社2014年版，第2页。

也正因如此，公开惩戒才具备了制裁违法行为人的基础。公开惩戒这种具有厚重历史底蕴的制度，承载了人类管理社会的治理智慧，它通过对国人最看重的"面子"进行羞辱，加重了惩戒效果。

第二，声誉受损的内在机制使其不想再犯。中国人对"面子"的敏感性，可追溯至耻感文化这一传统文化根源。本尼迪克认为罪感文化依赖于对罪恶的反省，通过对良心拷问结果，体现自律的态度，而耻感文化主要是依赖良好行为的外部控制，体现他律的态度。一个人感到羞耻正是遭到了他人公开的嘲笑、拒绝。耻感文化作用下的内部约束机制就体现在行为人受"里子"的束缚。从字源上可以看出，"耻"之繁体形式为"恥"，由"耳"入"心"，是人类所独具的道德意识。羞耻感产生的精神机制在于人因寻求人格尊严而在自我意识中产生价值冲突，它产生的前提就在于较高价值与较低价值之间的紧张和冲突。[1]对于普通民众来说，当行为出现违法偏差时，面临道德审判时就会开始折磨其内心，因害怕行为被揭穿，这种负疚、自责的耻辱感始终萦绕于心。耻感文化下对人们内心的约束，来自"有所不为"或"有所绝不为"的劝诫或禁令。

第三，社会共同道德的形成使其行为受束。社会道德是社会交往中长期形成的一种无形的秩序或禁锢，一旦有人违背了道德，其余人就会产生无意识地抵触甚至进行谴责。如听闻或目睹一桩极其残忍或违背伦理的案件，无论从生理上还是心理上都会使亲临者感受到不适，引发广泛探讨。这些讨论之声或体现出对道德的维护，或显露出一种"污名化"的趋势。社会性是人的本质属性，尤其是在现代社会中，给予羞耻这种宽容的空间愈发狭小，不能容忍自我犯错的自律就将延伸至不能容忍他人犯错。如此，社群主义政治思想家们才会不断倡导羞辱式惩罚的复兴，以宣示和强化共享的道德价值。[2]当然，道德是潜移默化且不断进化的，在推动人类精神文明不断提升的过程中，国家的引导是促使道德得以快速发展和形成的关键。社会性制裁就是在国家引导之下，在社会层面实现制裁的方式。通过来自权力机关所创设出的规则来判定行为的好坏，并以法律规范的形式将其确定。行政机关作为法律的执

---

〔1〕 李富强：《中国人日常生活中的"耻""脸"与"面子"——对近代以来国民性批判中的"面子问题"之省思》，载《海南大学学报（人文社会科学版）》2019年第5期。

〔2〕 参见〔美〕玛莎·纳思邦：《逃避人性：恶心、羞耻与法律》，方佳俊译，商周出版社2007年版，第270~272页。

行机关将该行为确定为坏行为，即作出行政处罚决定，并在全社会予以公布。这就是社会能够发挥制裁性之动力所在。

2. 社会性制裁的效果

借用福柯的"空间与规训"这一命题来论证将更为形象。福柯认为西方文明在经历了漫长的酷刑和公开处决等野蛮的司法制度之后，"惩罚将愈益成为刑事程序中最隐蔽的部分"，这意味着对罪犯的处罚由肉体的惩罚转为灵魂的惩罚，灵魂惩罚的主要方式就是"规训"。[1]配合"规训"有一套专门技术，这就是将空间分割，使监视者和管理者处于有利的空间和视觉位置，被监禁和被管理者则被各自分隔在孤立的空间时刻受到监控。福柯借用边沁的说法，将这类设施称为"全景敞式建筑"（Panopticon）。[2]行政处罚决定公开也相当于建立了一个"全景敞式建筑"，因为无论是作出还是公开行政处罚决定，行政机关与相对人间、行政机关与社会公众间的关系始终是不对等的，相对人很难拒绝行政机关将涉及其违法行为的决定予以公开，而社会公众也只能被动地接受行政机关公开的处罚决定。在"马赛克理论"下，一些本身虽非重要的信息同其他信息结合起来就容易形成影响决策的重要信息[3]，加之处罚信息具有较强的私人性质，则指向性将更为明显。对于市场参与者而言，公开的处罚信息将成为其判断交易活动风险和规范自身行为的重要参考依据。这些处罚信息在食品、环境、金融等特殊领域的价值尤其突出，对于判断风险、有效决策具有重要意义。在这些信息的组合下，一种不借助法定权力发动和执行的制裁手段就会自发形成，如抵制开始出现，这种发动和执行显然并不需要法律的明确许可或授权。

信息化时代下，人们倾向于用社交网络工具来明确所能确信和依赖的人以作出最为正确的决定。当信息检索的成本降低后，权力和影响力将流向那些拥有最好声誉和被网民所信任的人，而不是那些在现实中拥有金钱和名义

---

〔1〕 ［法］米歇尔·福柯：《规训与惩罚》，刘北成、杨远婴译，生活·读书·新知三联书店1999年版，第9页。

〔2〕 他进一步指出在现代社会中，从监狱到军营、医院、学校以及修道院，都充斥着这样的特殊建筑，目的是通过对空间和时间的分割利用对全体社会成员进行规训，将全景敞式建筑中的空间分割变为现代社会权力运行的普遍机制，他将这一机制上升为"全景敞式主义"。参见［法］米歇尔·福柯：《规训与惩罚》，刘北成、杨远婴译，生活·读书·新知三联书店1999年版，第224页。

〔3〕 See David E. Pozen, "The Mosaic Theory, National Security, and the Freedom of Information Act", 115 *Yale Law Journal* 628, 628 (2005).

权力的人。网络赋予了社会公众随时随地评价人事物之权利，基于此，每个人都有机会以各种方式参与进来，为曾经被称为"沉默的大多数"发出声音。[1]这些评价所形成的对一个人的好声誉就成了他最为自得的资产，而信任也就由此形成，并在信息世界中永久流传。好声誉如此，坏声誉亦是如此。行政处罚决定具有惩戒性，将其公开自然会对既有法益造成损害，而这种贬损效果约束其心、抑制其行。行政处罚决定并未隐匿姓名、企业名称，在以处罚决定书为公开的实践模式中，还详细地将违法事由进行公布，已经形成了一定范围的周知，将引发特定人群对其谴责以及不信任感。当数字革命带来了廉价的存储器、便捷的提取，以及全球化的覆盖，遗忘将变得昂贵且困难，记忆反而便宜又容易。[2]因此，信息时代下的这种负担和非难会具有持续性、长久性，借助舆论的实际效果就加剧了行政处罚本身的惩戒性，进而由违法行为人的法律制裁转为社会性制裁。社会性制裁将发动全社会力量，而这种制裁效果已经超出了行政机关的预期，甚至在时间上和空间上都无法估量。在政府官网网站、信用信息公示平台等支持下，任何人在任何地点都能接收到他人被制裁的信息，且这种信息将永久存储。只要有处罚决定公开，那么社会性制裁就会持续下去，而这种成本低廉、效果显著，不借助法定权力发动和执行的制裁手段将备受行政机关青睐。这种效果还将体现在权利行使、财产变更等活动中。

---

[1] See Hassan Masum, Mark Tovey, *The Reputation Society*: *How Online Opinions Are Reshaping the Offline World*, The MIT Press, pp. x～xi.

[2] 参见［英］维克托·迈尔-舍恩伯格：《删除：大数据取舍之道》，袁杰译，浙江人民出版社 2013 年版，第 119 页。

第三章

行政处罚决定公开的功能

　　法律是功能性的，只有当公众懂得法律的功能时，才能更好地使用法律。〔1〕行政处罚决定公开是实践经验的总结，但其为何能从日益发展的应用法学科中科学地抽象出基本概念、原理、规律，这就需要借助我国特殊的制度土壤，才能作出科学的阐释。自 2021 年《行政处罚法》实施以来，行政处罚决定公开制度已在全国确立并实施。通过对比各地处罚决定公开规范文本、实践案例，可以发现行政处罚决定公开的规制意向与客观成效存在偏差，具体表现在监督功能难以实现、惩戒功能存在滥用。立足功能视角，以行政处罚决定公开的功能作为命题可讨论层面应当是多元的：如法定的功能、实际的功能以及应然的功能。法定的功能也即规范功能，它是在现行法律框架下所具备的功能和可能具有的潜力。这种层面的讨论给了我们"通过斗争实现法律"的期待，而不必沉陷于困窘的现实；甚至，它也给了我们一些改进现有制度的想象空间，让我们不必拘泥于现有的规定。〔2〕实际功能则是立足于社会现实，法律以社会为基础，着眼于法与社会关系和法律的执行力，行政处罚决定公开作为一个新制度被创造出来后，将随着社会变迁而变动。对实际功能的考察正是立足动态视角，该制度在社会中的运用就需要与之匹配。本章将通过对比行政处罚决定公开的规范功能与实际功能，对行政处罚决定公开功能效果作出说明，以完善行政处罚决定公开的功能体系。

第一节　行政处罚决定公开的规范功能

　　法学问题便是要研究人类之间的社会问题，行政法则是以预防和解决个

---

〔1〕　参见［美］波斯纳：《法理学问题》，苏力译，中国政法大学出版社 1994 年版，第 578 页。
〔2〕　何海波：《行政诉讼法》（第 3 版），法律出版社 2022 年版，第 27~28 页。

人与国家之间纷争为目的的。在高度集权的时代，公民只要安分守己，便很难同国家发生冲突。随着行政任务扩张以及行政国时代来临，以行政机关为主的国家机关对公民实现了从摇篮到坟墓的管理，与此同时，公民对行政机关的期待也随之增加，但这种理想与现实之间往往会存在未尽的空间，滋生公民与行政机关的嫌隙。为处理好行政机关和公民之间的关系，一方面，为消除公民畏惧公权力专横滥用，行政机关就需要完善权力监督机制；另一方面，为应对社会转型需求，行政机关就需要加快转变为服务型政府。行政处罚权作为典型公权力，它的运行不仅关系自然人、法人或者非法人组织的权益保障，还将影响国家安全与社会稳定，对它的要求就需要在此逻辑中进行。相比域外其他国家而言，我国已经建成了自中央到地方的行政处罚规范体系，处罚权实施的空间甚广。立足行政处罚决定公开的规范体系，行政处罚决定公开的规范功能主要在于监督执法与公共预警。

一、监督执法

1996 年《行政处罚法》是为制止乱罚滥罚现象，统一行政处罚程序而设，时至今日，立法机关在监督处罚权行使上未曾有变。2021 年《行政处罚法》第 1 条规定了行政处罚的立法目的[1]，明确表达了行政处罚法要达成的首要目的在于规范行政处罚的设定和实施，其次是保障和监督行政机关有效实施行政管理。从行政处罚法的立法体例可以看出，行政处罚决定公开规定在 2021 年《行政处罚法》第五章"行政处罚的决定"第一节"一般规定"中。行政处罚的决定一章还包括了普通程序、简易程序以及听证程序，而公开处罚决定就是行政处罚程序上的一般要求。规定行政处罚决定公开的他类规范亦能体现对执法公示制度成果的巩固。

（一）处罚权扩张的现实需求

在行政处罚的历史上，我国 90% 的行政机关具有行政处罚权，曾经或正在享有行政处罚权。与行政许可、行政强制等传统行政行为相比，处罚权设

---

〔1〕 2021 年《行政处罚法》第 1 条："为了规范行政处罚的设定和实施，保障和监督行政机关有效实施行政管理，维护公共利益和社会秩序，保护公民、法人或者其他组织的合法权益，根据宪法，制定本法。"

定规范、处罚权实施主体、处罚权涵盖范围都是其他行为无法企及的。行政处罚立法初期，处罚事项、程序、标准十分混乱，或仅凭指示、纲要、函件等内部文件予以处罚，滥罚、重罚等行为屡见不鲜，行政处罚任意性、封闭性不仅严重损害了行政相对人的合法权益，也对行政机关的公信力和社会形象产生了消极影响。党的十八大以来，我国在全面依法治国、深化行政执法改革领域取得了丰富的成果，是否将"严格规范公正文明执法"落实到行政处罚中则是衡量法治政府建设的一个重要指标。行政处罚中乱处罚、滥处罚等问题根深蒂固，在未要求处罚决定向公众公开的时期，行政处罚似乎披上了一层神秘的面纱，让公众"谈罚色变"，有"苦行政处罚久矣"之感。然而处罚权扩张虽然存在一定现实隐患，但同样也带来一种新的契机，当处罚权下沉至基层或者由某一机关集中行使后，这种分散权力的方式在一定程度上可抑制行政权力的滥用，同时通过授权或委托获得处罚权的组织还可以成为连接行政机关与社会公众的纽带。根据试点和地方处罚经验，处罚权在修改过程中就着眼于执法的现实要求，呈现出扩张之势。如2021年《行政处罚法》第13条、第14条、第24条增加了规章设定通报批评的权力以及将处罚权下移至乡镇人民政府、街道办事处行使，其所设定行政处罚的种类包括了警告和通报批评。理论而言，通报批评这类行政处罚虽然与警告在同一序列规定，但其影响范围、制裁效果显然高于警告，涉及违法行为人的名誉权，赋予规章设定权并不利于人格尊严的维护。此外，乡镇人民政府是否能有效承接处罚权也存在疑窦。如行政处罚主体资格是委托还是授权、授权范围是否确定、处罚程序如何设计等都有待更为细致的规定。

处罚权扩张还表现在处罚概念与种类的新增和处罚方式的变革等方面。第2条与第9条增加行政处罚定义与种类，将行政处罚由原来的8类上升为13类。[1]新增行政处罚定义虽然明确了行政处罚的四大要素，但描述性概念存在类型扩张之可能，以至于只要符合四大要素的行为均可能被视作行政处罚，是法律适用中存在的隐患。此外，第41条还引入电子处罚。电子技术监控设备收集、固定违法事实在学理上始终存在争议，如其是否有违正当程序

---

　　[1]　2021年《行政处罚法》第9条新增了通报批评、降低资质等级、限制开展生产经营活动、责令关闭、限制从业。

原则和处罚公平公正原则等。[1]为应对行政处罚扩张之事实，公开行政处罚决定就能让社会公众直面处罚主体，了解处罚权限、处罚流程，基于"众督"带来的压力为处罚权扩张保驾护航，使处罚权在监督机制中有效运行。

（二）处罚裁量基准的统一

在行政法学研究中，行政裁量权一直有哥德巴赫猜想之誉。作为行政法的精髓，行政裁量基准是典型的"自下而上"来自基层社会治理的经验和实践创造，已然成了现代法治行政的"核心问题"。[2]行政处罚辐射范围广、权力主体多，但法律规范规定的处罚空间较大，个案处罚畸轻或畸重的现状也层出不穷，侵害公平与正义。因此，研究行政处罚裁量基准就成为理论界和实务界迫在眉睫的任务。[3]制定规范统一的处罚裁量基准是各地各部门完善行政执法程序的重要内容。《法治政府建设实施纲要（2021—2025年）》要求："全面落实行政裁量权基准制度，细化量化本地区各行政执法行为的裁量范围、种类、幅度等并对外公布。"行政处罚规范体系就需要对不确定法律概念作出精准解释，降低行政处罚的恣意性。在处罚决定并未要求向社会公开时，裁量基准多为行政机关内部规则，其制定的程序并不严格。虽然2021年《行政处罚法》第34条并未将制定行政处罚裁量基准作为行政机关的强制性义务，但规定了只要是行政机关制定了裁量基准的，裁量基准就应当向社会公布，这实际上表明了行政裁量基准已然从行政机关内部的道德性自制责任上升为法律责任。[4]

行政处罚决定是行政机关为社会公众提供的评价样本，通过处罚决定书中载明的事项，让社会公众知悉行政机关的裁量幅度，这就可以反映出行政

---

[1] 参见李晴：《自动化行政处罚何以公正》，载《学习与探索》2022年第2期。

[2] 参见周佑勇：《建立健全行政裁量权基准制度论纲——以制定〈行政裁量权基准制定程序暂行条例〉为中心》，载《法学论坛》2015年第6期。

[3] 早在2003年，浙江金华市就出台了《行政处罚自由裁量基准制度》，并按此基准处罚对象数量达到25 658人，办结9120起案件，并无一人因不服量罚提起复议或诉讼。参见楼启军：《金华市对卖淫嫖娼实行分类处理》，载《光明日报》2004年2月13日。早期关于行政处罚裁量基准的代表性研究成果为周佑勇：《裁量基准的正当性问题研究》，载《中国法学》2007年第6期；余凌云：《游走在规范与僵化之间——对金华行政裁量基准实践的思考》，载《清华法学》2008年第3期；章志远：《行政裁量基准的兴起与现实课题》，载《当代法学》2010年第1期。

[4] 参见陈文清：《行政裁量基准适用的现实悖论、消解思路及其建构——以〈行政处罚法〉修改为背景》，载《甘肃政法大学学报》2021年第2期。

机关的执法力度与管理领域倾向。对社会公众来说就可以防止行政机关在处罚时出现"同案异罚"和违反平等原则损害个案实质正义的情况,实现行政机关的自我约束。公开行政处罚决定提供了一层"看得见正义"的保障。当行政处罚决定公开的规范依据由模糊向具体转变后,对具体公开行政处罚决定的内容也会逐渐明朗,处罚裁量基准也可由此管窥。如《浙江省行政处罚结果信息网上公开暂行办法》第6条规定在互联网上公开行政处罚结果信息,可以选择是公开行政处罚决定书全文还是仅公开摘要信息,由此看出公开处罚决定内容实则等同于法院裁判文书上网公示。[1]又如银保监会对保险业监督作出的行政处罚决定的公开就是全文公开,包括当事人(法人住址、自然人职务)、违法事实、处罚依据、处罚结果、处罚日期等内容。除浙江省和上海市建立了专门的行政处罚信息公开网外,其他地方政府都倾向将行政处罚决定公开在其政务信息公开网上,与行政许可、政府采购、收费项目、招考录用等共同置于法定主动公开内容列表之下。从该政府信息公开网上,可以清楚查看被处罚案件的具体事实。不过,实践中采用较多的是摘要式公开,其公开信息虽然有限,但如违法事由、处罚种类与依据、对应的处罚决定等关键信息均有。只要对这些信息稍加分析便可以判断出行政机关就类案处罚的裁量基准。

（三）行政执法规范化水平提升

作为行政执法公示制度的重要部分,处罚决定公开就是对结果环节的把握。随着行政执法公示制度在全国范围推广,各地纷纷制定实施办法规定行政处罚的执法决定信息要在执法决定作出之日起7个工作日内公开。执法公示制度下,行政处罚决定公开集中表现为公开行政处罚决定书。行政处罚决定书作为最为重要的执法文书类型之一,具有严肃性、强制性和对当事人的拘束力,集中体现了行政机关依法行政的能力和水平。早期公开的行政处罚决定书格式不一、内容各异,这也从侧面反映出处罚混乱的现况。若行政机关要履行在7日内公开处罚决定之义务,从时间成本来看,在作出处罚决定之后再来制作处罚决定书的行为并不可取,就必须要求行政机关在执法过程

---

〔1〕 如《浙江省行政处罚结果信息网上公开暂行办法》第6条规定在互联网上公开行政处罚结果信息,可以选择公开行政处罚决定书全文或者摘要信息,而摘要信息则包括行政处罚决定书文号、案件名称、被处罚人姓名或者名称、法定代表人姓名、主要违法事实、行政处罚的种类和依据、行政处罚的履行方式和期限、作出行政处罚的机关名称和日期等内容。

中就严格办理相关手续并记录在册（这同样也是执法全过程记录制度的重要内容）。质言之，因为有后续的公开处罚决定，对行政机关就形成了一种倒逼机制，迫使行政机关严格依法处罚、制作规范行政处罚决定书。

　　行政处罚决定书是一种规范文书，具有预定格式与文书编号。[1]实践中已有研究组织或个人专门就行政处罚决定书进行研究，如河北省工商系统基层教育中心课题二组通过对工商部门发布的 265 份《行政处罚决定书》进行实证分析，将《行政处罚决定书》所显示的问题总结为五类共 18 个问题，涉及自由裁量权、证据列举、案件定性、处罚依据与处罚种类以及语言表述与语句格式等方面。[2]有学者通过公开的 468 份律师行政处罚决定书对行政执法文书中的瑕疵问题进行研究。[3]还有学者基于对证监会行政处罚决定书的分析，运用量化分析方法，考察了制度环境因素对证券监管执法强度和效率的影响，有助于提高证券监管执法科学性与准确度。[4]可见，通过行政处罚决定书对行政机关某一领域的执法强度、执法效率的研究已成为一种研究模式，这些研究成果也反映出诸多问题是行政机关执法时难以发现的，能推动行政机关有针对性地进行改进，进而促使行政执法水平不断提升。如 2021 年上海食派士商贸发展有限公司滥用市场支配地位限定交易案办结后，在上海市市场监管局官网所公开的行政处罚决定书，全文超过了 1.5 万字，为全国反垄断执法开创了一个可复制、可推广的案件办理范式。[5]

---

　　[1]　2021 年《行政处罚法》第 59 条规定了行政处罚决定书应当载明的六类事项，包括了①当事人的姓名或者名称、地址；②违反法律、法规、规章的事实和证据；③行政处罚的种类和依据；④行政处罚的履行方式和期限；⑤申请行政复议、提起行政诉讼的途径和期限；⑥作出行政处罚决定的行政机关名称和作出决定的日期。当前，北大法宝中已有专门的"行政处罚"专栏，可以查看各地各类的行政处罚决定书。

　　[2]　参见河北省工商系统基层教育中心课题二组：《行政处罚决定书问题分析与执法风险的错案追究——〈以行政处罚信息公开为契机　提升工商执法新高度〉课题报告之二》，载《中国市场监管研究》2016 年第 9 期。

　　[3]　该学者指出律师行政处罚决定书中存在说明违法理由不充分、履行告知义务不清晰、法律依据适用不准确、决定程序表述不明确、救济途径告知不完整等情形。参见袁钢：《行政执法文书中的瑕疵问题研究——基于 468 份律师行政处罚决定书的分析》，载《行政法学研究》2022 年第 1 期。

　　[4]　参见盛智明、周仁磊：《制度环境与证券监管——基于 2001—2018 年证监会行政处罚决定书的分析》，载《社会学研究》2021 年第 6 期。

　　[5]　该案行政处罚决定书被网友称为"史上最牛行政处罚决定书""教科书般的法律文书"，入编了高等教育出版社的《规范经济学》教材。参见陈玺撼：《行政处罚决定书为何能成"网红"》，载《解放日报》2022 年 11 月 28 日。

　　值得注意的是，在对行政处罚决定公开制度进行比较法观察后发现，公开行政处罚决定的监督执法功能在他国或地区中并未同我国一样被倡导。如美国不利信息发布作为一种规制工具主要功能体现在警告、通知和制裁方面。[1]因此，有学者就对行政处罚决定公开的监督执法功能提出了疑问。[2]不过，据笔者考察，1967 年发布的《联邦机构的贬损性信息公开》一文就指出贬损性信息发布能对实际的或潜在的行政机构施加压力，使其遵守法律。[3]再则，我国行政处罚决定公开并不同于美国的不利信息发布，其原因有三：一是制度出台背景不同，美国的不利信息发布是由于 FDA 对于食品领域监管，目的主要是维护公共利益，它并不是强制要求行政机关主动发布，而是由于案件特殊性，具有偶然性；而我国行政处罚决定公开则是行政执法公开制度的环节之一，属于事后公开的类型，且从大量处罚决定公开的规范依据来看，行政处罚决定公开长期以来都是以政府信息公开的方式实行，而政府信息公开的目的虽然也是出于维护公共利益、保障公民知情权，但此处的公共利益是偏向要求行政机关履行主动公开的义务。二是处罚总量不同，我国拥有行政处罚权的机关以及其工作人员的数量、作出行政处罚决定的总量在世界范围内是首屈一指的，加之处罚权还存在扩张的趋势，监督处罚权行使就确有必要。三是处罚权限有别，我国行政机关的处罚权限较大，就处罚种类而言，我国行政机关拥有作出行政拘留的手段，而美国行政机关一般不能直接作出限制人身自由的措施；就处罚程序而言，美国行政机关作出行政裁决时有严格的程序约束（APA）和法院监控[4]，在规定的处罚程序中，保障行政机关依法处罚要比通过程序维护行政相对人权益的作用更为明显。因此，基于上述执法环境的差别，行政处罚决定公开就需要在实施中体现监督功能。

---

　　[1]　See Ernest Gellhorn, "Adverse Publicity by Administrative Agencies", 86 *Harvard L. Rev.* 1380 (1973).

　　[2]　该文中，作者引用美国法上 Nathan Corte 的观点批判了国内学者普遍认为的行政处罚决定公开具有监督依法行政之目的。参见熊樟林：《论作为"权力"的行政处罚决定公开》，载《政治与法律》2023 年第 2 期。

　　[3]　See "Disparaging Publicity by Federal Agencies", 67 *Colum. L. Rev.* 1512 (1967).

　　[4]　行政处罚在美国又被称为行政裁决，有正式程序或非正式程序作出之分，且大多数裁决都是由非正式程序作出，行政机关作出财产性制裁必须要有严格的法律授权。

二、公共预警

大数据时代背景下数据的规模和种类呈现出多样化和复杂化，控制了数据就掌握了绝对优势信息，行政处罚决定显然是一种重要的信息。作为国家公权力机关，行政机关实施处罚应具有恢复社会秩序、增进公共利益之意，尤其是在对食品安全、公共卫生、环境保护、金融交易等重点领域进行监管时，公开处罚决定保障公益之目的更为显著。如 2018 年公开对长春长生生物疫苗事件的处罚决定、2022 年"土坑酸菜"案、2023 年公开对哄抬防疫药品物价的处罚决定等。[1]囿于社会公众始终处于信息接受的被动地位，风险社会的不确定性与突发性又加剧了信息沟通的难度。如何更好地履行国家保护义务、提升风险规制的实效性，则是风险治理的重要课题。[2]行政机关通过公开行政处罚决定就能及时揭示出涉事风险，让社会公众知悉相关信息。在此意义上，行政机关主动公开处罚决定就具有警告功能。

（一）公开处罚决定回应风险社会需求

自乌尔里希·贝克提出现代社会已进入风险社会，人类面临着威胁其生存的由社会所制造的风险这一论断后[3]，围绕着风险的研究已成为实务界和理论界重点关注领域。除了食品卫生、环境、金融等传统领域，现代社会科技不完善带来的负面灾难更是风险的又一重要来源，如核污染事件、人工智能纠纷、传染病全球化等引发的新型社会问题。这些领域问题的发生是对贝克所提出的风险社会的实践印证，而风险社会中不确定性和可变性也是对政府治理能力的重要考验。传统行政法所欲规范的行政决策基本定位于"面向确定性的决策"，因此在制定行政规则或就具体问题作出决策时，依据明确、理由充分、证据确凿等均是传统行政法所要达成的目的。进入新时代后，随着社会主要矛盾的转化，社会治理的重心也需要从行政效率转为治理效能。[4]应

---

〔1〕　分别参见吉食药监药行罚［2018］17 号行政处罚决定书、岳君市监处罚［2022］2 号行政处罚决定书、渝市监处字［2023］7 号行政处罚决定书。

〔2〕　王贵松：《风险行政与基本权利的动态保护》，载《法商研究》2022 年第 4 期。

〔3〕　参见［德］乌尔里希·贝克：《风险社会》，何博闻译，译林出版社 2004 年版，第 15 页。

〔4〕　参见徐萍：《风险社会中的社会治理逻辑与优化路径——基于系统组织理论的视角》，载《东岳论丛》2022 年第 8 期。

用于行政处罚领域，行政机关需要关注行政处罚效能提升，即不能仅着眼于对违法行为的惩罚，更多地则要关注处罚行为回应风险防范。否则危害一旦发生，对公众就将造成不可逆转的危害。

作为金融市场最重要的组成部分，银行业与其他行政执法领域相比，在监管对象体量、监管模式和处罚实践等领域均比较特殊。2020 年《中国银保监会行政处罚办法》第 93 条规定："银保监会及其派出机构应当按照规定在官方网站上公开行政处罚有关信息。"该条并未附加任何但书条款，对于银行业的处罚决定原则上一律公开。通过对 2019 年至 2021 年银保监会公布的行政处罚决定进行总结，银行业行政处罚决定总量基数大、罚没金额屡破新高，重点监管领域一目了然。[1]分析公布的违法事项可知，2019 年银行金融机构被处罚的主要事由为违法审慎经营规则、业务审查不严、贷款审查不尽职、信贷资金用于购买理财产品、参与民间借贷等。2020 年被处罚的主要事由为股东股权管理、流动资金贷款、关联交易、同业业务、案防信息报送。2021 年被处罚的重点业务领域主要包括公司治理、信贷业务、内控与合规、员工行为管理、案件防控等，客户信息管理、反洗钱客户身份识别、信息安全管理不到位等问题也成为年内新增处罚事项。这些处罚事由反复出现反映了违法行为的持续性，也体现了银保监会及其派出机构对银行业的强监管、严问责之势。因此，从风险规避来看，银行业处罚决定公开将使得三方受益：一是对于银行本身的自我发展，这些处罚事由都是可预见的，推动其进行自我审查及纠错；二是对于第三方投资者而言，在数据利用理念从事后追溯转移到事前监控后[2]，公开的处罚决定将自然地成为其判断交易活动风险和规范自身行为的重要参考依据；三是对于银行业监管部门，这些高危的风险点就成为其审查新的参与者在进入、退出市场时的重点监管事项，能及时、高效地解决行政执法中监管资源保障与执法效果之间存在的冲突问题，提升执法效能。

---

〔1〕 以处罚公布日期为准，2019 年罚单合计 3418 张，而 2020 年罚单合计 4080 张、2021 年罚单合计 4040 张。从罚没金额来看，2019 年罚没金额累计 11.52 亿元、2020 年罚没金额累计 19.44 亿元、2021 年罚没金额累计 25.51 亿元，在 2020 年、2021 年甚至出现了亿元级罚单。该数据来源于中国银行保险监督管理委员会官网"政务信息"模块中 2019 年~2021 年"法定主动公开内容"之"行政处罚"部分涉及银保监会机关、银保监局本级以及银保监分局本级。

〔2〕 Jack M. Balkin, "The Constitution in the National Surveillance State", *Minn. L. Rev.*, Vol. 93, 2008, p. 10.

（二）发挥处罚决定作为信用信息的价值

行政处罚决定是信用信息的重要来源。身处信息社会之中，信息是比物质和能源更为重要的资源，信息的产生、发布、使用和整合将成为经济活动的枢纽。〔1〕与传统社会信息闭塞不同，现代社会诸如招聘、购物、就诊、工作、学习等无一不要求上传信息，诸多的社交软件甚至需要人脸识别，使得获取信息简单便捷，行政机关更是具有这一获取信息的"先天优势"。〔2〕行政处罚决定是行政机关在管理过程中制作、搜集的信息，向公众公开后，随着信息技术传播成本的降低，社会公众就能通过查阅处罚信息快速、便捷地判断个人、企业在社会活动中的品格和信用。党的十八大以来，以习近平同志为核心的党中央在多个场合都强调了诚信的重要性。可以说，诚信不仅事关经济、政治和各项社会事业的繁荣，而且事关人民生活安康、和谐、幸福。2014年《社会信用体系建设规划纲要（2014—2020年）》颁行后，社会信用制度的建设方向和重点得以明确。当社会信用体系建设被纳入规划纲要后，信任机制在政务诚信、社会诚信、司法公信等领域的作用承载了推动经济发展、提升全社会诚信意识与信用水平的预期。在现行有效的十部关于社会信用条例中，行政处罚信息都是失信信用信息目录的重要内容。〔3〕

如在银保监会网站所公开的行政处罚信息表就包含了被处罚对象的名称（或姓名）、违法事由、违反依据、执法过程、处罚决定等。在公开的被处罚对象涉及自然人的处罚决定中，资格罚是银行业行政处罚的特殊种类，它主要包括了禁止从事银行业工作以及取消高级管理人员任职资格。〔4〕这些处罚

〔1〕 袁雪石：《建构"互联网+"行政执法的新生态》，载《行政管理改革》2016年第3期。

〔2〕 据《关于〈中华人民共和国个人信息保护法（草案）〉的说明》，截至2020年3月，我国互联网用户已达9亿，互联网网站超过400万个、应用程序数量超过300万个，个人信息的收集、使用更为广泛。

〔3〕 经北大法宝检索，黑龙江省、甘肃省、江西省、山东省、河南省、上海市、天津市、大连市、南京市、厦门经济特区等制定出台了社会信用条例。如《上海市社会信用条例》第9条规定："……列入目录的失信信息包括下列事项……（四）适用一般程序作出的行政处罚信息，但违法行为轻微或者主动消除、减轻违法行为危害后果的除外……"《南京市社会信用条例》第23条："自然人、法人和非法人组织的失信信息包括下列内容：（一）反映社会信用状况的刑事处罚信息、行政处罚信息和不履行行政决定而被依法行政强制执行的信息……"

〔4〕 在2019年至2021年的处罚公开信息表中，银保监会及其派出机构作出禁止从事银行业工作的处罚决定共707例，作出取消银行业金融机构高级管理人员任职资格的决定共292例。其中，作出终身禁止从事银行业工作的有408例，作出终身取消高管任职资格的有44例。

信息不仅包含了大量的违法事实（大多是人为的危害行为），还载有被处罚当事人的个人信息以及与该行政处罚案件有关的利害关系人的部分信息。在大数据的推动下，无论当事人主观上是否愿意通过搜集、分析这些处罚信息就可以实现对用户生活、思想、行为描述，辅之以算法就可以形成对自然人、法人及非法人组织的信用评级。[1] 在"马赛克理论"下，一些本身虽非重要的信息同其他信息结合起来就容易形成影响决策的重要信息[2]，加之处罚信息具有较强的私人性质，则指向性将更为明显。对银保监会及其派出机构来说，处罚决定的公开是为维护银行业、保险业市场秩序，维护国家金融安全，对社会公众来说，公开为评价自然人、法人及非法人组织提供了一个衡量标准，对银行高级管理人员来说，公开对其处罚决定，为金融机构选聘及个人借贷业务作出警示。

（三）公开处罚决定促进政社共治的发展

现代社会生活日趋复杂，伴随着民主化而生的是人民利益与需求之议题化与法律化，国家任务也不断膨胀。[3] 当行政任务逐渐覆盖到人们日常生活的各个领域时，若仍然采取"命令－服从"（command and control regulation）的传统管制手段就可能侵犯私人治理，抑制社会发展的积极性，而以减轻国家负担、提高行政执法效率为目的的"社会自我规制"在世界范围内得到广泛应用并发展。[4] 按照是否受国家影响分类，社会自我规制分为了完全不受国家影响的社会自我规制（如社会组织自我订立自律公约）、受国家引诱的社会自我规制（国家通过各种正负面诱因之投入，激发私经济主体之行为与动机或造成其心理压力，致其为自我管制）以及国家参与社会自我规制（通过行政契约、协定与私经济主体间签订环境协定或自我设限协议，使私人承担

---

〔1〕 虞青松：《算法行政：社会信用体系治理范式及其法治化》，载《法学论坛》2020 年第 2 期。

〔2〕 See David E. Pozen, "The Mosaic Theory, National Security, and the Freedom of Information Act", 115 *Yale Law Journal* 628, 628（2005）.

〔3〕 参见张桐锐：《合作国家》，载翁岳生教授祝寿论文编辑委员会编：《当代公法新论（中）：翁岳生教授祝寿论文集》，月旦出版社 2002 年版，第 563 页。

〔4〕 德国、美国、英国等均有学者对社会自我规制进行研究，形成了丰硕成果。参见高秦伟：《社会自我规制与行政法的任务》，载《中国法学》2015 年第 5 期；杨志强、何立胜：《自我规制理论研究评介》，载《外国经济与管理》2007 年第 8 期。

协定上义务）。[1]实践中纯粹的自我规制类型很少，受国家规制的社会自我规制形态为较多国家采用，它被视为公私合作的一个缩影。公开处罚决定符合社会自我规制的第二类（受国家引诱的社会自我规制）的行为和目的要求，即国家通过负面信息发布实现国家管制目的，但就警示功能而言它作用的对象更多的则是立足社会公众视角，即将行政机关置于信息提供者之地位，而引导社会主体进行自省或者加强举报，共同完成公共任务。如行政机关公布针对某一类行为或某一对象的处罚决定，社会公众会自发地开始关注相同或近似行为是否有违法嫌疑。

公开行政处罚决定也契合了国家治理由"管理型"转向"合作型"的需要。基于公开的处罚决定，社会公众能充分参与到社会管理领域中的各种问题。这种信息共享机制将公开处罚决定作为一种信用工具，行为入法又在源头上被赋予了公信力和执行力，在市场主体的评价与监督的激励下，信息公开就能及时在市场中形成排他式惩罚机制。这种机制能有效阻吓其他市场主体放弃潜在的违法行为，是一种效率型、辅助公共执法的社会治理形式。[2]不过，社会自我规制现象也会对国家责任、行政法学带来挑战。有着深厚规制理论的英美国家为应对此种问题则提出了 meta-monitoring 或 meta-regulation。[3]实质上，meta 的本意含地标、界标，可引申为界限。控制社会自我规制就是对自我规制进行"规制"，找准社会自我规制的界限和范围。建立在"共治"的理念下，界限也并不是直接拟定的，否则就成为强制性命令。后设规制的理想模式是理想模式也正在被规制，如果理想模式是一种以价值为基础的方法，那么这一努力就成为产生共同价值的问题，而做到这一点的最佳方法是协商和真诚谈判。[4]当处罚决定被公开后，社会公众在接收各式各样的处罚信息后，一种全景式监视将会形成，而若行为一旦失控，社会信用制度中的惩罚机制就将自动启用，而这种惩戒机制不仅包含了行政性惩戒，更多的是

---

〔1〕　参见詹镇荣：《民营化法与管制革新》，元照出版有限公司 2005 年版，第 145 页。

〔2〕　参见吴元元：《信息基础、声誉机制与执法优化：食品安全治理的新视野》，载《中国社会科学》2012 年第 6 期。

〔3〕　因 meta 有 after 之意，有学者将其译为"后设规制"，指出其本质是对自我规制的规制。参见高秦伟：《社会自我规制与行政法的任务》，载《中国法学》2015 年第 5 期。

〔4〕　See Jesse Cunningham, "Meta-Regulation in Practice: Beyond Normative Views of Morality and Rationality", 39 *Sydney L. REV.* 613 (2017) p. 614.

行业性、市场性、社会性惩戒。换言之，公开处罚决定有助于启动社会自我规制，让社会公众共同参与国家治理。

第二节　行政处罚决定公开的实际功能

法律对社会影响的程度，在一定意义上取决于法律功能的状态和结果。[1]法律需要同社会相联系，研究法律的实际功能就能推动法律的新发展。毕竟法律公布之后，就已经滞后于社会实践。由于法理既内嵌于规范，又活跃于法外，针对"法外"研究就可打破理论与实践脱节的"两张皮"式的壁垒。因此，当着眼于实际功能时，关于行政处罚决定公开的诸多形态就将跃然于眼前：规范中的行政处罚决定公开所具备的监督执法、公共预警等功能，因公开处罚决定的内容私密性与不利性，将产生负面效果。具体而言，行政处罚决定公开的实际功能一方面表现在行政机关公开处罚决定强化行政处罚的制裁效果，另一方面则表现在行政机关通过公开处罚决定达成说服、指导、教育社会公众的目的。

一、行政处罚决定公开的威慑效应

威慑作为动词，是指用武力或声势使对方感到恐惧。[2]学界对威慑效应的研究首先是来自刑罚，即通过刑罚的制定、适用和执行，以刑罚的强制力来慑服人们不去或不再犯罪的效力。[3]事实上，威慑刑论思想由来许久。在以刑法为主体和核心的中华法系中，法律的主要作用即威慑与惩罚，以稳固国家政治统治。刑罚的构罪标准、惩罚力度均是刑罚威慑效应产生的原因，刑罚与行政处罚均是国家机关的强制力手段。行政处罚虽逐渐从刑罚中脱离，但即使惩罚力度在行政处罚层面降低了，也并不影响其威慑效应的承袭。换言之，在行政处罚等相关法律规范强制力的保障下，行政处罚同样具有威慑效应，并且这种效应还会因公开更为显著。

---

[1]　付子堂：《法律功能论》，中国政法大学出版社 1999 年版，第 6 页。

[2]　中国社会科学院语言研究所词典编辑室编：《现代汉语词典》（第 7 版），商务印书馆 2016 年版，第 1358 页。

[3]　郭建安：《论刑罚的威慑效应》，载《法学研究》1994 年第 3 期。

（一）　威慑效应作用对象

在刑罚理论中，威慑被分为针对罪犯的特殊威慑（使已经犯罪的人不敢犯罪）与针对潜在罪犯的一般威慑（使企图犯罪的人决定不犯罪），对于其他守法的公众而言是不具有威慑力的。[1]行政处罚之惩戒性使得其具有威慑力，因害怕权利被克减或被强制履行义务，但这种威慑力是行政机关单方给予行政相对人的。对于行政处罚决定公开来说，行政相对人则惧怕公开所带来的惩戒性，这种惩戒性具有加重行政处罚的潜在可能。不过行政机关通过公开处罚决定将分别对行政相对人、社会公众产生作用，而社会公众中又包含两类人：一是潜在的违法行为人；二是其他守法的公民。据此，可以将行政处罚决定公开威慑效应对象分为两类：一类是行政相对人，即直接的威慑效应；二类是社会公众，即间接的威慑效应。

（二）　威慑效应产生的条件

刑罚能对罪犯产生直接威慑力的原因在于刑罚的严厉程度是适度的、触犯刑法遭受刑罚是必然的、给予刑罚是及时的。[2]将该条件运用于行政处罚决定公开中，可以发现行政处罚决定公开产生威慑效应的条件就是：公开惩戒的严厉性、公开行为的义务性、公开行为的及时性。

就公开惩戒的强制性而言，在类型化视角下，行政处罚决定公开的属性是多样的。无论其在实践形态如何变幻，通过确定行政处罚决定公开之属性就可以判断其在行政实体法及程序法上的合法性要求，以及因决定公开导致的侵权对应的法律救济。在现在成熟的规范体系下，实践中的行政处罚决定公开更多地被作为一种强制性行为，即结果制裁型处罚决定公开能够对外直接发生法律效果。[3]无论是广义还是狭义的行政处罚决定，它与原行政处罚的行为效力联系紧密。行政处罚给予违法行为人的是不利处分，如增加或确认具有某项义务、剥夺或限制权利等，公开处罚决定将继承并扩大原行政处罚的惩戒效果。再则，从经济学角度出发，一般的处罚手段使得当事人的违

---

〔1〕　魏建、宋艳错：《刑罚威慑理论：过去、现在和未来——刑罚的经济学分析》，载《学习与探索》2006年第4期。

〔2〕　参见郭建安：《论刑罚的威慑效应》，载《法学研究》1994年第3期。

〔3〕　参见翁岳生编：《行政法》，中国法制出版社2002年版，第638页。

法成本降低了，而不是升高了。不同于财产罚和人身罚，还需要遵循后续执行程序，公开处罚决定只需要行政机关将信息予以公开，惩戒效果即可出现。公开惩戒的后果集中表现在对违法行为人的直接威慑效应中，将在下文详细阐述。

就公开行为的义务性而言，在 2021 年《行政处罚法》修改前，行政处罚决定公开就被写入诸多法律规范中，且大多规范都直接规定行政处罚决定一律公开。公开处罚决定作为行政机关的义务，是不可避免的。在行政相对人潜在意识中，被行政处罚意味着行政相对人本人及无论与其有无关系的社会其他人都将知晓他的违法行为。这将增加他对违法行为的恐惧，而消除他能够隐匿违法记录的侥幸心理。

就公开行为的及时性而言，虽然大多数法律规定行政机关应当在作出行政处罚决定后的 7 个工作日内将处罚决定予以公示，但实践中发现，对于案件事实清楚、违法情节轻微的案件，行政机关在作出处罚决定后的 1 天至 2 天内就会公示上网。当然实践中还存在行政机关将已过法定公开时间的处罚决定再次公开，如在李某某嫖娼案中[1]，行政机关实际上就属于第二次公开处罚决定。因此，在公开行为上，行政机关大大缩短了法定的 7 个工作日的时间，这种及时性就将强化处罚决定公开的威慑效应。

（三）公开强化威慑效应的原因

基于上述三个条件的发挥，行政处罚决定公开就具有威慑效应。不过，行政处罚决定公开的威慑效应能够最大限度地得以发挥，甚至成为独立的规制工具则还借助了大数据下对处罚记录的永久储存与社会公众从众与偏见的心理。

第一，大数据时代中处罚记录的永恒性。大数据时代延长了每个人的记忆，一旦处罚记录公之于众，时间和空间的限制就会被打破，使得处罚的记忆将永远被保存。因此，当处罚决定被公开后，对行政相对人来说，行政处罚并没有结束。以数字化记忆的三个特征加以论证：一是可访问性，二是持久性，三是全面性。[2]可访问性是根据接收者与情形的不同来决定是否分享，这种分享主要是基于特定目的和语境。实践中处罚决定的公开平台是政府官网、微信公众号、官方微博等公共平台，由于是否公开决定是由行政机关直

---

〔1〕 参见《演员李某某因多次嫖娼被行拘》，载《扬子晚报》2022 年 9 月 12 日。
〔2〕 参见［英］维克托·迈尔-舍恩伯格：《删除：大数据取舍之道》，袁杰译，浙江人民出版社 2013 年版，第 128 页。

接作出，这些涉及大量个人信息的处罚决定就不会经过信息所有人本人而直接放置于平台上，且完全没有对访问设限。持久性就是指信息一旦公开，被处罚这一记录就会永久保存，人们可以随时检索到被公开的处罚决定而不受时间和地域的限制，这就将完全打破传统领域中信息障碍。全面性则是对行政相对人的知悉程度，在数字记忆中，通过奖惩信息记录就可以形成对违法行为人的初始评价。当可访问性和持久性结合在一起，人们就难以逃离过去。经过互联网搜索，过往信息将如洪水般涌现出来，数字化记忆就会让瞬间变成永恒。

第二，从众与偏见的社会本性。人是一种社会性动物，完全脱离社会生活的人类是不存在的。身处同一社会中，一个人真实的、想象的或暗示的存在，将对其他人的思想、情感、信仰和行为存在影响。"近朱者赤、近墨者黑"就将形成群体对群体或群体对个体的偏见。公开行政处罚决定会不自觉地使得公众对行政相对人产生一种偏见，这种偏见是对一个可区分的群体中所有成员的一种消极态度，并且这种偏见大概率很难被改变。此外，人类是社会性动物这一事实的后果，便是我们生活在与个性相关的价值观和与从众相关的价值观的博弈之中，而为使得自己看起来不那么另类，缩小与他人的差距，从众就将战胜个性。[1]这就是从众心理产生之原因。一个人的行为或意见很容易受到来自另一个人或一群人的真实或想象的压力而发生改变。所以，当处罚决定被公开后，因行政机关已经对违法行为进行谴责，而行政机关又是权威的代表，这种对行政机关的内心确信让众人产生"随主流"的顺从心理，进而赋予公开处罚决定的制裁效果。当行政处罚决定作出后，若没有后续公开流程，对违法行为人的威慑就到此为止；若增加了后续公开流程，在熟人社会下，这种惩戒还会累及行政相对人及其亲属。

二、强化制裁效果

由于行政处罚决定公开的直接威慑力，处罚决定公开给行政相对人带来的所有后果中最显而易见的就是制裁效果的强化。在比较法观察中，惩戒效果较为突出的当属作为独立的信息规制工具的不利信息发布。当所公开的不

---

[1] 参见［美］艾略特·阿伦森、乔舒亚·阿伦森：《社会性动物》（第12版），邢占军、黄立清译，华东师范大学出版社2020年版，第99页。

利信息来自企业时,尤其是从以 FDA 为主要机构所发布的信息来看,这种公开给企业带去的负面影响十分显著。主要表现在:一是被列为不良产品将可能引发产品责任诉讼,比如 FDA 所发布的负面宣传将成为有力证据。二是产品自身信誉受损,仓库、经销商、批发商、零售商和医院都会直接退回,产品生产商的经济严重受损。三是产品市场缩小,使用率降低,专业医院及医生出于对建议或使用已知和报告有缺陷的产品而引发医疗事故诉讼的担忧,将禁用该产品。四是对产品的监管加强,FDA、州及地方卫生官员或其他有权的行政机构将对该产品及同一公司、同一工厂、相同条件或使用相同设备生产的产品区别对待,如果公司规模大、造成的损失严重还将启动国会调查程序,面临国会传票和听证会等。[1] 由此观之,行政处罚决定公开的制裁效果主要体现在对行政相对人声誉、财产以及权利行使等方面。

(一) 公开处罚决定后的声誉制裁

声誉是对一个人在特定社区下过去相关行为的总结,其呈现方式可以帮助其他社区成员就该个人及其行为作出决定。信息时代下,声誉就成为一种非常重要的评价手段,行政处罚决定就是影响评价的重要因素之一。公开处罚决定最为直接的惩戒效果就是对声誉的影响,即造成社会评价降低、声誉受损。由于受传统耻感文化之影响,对声誉的重视自古以来就留存在国人的血脉之中。作为封建国家时期主流意识形态,儒家文化零星勾勒出耻感文化的轮廓。孔子很早就指出道德耻感就是德治相对刑罚优势之处,"道之以政,齐之以刑,民免而无耻;道之以德,齐之以礼,有耻且格。"[2] 孟子说:"人不可以无耻,无耻之耻,无耻矣。"所谓君子三乐中"仰不愧于天,俯不怍于人"就是对道德耻感的深刻论述。[3] 孟子甚至认为"无羞恶之心,非人也""羞恶之心,义之端也。"[4] 到后世朱熹、王阳明讲的"廉耻心"[5],也即现代人讲的"人格尊严"和"荣誉感",这是人的"良知良

---

〔1〕 See Nathan Cortez, "Adverse Publicity by Administrative Agencies in the Internet Era", *Brigham Young University L. Rev.* 1371 (2011).

〔2〕《论语·为政》:以刑罚治民,老百姓虽不犯法,但没有羞耻之心,但以德相治,老百姓不但守规矩而且有道德耻辱感。

〔3〕《孟子·尽心》。

〔4〕《孟子·公孙丑》。

〔5〕 朱熹直接训义为:"羞,耻己之不善也。恶,憎人之不善也。"

能"之一。从古代的耻辱刑到现代的声誉制裁，虽然每个时期的性质、方式迥乎不同，但其目的以及效果都殊途同归。

在崇奉道德立国、伦理治国的中华文明中，敬畏与禁忌的思想和行为是通过良心、教化、风俗、习惯还有舆论来发挥作用的。[1]这种羞耻感正是道德自觉之体现。在现代社会中，尤其是市场经济下产生一些唯利益论、金钱论的观念。想来整饬社会风气，也是处罚决定公开得以频繁适用的原因。处罚决定公开所具备的优势之一，就在于该制裁行为带给违法行为人"内心"的负面评价，让行为人遭受心理折磨，感到耻辱、难堪、恼羞等。通过对行政相对人在社会关系中所产生的地位、身份、声望等进行贬损，这类负面的社会评价就将让社会公众形成一种"以其为耻"的普遍态度。早期立法者就曾指出任何一种行政处罚都会对被处罚人的声誉有一定影响，但单纯以影响声誉为处罚方式的主要是警告、通报批评两种形式。[2]随着行政处罚决定公开制度的推广，实务中对行政处罚决定的态度大多秉持以公开为原则，意味着公开的范围将不会被区分，无论是对个人的警告，还是在一定范围内的通报批评最后都会因为网上公示而人尽皆知，对该行为的负面评价也将随之形成，谴责之声也会此起彼伏。

（二）公开处罚决定后的财产损失

由于社会评价的降低、损害名誉，行政相对人因此也会遭受一定财产损失。当行政相对人是公众人物、知名企业时，这种财产损失数额就会更为巨大。当公开有关知名艺人的处罚决定后，该艺人所代言的系列品牌都会终止与其合作关系，其参与的尚未播出的电影、电视剧甚至综艺类节目都会要求对其人像进行模糊，那么其商业价值就将严重降低。品牌方、合作方、电影电视剧制作方将有权向其提起诉讼，其就将面临巨额赔偿费用。当被公开的主体是法人或非法人组织时，这种财产损失的效果同样严重。一个好声誉是企业发展的长久之策。现代社会中，将声誉机制运用到社交网络应用程序中正是基于其所具备的信任基础，如美国的 Yelp、eBay 等软件就通过搜集用户

---

[1] 何君：《"罪感"与"耻感"——东西方道德底线差异探析》，载《贵州社会科学》2021 年第 6 期。

[2] 《中华人民共和国行政处罚法实用问答》编写组：《中华人民共和国行政处罚法实用问答》，人民法院出版社 1996 年版，第 47 页。

第一手评价信息作为对某一事物使用偏好，以此形成对该事物（一般是商家）的声誉机制。[1]评级高且声誉好的企业就会不断吸引用户，创造经济价值。因商誉损失而引发的财产性利益损失（譬如丢失市场份额、股价下降等）更是无法估量，而这种损失早就超过了原行政处罚的罚款、没收违法所得或非法财物的价值。所以企业还会为挽救商誉而投入更多资金，甚至支付额外的工资作为对员工的补偿。[2]美国经济学家洛特就曾对耻辱与收入进行了实证研究，他指出人们因顶罪行为本身的耻辱效果会造成未来收入的显著下降，收入越高的人因此受到的损失也将更多，这种惩罚在总量上也会愈发重大。[3]

公开处罚决定会造成财产损失有诸多案件进行佐证，但实践中也出现了特例。如2022年8月12日上海市市场监管局因无证生产对巴黎贝甜面包店关联公司上海艾斯碧西食品有限公司作出没收违法所得及用于违法生产的工具设备，并罚款58.5万元的行政处罚决定。此处罚决定作出后，上海市市场监管局遭受了大量舆论批评，网友纷纷对这一"秋后算账"的行政处罚表示不满，甚至大量公众自发式地在巴黎贝甜"报复性消费"，以表示支持。[4]不过，该案发生的时间具有特殊性（处于疫情防控期），违法行为人无法办证而非故意无证生产，上海市市场监管局虽以《食品安全法》作为处罚依据，但未考虑到2021年《行政处罚法》中包容审慎监管的理念，对于特殊案件进行处罚时就应当结合事实、性质、情节以及社会危害程度进行综合判断。

（三）公开处罚决定后的权利制约

公开处罚决定对行政相对人又一惩戒效果则表现在限制其权利行使。梳理近几年涉及公开的演艺人员、带货主播的处罚决定，可以发现当处罚决定被公开后，他们就会被贴上"违法失德艺人""劣迹艺人"等标签，接踵而至

---

〔1〕 Yelp 是一个在线评论 APP（类似我国的"大众点评"APP），专门对主要城市中心的餐馆和娱乐场所进行评论。同时，Yelp 是一个主要由年轻用户组成的 APP，他们通过相似的品位和兴趣相互联系。Yelp 为其用户生成一个特定的用户界面。这个用户界面本质上是一种信誉机制。

〔2〕 See Richard J. Pierce, "Small is not Beautiful: The Case Against Special Regulatory Treatment of Small Firms", 50 *Admin. L. Rev.* 537, 565 (1998).

〔3〕 See John R. Lot, "Do We Punish High Income Criminals Too Heavily?", *Economic Inquiry* 30, 583~608 (1992).

〔4〕 伍里川：《对巴黎贝甜"从轻处罚"给人安慰和期待》，载《城市金融报》2022年9月7日。

的就是行业抵制。根据 2021 年《关于进一步加强娱乐明星网上信息规范相关工作的通知》，国家广播电视总局、文化和旅游部等行政机关呼吁、鼓励文娱领域的行业协会制定网络文化市场从业人员自律管理办法，及时对违法失德人员及纵容违法失德行为的行业企业、从业人员进行行业联合抵制。[1]毫无疑问，对知名艺人进行从业抵制的规定是极其严苛的，诸多明星的违法行为被公开后，最为直观的就是其社交媒体账号被强制关停、影视作品停止播出，甚至已播作品中其名字也将会被剔除，这就将限制其表演者权、言论自由权、署名权的行使。无论是对明星成长、奋斗经历、外在形象以及业务能力的认可，还是对其积极参与社会活动的道德价值的褒扬，影视明星都对公众影响较大。要求知名艺人遵纪守法并不是要求他们能成为一个道德模范，要知道守法仅是最低的道德底线。因此，公开处罚决定对权利行使限制的这种严重后果就将对艺人们形成强烈的震慑，促使其遵纪守法。

　　由于公众人物在道德引领、价值导向上的特殊作用，为严厉惩戒违法失德行为，这种权利限制是有必要的。但若是处罚对象是普通人，其表演者权、署名权和言论自由权一般不会受到影响。不过，随着社会信用条例将处罚决定纳入失信记录中，行政相对人因被列为失信执行人或列入黑名单也将影响某些权利的行使。[2]归纳现行有效的 56 部社会信用条例，对于被列入失信行为名单的行政相对人，其权利受限就会体现在如下方面：一是资格申请受限。如个人或企业在财政性资金项目和政府优惠政策中的限制，以及评先评优方面的限制。[3]二是被列为重点监管对象。成为重点监管对象就意味着监督检查频次增加，在以信用作为交易依据的活动中，个人或企业信用减分、

---

　　〔1〕　2021 年《关于进一步加强娱乐明星网上信息规范相关工作的通知》要求对于违法失德明星艺人采取联合惩戒措施，全网统一标准，严防违法失德明星艺人转移阵地、"曲线复出"。随后 2022 年国家广播电视总局、文化和旅游部联合出台的部门规章《网络主播行为规范》（广电发〔2022〕36 号）第 17 条规定了"对违法失德艺人不得提供公开进行文艺表演、发声出镜机会，防止转移阵地复出"。

　　〔2〕　《山西省社会信用条例》第 27 条规定："下列具有法律效力的文书可以作为认定失信行为的依据……（二）行政处罚、行政强制和行政裁决等行政行为决定文书……"《甘肃省社会信用条例》第 14 条规定："信用主体的下列信息应当作为失信信息，纳入信用主体的信用记录……（二）适用一般程序作出的行政处罚信息，但违法行为轻微或者主动消除、减轻违法行为危害后果的除外……"

　　〔3〕　如《湖南省社会信用条例》第 7 条将行政机关及其工作人员在履职过程中，因违法违规、失信违约被行政处罚的信息纳入到政务失信记录。对于存在政务失信记录的工作人员其评优评先就会受到限制。

降低。[1]三是荣誉被撤销。[2]此外，实践中还出现了非常极端的关于行政处罚决定公开的制裁效果。如三亚市为整治闯红灯，让便衣交警蹲点采用执法记录仪对违法行为人进行曝光（联合三亚电视台、三亚日报等媒体），在处罚之后，还进入该违法行为人家中对其全家进行教育。[3]曝光侵害了违法行为人及其家人的名誉，而强制性的教育则是对违法行为人人身自由权的侵害，本质上是一种新的行政处罚。

三、教育社会公众

行政处罚决定公开的间接威慑力在于教育社会公众。其中，社会公众的范围包括了潜在的违法行为人以及守法的其他公众。当潜在违法行为人知悉处罚后果时，会因顾虑较高的违法成本进而遵纪守法。对于其他守法公众而言，公开的处罚决定或处罚决定书则是生动的法治宣传活动。行政机关通过对个案的处理起到教育自然人、法人及非法人组织在权利行使、义务履行以及运用法律知识的作用，实现行为引导、价值宣传、释法说理的功能。

（一）行为引导

无论是对于潜在违法行为人还是对守法的社会公众，公开处罚决定能在他们试图违法时予以警告，引导其遵纪守法。就引导功能而言，行政机关在作出处罚时，不仅局限在个案中，更是深入考量了个案对社会生活的影响，以强化公众对法律的认同感。就说服功能而言，行政处罚决定书体现了对违法行为的认定、法律适用以及演绎推理的全过程，最终作出的处罚决定具有说服力，在类案的处罚中，既能约束行政机关自身也能指导公众如何处理类似纠纷。[4]如北京食药监局试点行政执法公示制度倒逼企业整改问题守法经

---

〔1〕 如 2016 年国家发展和改革委员会、中国人民银行、国家税务总局等印发的《关于对重大税收违法案件当事人实施联合惩戒措施的合作备忘录（2016 版）》针对中重点监管对象出台了八类监管措施。

〔2〕 如 2020 年安徽省文明委颁布实施的《安徽省道德模范荣誉称号管理办法（试行）》就规定若省道德模范出现了违法犯罪行为的或发生其他不宜保留荣誉称号行为的，都将一律撤销该荣誉称号。

〔3〕 参见《三亚规定一人闯红灯全家学交规 被指"连坐"》，载 https://news. china. com/domesticgd/10000159/20160821/23340440_ 1. html，2024 年 6 月 21 日访问。

〔4〕 参见朱晓荞、刘馨荞、陈少华：《行政处罚对独立董事的间接威慑效应》，载《经济管理》2022 年第 6 期。

营。[1]此外，公开处罚决定的引导功能还体现在推动法律职业化与共同体的作用上。处罚决定的公开为行政机关及其工作人员同办案律师、法官、执行人员等搭建了一个话语平台，对行政处罚的未来适用形成更为稳定的预期，最终促进整个法律共同体的形成。对于涉诉的行政处罚就能实现行政面向与司法面向双管齐下，如在行政诉讼中就行政处罚案件证据的举证与质证上，统一行政机关作出处罚决定（行政自定标准）与法院认定行政机关依法行政的标准（司法认定标准），在行政审判与政府法治工作之间建立良性互动机制，也有学者称之为"府院互动"。[2]

（二）价值宣示

在文化多样、主体多元、结构复杂的背景中，价值冲突现象时有发生，强化并践行社会主义核心价值观确有必要。[3]当前社会主义法律体系已然建成，法律法规具有鲜明价值导向，良法作用的发挥主要通过执法来体现，执法者对法律规范所蕴含的价值内涵，是否能够深入理解和把握，将直接关系到法的价值目标的实现。[4]2016 年中共中央办公厅、国务院办公厅印发的《关于进一步把社会主义核心价值观融入法治建设的指导意见》指出要强化社会治理的价值导向，实现执法要求与执法形式相统一、执法效果与社会效果相统一。行政处罚体现着国家严厉整顿违法行为的态度，遵循"谁执法谁普法"的普法责任制，公开处罚决定就是一种价值宣扬的有效手段，为法治教育提供了生动素材。行政处罚决定书明确了行政机关依法对行政相对人违法行为的评价，将对全社会起到教育作用。它反映了违法行为如何发生、处罚如何进行、决定如何作出的全过程，通过证据展示赋予当事人充分、平等表达观点的机会，是实体正义与程序正义的展示。近年来，我国加强了对电子商务领域的反垄断监管，如入选了 2021 年度中国法治实施十大事件的阿里巴巴电子商务"二选一"行为行政处罚案、2020 年上海食派士商贸发展有限公

---

〔1〕《北京食药监局试点行政执法公示制度　倒逼企业整改问题守法经营》，载 http://legal. people. com. cn/GB/n1/2018/0516/c42510-29994346. html，2024 年 6 月 21 日访问。

〔2〕参见章志远：《中国行政诉讼中的府院互动》，载《法学研究》2020 年第 3 期。

〔3〕周佑勇、周维栋：《社会主义核心价值观如何融入执法建设》，载《中共中央党校（国家行政学院）学报》2021 年第 6 期。

〔4〕秦文：《核心价值观融入法治建设的历史逻辑及当代启示》，载《毛泽东邓小平理论研究》2018 年第 8 期。

司行政处罚案、2021 年美团"二选一"行为行政处罚案等。在阿里巴巴一案所公开的处罚决定书中，国家市场监管总局作出处罚的依据是《反垄断法》第 17 条，在案件调查中对阿里巴巴内部人员进行询问、深度取证，同时对其他竞争性平台和商家也进行询问，搜集了大量关于阿里巴巴的资料，邀请专家论证，并充分听取阿里巴巴的意见等。此案处罚金额高至 180 亿元，成为反垄断执法的热点引发了社会热议，更是彰显了我国在推动数字经济领域健康发展、引导良性市场竞争的价值追求。

（三）释法说理

作为一种重要的文书类型，行政处罚决定书还承担了解释法律、论证说理的功能，公开处罚决定就是行政机关就何种违法行为进行处罚以及如何处罚的展示，能推动社会公众从"知罚"向"懂罚"进行转变。伴随着我国司法改革进程，理论界与实务界对于文书的释法说理之功能主要着眼于裁判文书。[1]在裁判文书种类中，由于民刑案例种类繁多、理论深厚，民商事裁判文书与刑事裁判文书的研究相比行政裁判文书说理更为丰富，例如无锡宜兴冷冻胚胎案、广东惠阳许某案的裁判文书等在裁判说理部分都能实现政治效果、法律效果与社会效果的有机统一。2008 年，河北邯郸市邯郸县质监局就率先在全市质监系统开始推行说理式行政处罚文书的试点改革，重点突出说理性，通过处罚决定书讲明事理、法理、情理，使行政相对人知情、知理，是一种从执法理念到执法方式的突破。[2]当某一行政处罚成为指导案例后，公开后的效力就将提高对其说理程度的要求，被奉为典型案例后就会成为下级行政机关的执法指导，进而约束行政处罚裁量权。[3]行政处罚决定的公开让公众知悉频繁滋生的违法行为，处罚依据与违法事由对应的释法说理促进公众对处罚目的的理解。当公开行政处罚决定书后，公众就可以明白行政机关对何种行为课以处罚、依据何种行政法律规范作出处罚、作出何种程度的处罚以及理由是否充分、处罚是否合理等。此外，处罚决定在网上公开后，

---

〔1〕 1999 年《人民法院五年改革纲要》（"一五"改革纲要）就指出要使"裁判文书成为向社会公众展示司法公正形象的载体，进行法制教育的生动教材"。

〔2〕 参见孟庆昌、亦然：《河北邯郸推行说理式行政处罚文书》，载《中国质量报》2008 年 7 月 4 日。

〔3〕 参见胡斌：《行政执法案例指导制度的法理与构建》，载《政治与法律》2016 年第 9 期。

通过自媒体等平台进一步挖掘和加工再转发，往往能扩大知晓范围。诸如上海一居民修建自种香樟树被罚 14.42 万元、安徽合肥多个餐馆因卖凉拌黄瓜被罚 5000 元、陕西榆林某个体户卖 5 斤芹菜被罚 6.6 万元等"天价罚款"的案例都引发了公众对行政机关是否合理处罚的探讨，公众对于不合法或不合理的处罚决定的疑问也反映出法治观念、民主意识的提升。

第三节 行政处罚决定公开功能的效果与调和

研究发现行政处罚决定公开在规范与实际中所呈现的功能存在差异，发挥的效果在一定程度上具有偏差，这种功能间的分歧与冲突甚至弱化了该制度原本应当发挥的功能。即使看上去类似的制度，随着周遭必然或偶然条件的变迁所出现的功能结果也并不相同，法治环境对制度的发展具有重要影响。通过对行政处罚决定公开规范目的的梳理，处罚决定公开可被分为执法监督型、公共警告型及结果制裁型三类，但从公开结果来看，只要一经公开就不可避免地同时具有规范和实际层面的功能，只是侧重程度不同。本节通过对行政处罚决定公开功能效果的审视，试图完成如下任务：其一，区分规范功能与实际功能的价值以此划定行政处罚决定公开的主次功能；其二，区分处罚决定公开的类型以调和功能实现不佳之现状；其三，对现有处罚决定公开的功能体系提出完善措施。

一、行政处罚决定公开功能的效果表现

2021 年 7 月 15 日，《行政处罚法》正式实施，当行政处罚决定公开制度为新行政处罚法确定后，各地各部门也逐渐完善并及时公开行政处罚决定。在选择具体样本分析其功能效果时，笔者主要以上海市作为调查对象。原因有二：一是上海市是全国范围内较早开始落实行政处罚决定公开的城市。从处罚决定公开的专门性规范依据来看，上海市人民政府于 2015 年 11 月 16 日就发布了《上海市行政处罚案件信息主动公开办法》，要求公开行政处罚案件信息（包括行政处罚决定书载明的事项内容等结果信息）。二是上海市网站建设的全面性和便捷性，从行政处罚决定公开的载体来看，上海市不仅在"信用中国（上海）"网站上开辟了"行政执法公示"板块，其

市级行政部门和各区政府还具有专门的行政处罚决定公示网站。总结行政处罚决定公开的实施情况，行政处罚决定公开的功能并未完全发挥出理想状态下对行政机关、行政相对人以及社会公众应有效果。问题表现在以下三个方面。

（一）规范功能实际效果欠佳

1. 监督功能

就监督功能而言，行政处罚决定公开的监督功能能否存在就一直有学者对此提出疑问。本章第一节已对监督功能存在的必要性进行了详细论证，此处不再赘述。不过，受制于公开内容，监督功能在实践中的效果式微。通过查询上海市市级行政部门及各区政府所公开的行政处罚决定，发现就 2021 年《行政处罚法》实施后一年时间内，通过公开行政处罚难以实现监督功能。究其原因在于各市级行政部门所公开内容的详略不一。[1]查看市级行政部门的公示情况[2]，可以发现，在 41 个市级行政部门中，有 36 个采用了信用中国（上海）网站公示，有 4 个未开通对行政处罚决定的公示[3]，还有 1 个采用了单独网站公示[4]。在 36 个采用信用中国（上海）网站公示的单位中，有 30 个仅采取了单网公示，有 6 个采取了双网或多网公示。分析在信用中国（上海）采取列表式公开处罚决定的另 7 个采取双网或多网公示的单位中，除市财政局、市司法局网页无法访问外，处罚决定公开的方式包括了表格式公开、决定书式公开以及两种方式均公开（见下表）。在 16 个区政府的行政处罚决定公开中，共 13 个区政府采取了列表式公开，另 3 个区政府采取了表格式公开。其他区政府的行政处罚决定公开则分散在政务公开板块中"执行公开""管理公开""结果公开"栏目中（见下表）。

---

〔1〕 经检索发现，行政处罚决定公开制度实施一年中（即在 2021 年 8 月 1 日至 2022 年 7 月 31 日间），上海市在信用中国（上海）网站上共计公布了 1 435 563 条行政处罚决定，其中公布的超过 10 万的处罚决定的部门或区级政府有市场监督管理（380 780 条）、市公安局（279 363 条）、市城市管理行政执法局（163 314 条）、市住房和城乡建设管理委员会（158 289 条）、浦东新区政府（127 278 条）。该数据的检索时间为 2022 年 11 月 15 日。

〔2〕 参见上海市行政执法公示系统。

〔3〕 这四个单位分别是上海商务委员会、上海市邮政管理局、上海市应急管理局、上海市新闻出版局（上海市版权局）。

〔4〕 该单位为上海市交通委员会。

单位名称	公开方式	公开内容	备注
市绿化和市容管理局市林业局	决定书式	被处罚单位（统一社会信用代码）、处罚名称、处罚类别、处罚事由、处罚依据、处罚结果、处罚日期、处罚机关、公示期限	处罚事由详细且特别载明的公式期限
市公安局	表格式	处罚决定书文号、案件名称、被处罚人姓名、处罚事由、处罚依据、处罚结果、处罚日期、行政执法单位名称	详情页等同于表格栏，内容简单
市民政局	表格式	处罚决定书文号、处罚名称、处罚类别、处罚事由、处罚依据、相对人名称（统一社会信用代码、法定代表人姓名）、处罚结果、处罚决定日期、处罚机关	只公开处罚种类，未公开具体处罚结果
市市场监督管理局	表格式+决定书式	全文公开	非常详细
市交通委员会	表格式	案件名称、被处罚人（单位、单位法定代表人）、处罚事由、处罚依据、处罚结果、处罚机关、处罚日期	详情页等同于表格栏，内容简单

区政府	公开方式	公开内容	来源
长宁区	列表式	处罚决定书文号、违法行为类型、处罚事由、处罚依据、处罚决定日期	信用长宁
杨浦区	列表式	处罚决定书文号、案件名称、统一社会信用代码、行政相对人名称、主要违法事实、处罚机关和日期	信用杨浦
静安区	列表式+表格式	处罚决定书文号、处罚名称、处罚类别、处罚事由、处罚相对人、处罚结果、处罚日期、处罚机关	表格在详情页显示
虹口区	独立表格式	案件名称、处罚决定书文号、被处罚人姓名（法定代表人姓名）、统一社会信用代码、处罚事由、处罚依据、处罚结果、处罚机关、处罚决定日期	表格在详情页显示

区政府	公开方式	公开内容	来源
宝山区	列表式+表格式	法人名称、决定文书号、处罚类别、处罚生效日期、处罚机关、违法事实、处罚内容、处罚依据、信用代码	表格在详情页显示，同步信用中国（上海宝山）
嘉定区	列表式	法人名称、决定书文号、项目名称、处罚生效日期、处罚机关	信用中国（上海嘉定）
奉贤区	列表式	法人名称、统一社会信用代码、决定书文号、处罚类别、处罚生效日期、处罚机关	信用中国（上海奉贤）
普陀区	列表式	处罚决定书文号、处罚名称、处罚事由、处罚依据、处罚决定日期、处罚机关	信用中国（上海普陀）
青浦区	列表式	案件名称、处罚决定书编号、自然人姓名、处罚事由、处罚依据、处罚结果、执法单位名称、处罚决定日期、其他信息	详情需单独下载
黄浦区	列表式	处罚决定书文号、相对人名称、处罚事由、处罚依据、处罚决定日期、处罚机关、公示日期	信用黄浦
徐汇区	列表式	处罚决定书文号、相对人名称、统一社会信用代码、信息事项、处罚决定日期、处罚部门	信用徐汇
闵行区	独立表格式	处罚决定书文号、行政相对人、法定代表人、机构代码、事由、执法依据、处罚结果、执法主体、日期	详情需单独下载
松江区	表格式	决定书文号、被处罚人名称（单位、单位法定代表人、统一社会信用代码）、违法行为类型、违法事实、处罚依据、处罚类别、处罚内容、处罚机关、处罚决定日期	—
浦东新区	列表式	行政处罚决定书文号、行政相对人名称（统一社会信用代码）、处罚类别、违法事实、法定代表人	同步信用中国（上海浦东）
崇明区	列表式	行政处罚决定书文号、违法行为类型、违法事实、处罚依据、行政相对人名称、处罚决定日期、处罚机关	行政相对人名称在详情页显示

续表

区政府	公开方式	公开内容	来源
金山区	列表式	决定书文号、处罚名称、处罚类别、处罚事由、处罚依据、相对人名称（统一社会信用代码）、处罚结果、处罚决定日期、处罚机关	—

通过对上述单位或区政府处罚决定公开内容的归纳，除市场监督管理局、市绿化和市容管理局、市林业局公布了详细的处罚决定书外，采取表格式或列表式公开的市政单位占比达到 75%，公开的内容十分简洁。此外，各单位在公开内容上还存在差异：如市公安局公布的处罚事由大多同案件名称一致，市民政局却并不公开处罚结果，嘉定区政府的处罚公开则是所有部门单位中最简单的。然而，若要实现监督功能，就应当详细公布处罚事由和处罚结果。因此，只是公布简单的处罚依据、行政处罚案件相对人，简单归纳行政处罚的违法类型，而毫不论及处罚过程，这种简便式的公开本质上起不到任何效果。

2. 预警功能

就预警功能而言，行政机关所发布的处罚信息还存在失真或弱化危害程度的现象。这种失信失真或未能准确预测风险的结果就会引发社会混乱秩序的结果，导致政府丧失公信力，在公共利益保护上大打折扣。[1] 公开特殊领域的行政处罚决定意味着行政机关不仅仅是公开某一个违法行为，而是向该违法行为可能危及的行业或人员提供警告，在一定程度上控制了信息流向。如果行政机关控制了绝大部分的信息，意味着行政机关就具有信息威胁权，这实际上对市场主体而言也会是一个潜在的威胁，因为政府同样存在"失灵"的可能，直接供应信息未必是最好的选择，这不是信息互惠的结果，而是信息权力接踵而至地从无权者流向有权者。按照公共警告型的处罚决定的分类标准，除市市场监督管理局外，在 2021 年 8 月 1 日至 2022 年 7 月 31 日间，市卫生健康委员会（43 429 条）、市药品监督管理局（41 884 条）、市生态环境局（11 826 条）、国家税务总局上海市税务局（5161 条）、中国证券监督管理委员会上海监管局（8 条）作为重点执法领域的监管部门，共计发布了 102 308

---

〔1〕 参见《整治"信息避责"防止信息失真》，载《北京日报》2023 年 2 月 27 日。

条公开信息。但由于公开内容的简单且形式化，所能给予其他违法行为人或其他社会公众的预警功能难以发挥作用。对于部分特殊案件，行政机关则会另行通过官方微信公众号、微博账号等通报，使得官网的决定公开显得毫无必要。

此外，行政机关尚未清楚地在行政处罚决定书中表明违法行为所危及的行业，人们在未掌握到确切信息时就容易被片面舆论所引导，会导致市场哄抢或产品滞销等。因为真实信息的流动速度往往跟不上虚假信息的流动。[1]如著名的农夫山泉砒霜门事件就折射出行政机关发布失真信息后给农夫山泉、统一等公司造成的巨大财产损失和商誉损害，后经调查发现海口市工商局执法存在越权、执法程序不当等错误，但发布错误信息本质上就是一种惩罚。[2]同时，对上述官网处罚信息公开的实践结果考察得知，这些机关并未遵循2021年《行政处罚法》第48条第1款之规定，即具有一定社会影响的处罚决定应当公开，这也导致了所显示的行政处罚公开决定如此之多。公共警告型的处罚决定在内容上具有针对性、在时间上具有紧迫性，行政机关在处理这类公开时应通过特殊途径引起社会公众的注意，而不是同一般的处罚决定公开一样放置于政府官网上。虽然行政机关公开处罚信息是主动的，但一般公众还需要通过上网检索才能查阅到相关的处罚信息，在时间紧迫之下，行政机关只有消除时间差，尽快地作出风险提示，才能更好地维护社会公共利益。

（二）惩戒功能"污名"问题突出

污名化是一个古老的现象，意指某种特殊人类道德地位的不寻常和不光彩。[3]在声誉备受重视的古代，以"污名"为表现形式的耻辱刑罚是统治阶级的惯用手段，像是"刺字"等示众刑罚往往都会让罪犯身心备受煎熬。虽然随着法治进步，耻辱刑已经消失殆尽，不过历史上长期存在或反复出现的任何一种制度、思想或方法论，都不会永远消失，而是化为文明的基因不断重现，或通过变异而持续存在于现实中。[4]同理，公开羞辱依然存在于现实

---

〔1〕 张维迎：《信息、信任与法律》，生活·读书·新知三联书店2003年版，第197页。

〔2〕 参见朱春华：《公共警告与"信息惩罚"之间的正义——"农夫山泉砒霜门事件"折射的法律命题》，载《行政法学研究》2010年第3期。

〔3〕 ［美］欧文·戈夫曼：《污名——受损身份管理札记》，宋立宏译，商务印书馆2009年版，第1页。

〔4〕 赵汀阳：《一种可能的智慧民主》，载《中国社会科学》2021年第4期。

社会中，虽然近现代文明程度的提高使得人权保护逐渐成为国家和社会的最大使命，人们对声誉的保护与重视意识愈发增强，耻辱刑这一严重伤及人道主义、贬损人格尊严的刑罚逐渐被摒弃，但声誉惩戒却取而代之。从案件类型来看，污名行为多发生于刑事犯罪中，究其原因，彼时尚未废除劳动教养、收容教育等，对人格尊严的保护仍然存在诸多问题。〔1〕即使是进入新发展阶段中，蓄意污名行为仍然存在，如 2021 年 12 月发生在广西百色靖西市公安局的现场惩戒案例。〔2〕当"游街示众"举措屡遭批评时，靖西市公安局及安宁乡政府回应称，这属于现场惩戒警示活动，依据为当地疫情防控指挥部曾发布的《关于实施边境疫情防控"十个一律"惩戒措施的通告》。虽然疫情防控期间执法需要变通，但 2020 年 2 月公安部就曾明确指出，要依法开展防疫工作，坚持严格规范公正文明执法，严禁过度、粗暴执法。靖西市公安局将嫌犯游街的做法显然已经突破了"依法防疫"的边界。

相较耻辱刑而言，现代声誉制裁虽已褪去了极刑的"外衣"，但依然保留了对精神惩戒的内核，以至于"变异"为污名行为，如"扫黄打非"时的媒体直播跟拍、卖淫者的公开游街等，闯红灯、超速等交通违章过度曝光等做法饱受诟病，却仍未杜绝。实践中行政处罚决定公开的三种类型中，行政机关在违法事实上采取简单化"三无"格式化的公开（无特定程序、无固定方式、无规定内容）大多保留了对行政相对人姓名、名称、社会信用代码等识别身份等信息。在信息扩散的当下，只要凭借姓名、名称以及一些时间、地点等信息，就能引发"人肉搜索"等极端行为，进而引发全民谩骂。〔3〕公开行政处罚决定的惩戒功能来自公开行为本身的威慑效力，但若行政机关过度渲染行政相对人的行为，这种通过声誉制裁的手段就容易成为污名行为的"培养皿"。特别是行政处罚中涉及隐私敏感等领域（如卖淫嫖娼的处罚决定公开），

---

〔1〕　事实上，1988 年最高人民法院、最高人民检察院以及公安部就已下发《关于坚决制止将已决犯、未决犯游街示众的通知》（已失效），明确规定：不但对死刑罪犯不准游街、示众，对其他已决犯、未决犯以及一切违法的人也一律不准游街、示众。

〔2〕　2021 年 12 月 29 日，一段 4 人被押解"游街示众"的视频广为流传，视频中几人身穿防护服，胸前和后背挂有大幅照片。据靖西公安 28 日消息，这是在开展走私、偷渡等涉边违法犯罪人员"十个一律"现场惩戒警示活动，4 名被押解人员涉嫌运送他人偷越国（边）境罪。参见古孟冬：《为了疫情防控，就可以搞"游街示众"？》，载《河北法制报》2022 年 1 月 14 日。

〔3〕　刘晗：《隐私权、言论自由与中国网民文化：人肉搜索的规制困境》，载《中外法学》2011 年第 4 期。

张贴大字报、照片等公开方式就如同一种耻辱的标记，让这些行政相对人成了有"污点"的人，其家属及相关人员也会受到污名的影响。污名虽不似古代耻辱刑所带来的身心双重压迫，但因为传播媒介更新换代已经完全打破了时空的界限，只要公开，声誉就存在受损的可能，而且将会一传十、十传百，最终为所有人知悉，身处现代社会就将随时面临"社会性死亡"。污名化行为不仅是针对自然人，对于法人或非法人组织来说，污名就意味着被贴上坏的标签，实难挽回市场声誉。若对声誉惩戒过于频繁，同样也会削弱声誉惩戒的效果，让人产生出无论是否有违法行为，声誉惩戒都不可避免的心理状态。无论是从行政法治发展的角度，还是对行政相对人人格尊严保护的角度，处罚决定公开应严格禁止污名行为。

（三）教育功能作用有待加强

由于公开的处罚决定内容稀少、格式单一，教育功能的实际效果也如同规范功能一样被严格抑制。行政处罚不仅是单纯的惩罚，处罚还具有教育违法者和广大公民的作用，确定处罚与教育相结合原则正是我国行政处罚适用的特色。但是从上海市市级行政机关和区级政府所采取的摘要式公开来看，对处罚决定的公开只是进行单纯惩戒。教育功能实现的前提是让社会公众知悉行政机关适用行政处罚的过程，即通过摆事实、讲道理，以理服人，不同情况不同对待；知悉从轻、减轻或免予处罚的标准；知悉行政处罚的轻重等等才能收获社会效果。很遗憾，诸多行政机关公开的处罚决定在事实认定和说理部分内容都十分简单，并不具有发挥教育功能的条件。除按照《上海市行政处罚案件信息主动公开办法》定时公开之外，在实践中还存在通过发布行政处罚典型执法案例来公开处罚决定的情形。[1]这些典型的执法案例相比摘要式公开的处罚决定来说内容较为翔实，但发布典型案例具有随机性且甄选的案例标准并不明确、数量也较为有限，要想实现公开处罚决定的教育功能还需要进一步从日常公开行为中进行规范。

二、行政处罚决定公开功能的理论分析

功能实际上在社会学中得到了广泛的应用，此研究促使功能主义社会学

---

〔1〕 如 2021 年发布的上海市行政执法"十大案例"和"指导案例"。又如上海市市场监督管理局设置"行政处罚典型案例"栏目作为展示，并在 2021 年发布了 112 起典型行政处罚执法案例。

的形成。英国社会学家斯宾塞（Herbert Spencer）将社会学与生物学类比，社会作为一个有机体，与人的关系就如同生物体与细胞一样，以此为视角，将人或事物引起的社会后果称为功能。[1]作为社会学功能学派的奠基人之一的法国社会学家迪尔凯姆（Emile Durkheim）[2]则认为社会是超于个人的客观实体。迪尔凯姆在论及社会分工与法律的关系时，提出了一种刑法进化规律理论，即刑罚的严厉程度既同社会良知的强度成正比，也与社会权力集中程度成正比。英国社会学家马林诺斯基（Bronislaw Kaspar Malinowski）认为功能的概念是描述性的，诸如风俗、概念、物质、思想、信仰等都是社会整体不可或缺的部分。[3]随后在 20 世纪 30 年代至 40 年代间，美国社会学家帕森斯（Talcott Parsons）及默顿（Robert King Merton）在批判马林诺斯基为代表的传统功能论的基础上提出了结构功能主义（Structural Functionalism），认为社会是一个统一整体，功能是维持社会均衡的有用的适当活动。而莫顿则在帕森斯的基础上进一步完善，并提出负功能、替代功能的概念，潜功能、显功能的区分。[4]还有学者将该理论运用于政治学科领域，如阿尔蒙德提出了政治系统分析的结构—功能主义路径，主张从均衡并整合的视角看待政治生活，政治体系中的各个部分互相作用、彼此关联，共同维持社会政治的秩序和稳定。[5]归纳而言，结构功能主义的核心观点如下：

（一）关注社会事实中的社会目的

迪尔凯姆在《社会学方法的准则》一书中指出："一切行为方式，不论它是固定的还是不固定的，凡是能从外部给予各人以约束的，或者换一句话说，普遍存在于该社会各处并具有其固有存在的，不管其在个人身上的表现如何，

---

〔1〕　参见王翔林：《结构功能主义的历史追溯》，载《四川大学学报（哲学社会科学版）》1993年第 1 期。

〔2〕　国内也将其名翻译为埃米尔·涂尔干。

〔3〕　参见［英］马林诺斯基：《文化论》，费孝通译，商务印书馆 1946 年版，第 8~10 页，转引自付子堂：《法律功能论》，中国政法大学出版社 1999 年版，第 16 页。

〔4〕　因内部观点分歧，结构功能主义在 20 世纪 60 年代之后的统治地位下降并逐渐分化成以戴维斯、卢曼、J. 亚历山大等为代表的多种理论派系，这些理论对当今社会学的发展仍然有重要的影响。具体内容参见付子堂：《法律功能论》，中国政法大学出版社 1999 年版，第 30 页以下。

〔5〕　他认为体系、过程和政策是政治系统的基本构成，它们分别承担政治社会化与政治交流、利益表达与政策制定、政策输出与政策反馈等功能。参见［美］加布里埃尔·A. 阿尔蒙德、小 G. 宾厄姆·鲍威尔：《比较政治学——体系、过程和政策》，曹沛霖等译，东方出版社 2007 年版，第 65~72 页。

都叫作社会事实。"[1]一般来说，能构成社会事实的是团体的信仰、倾向和习俗这类东西，即使是现象也是普遍的、集体的，因为源于公共生活，具有集体的特别力量，才会让个人受到集体的熏陶。可以说，社会事实需要得到集体的承认。当解释社会事实时，就应研究产生该现象的原因和它所具有的功能，原因和功能的关系是互补的。迪尔凯姆对以惩罚形式出现的社会抵制进行论证：社会抵制出自被犯罪触犯了的强烈的集体感情，而惩罚反过来又具有使集体感情能维持到这样强烈的程度的有益功能，因为犯罪行为触犯了集体感情而受不到惩罚时，集体感情很快就会减弱。[2]因此，迪尔凯姆认为解释社会事实的准则有两条：其一，一种社会事实的决定性原因，应该到先于它存在的社会事实中去寻找，而不应到个人意识的状态中寻找；其二，一种社会事实的功能应该永远到它与某一社会目的的关系之中去寻找。[3]正如美国著名哲学家约翰·塞尔所言，对于社会事实或制度事实的说明，应当借助集体意向性、功能归属和建构性规则这三个要素，功能归属是核心问题，因为它预设了该事实的目的或宗旨。[4]因此，关注社会事实中的社会目的才是理解功能的前提。这也适用于对法律功能的剖析。理想状态下，法律功能的实现应当包括法律目的的实现，因为法律目的也是法律的一部分。但功能与目的是两个不同范畴，法律目的即立法者的主观意向，法律功能并非这些主观的意向，而是指可见的客观后果。法律功能将着眼于法律后果，若误以为法律有什么立法宗旨就相应地肯定有什么功能，就会使法律功能研究只停留于表面的、理想化的层次上。[5]

（二）系统的有机与整一

帕森斯在1937年《社会行动的结构》一书中构造了全新的社会理论体系，并于1945年正式提出了结构功能主义的社会学分析方法。帕森斯的结构—功能主义着眼于系统的有机与正义，即注重整体和部分以及作为部分的结构

---

〔1〕 ［法］E. 迪尔凯姆：《社会学方法的准则》，狄玉明译，商务印书馆1995年版，第34页。

〔2〕 ［法］埃米尔·涂尔干：《社会分工论》，渠东译，生活·读书·新知三联书店2000年版，第105~125页。

〔3〕 ［法］E. 迪尔凯姆：《社会学方法的准则》，狄玉明译，商务印书馆1995年版，第125页。

〔4〕 ［美］约翰·塞尔：《心灵、语言和社会——实在世界中的哲学》，李步楼译，上海译文出版社2001年版，第110~117页。

〔5〕 付子堂：《法律功能论》，中国政法大学出版社1999年版，第45~46页。

与结构之间的功能结合关系，并指出任何一个社会系统都是由有机体系统、人格系统、社会系统和文化系统等四个子系统构成，这些子系统分别承担着潜在模式维系（Pattern Maintenance）、整合（Integration）、目标达成（Goal Attainment）和适应调节（Adaptation）等四项基本的功能（PIGA），在各子系统之下又继续分化为前述四类子系统并承担相应的功能，子系统功能发挥就会对其母系统功能发挥产生作用，由此影响整个系统功能运作，形成完整的法律功能体系。帕森斯进而指出当社会系统或子系统中的某一结构发生变化，系统功能的性质或大小也将发生改变，经过自我调节和整合，它又会达到一种新的平衡，可见社会系统始终处于一种动态调适和自我均衡的样态之中，使社会秩序得以结构化并趋向稳定。[1]归纳而言，社会是由诸多相互依存的单元组成的统一系统，其内部存在着结构上的分工，每个单元都各自发挥着特定的功能，它们相互依存又相互制约，维系着社会作为一个有机统一的系统而存在；如果社会系统的一个部分发生变化，势必会影响到其他部分甚至整体系统。帕森斯的观点在于构建整体的、均衡的、自我调节和相互支持的系统。

（三）区分功能的类别

默顿的结构功能主义中的"结构"就指涉及系统内各要素间相互联系和作用的方式或顺序，它普遍存在于一切事务系统和各个层次中，而同时又各具特殊的属性；"功能"则是结构内部各自成分与外部情境相互作用所表现出的特性和能力。默顿首先就社会学中"功能"的术语使用作了批判，认为用于具有仪式意义的公共集会或节日活动与社会学功能并不相干；在日常语言和政治科学中用来指具有一定社会地位的要员的活动最好被弃而不用；用于定义职业术语的做法主要来源于主张"群体功能分析"的经济学家，还不如采用职业分析更为方便。默顿所支持的功能概念始于术语的数学意义（因为Function还具有函数之意，包括了因变量和自变量之间的关系），引申为与社会事实的"相互依存"。[2]默顿在归纳功能分析家运用的社会功能一体的假

---

〔1〕　帕森斯强调四种功能中，前一种功能高于后一种功能，即P高于I，I高于G，G高于A。参见付子堂：《法律功能论》，中国政法大学出版社1999年版，第23~25页。

〔2〕　参见［美］罗伯特·K.默顿：《社会理论和社会结构》，唐少杰等译，译林出版社2006年版，第107~114页。

设、普遍功能主义假设、必要性假设后，提出社会学功能分析范式。在社会学功能分析范式中，默顿回答了何为主观意向（动机、目的）与客观效果（功能、负功能），认为功能就是观察到的那些有助于一定系统之调适的后果，负功能就是观察到的那些削弱系统之调适的后果。[1]所以，默顿认为对于功能的研究不只是包括对现存社会结构之正功能的研究，而且包括这些结构对于处在不同境地的个人、亚群体或社会阶层以及更为广泛的社会所具有的负功能的研究。当现存社会结构总结果的净差额显然是负功能时，就会产生一种强烈的、明显的要求变迁的压力。此外，默顿还注重分析主观目的和客观后果存在的一致与不一致的情况，当它们一致时就会出现有助于系统调适、为系统参与方期待和认可的显功能，若不一致则会出现无助的潜功能。实际上，无论是"正功能与负功能"还是"显功能与潜功能"都是建立在对社会行为的自觉动机与客观效果的区分上，默顿的核心思想就体现在运用结构功能分析不但要根据功能的性质与特征来考察社会事项，还应注意判别所分析系统对象的性质与界限。因此，运用中层理论去分析社会系统的结构与功能才是科学的。

三、行政处罚决定公开功能的调和途径

毫无疑问，自结构功能主义被介绍到我国之后便成为社会人文学科重要的研究理论。在国家治理与行政法治领域中，结构功能主义也为其增添了一笔厚重的色彩。[2]行政处罚决定公开制度在全国范围内的推行，是生成该制度所需各要素间互相作用和博弈互动的结果，暗示着制度运行的逻辑及结构与功能间的统一关系。历经不同时期不同地区的实践与试点后，行政处罚决定公开得以入法。作为当前行政机关频繁适用的社会治理手段，处罚决定公开在发挥效果上呈现出规范功能效果偏差、惩戒功能"污名"严重、教育功能效果薄弱等问题。运用结构功能主义进行剖析，可以发现行政处罚决定公

---

〔1〕 参见［美］罗伯特·K.默顿：《社会理论和社会结构》，唐少杰等译，译林出版社2006年版，第152页。

〔2〕 相关研究参见：陈璐、朱国云：《突破结构功能主义：中国信访制度研究的三维框架与治理逻辑》，载《南京社会科学》2022年第6期；韩春晖：《优化营商环境与数字政府建设》，载《上海交通大学学报（哲学社会科学版）》2021年第6期；党秀云：《国有企业社会责任合作治理的模式建构——结构功能主义的视角分析》，载《中国行政管理》2021年第8期等。

开作为社会治理手段，是行政机关通过行政相对人连接社会公众的工具，在面向不同主体时就会倾向于显示出其特殊功能，通过对各主体功能的释放进而加深对整个法治建设的影响才是该制度在理想中的运作状态。

（一）提高回应公众需求的目的

在处罚决定公开中，规范功能实际上等同于法律目的，即立法者在制定处罚决定公开制度上就希望实现它监督行政执法与公共预警的功能，这是行政机关公共性质所决定的。但行政机关在实施行政处罚决定公开时，它会附带地产生出新的实际功能，这些功能虽无立法之依据，但却是随社会变迁而形成的特殊功能，也具有合理性。行政处罚决定公开被预设了多种价值功能，判断公开就是需要由行政机关及其工作人员去把控，在考量公开行为能否达成预设目标或价值时，行政机关及其工作人员需要在尊重法律规范的严格解释前提下，评估公开处罚决定的风险。作为公共利益维护者，行政机关就应当始终秉持实现长治久安之核心功能，这就是结构功能主义区分目的与功能的意义所在。

具体而言，一方面，行政机关要尊重法律规范的严格解释。行政机关作为执法机关首先要把握法律中规范概念，在适用法律时应当确立统一的裁量基准。对法律的解释也应当从保障公共利益角度出发，而不能恣意解释。判断处罚决定是否公开就应当审慎思量，而不能采取极端方式，如完全不公开或完全公开之态度。通过公开处罚决定确立统一的价值规范，也是稳定社会秩序的基础。另一方面，行政机关要顺应权利理念扩张趋势。法律实际是社会控制的一项工具，[1]因为公开处罚决定存在污名化的潜在危险，就容易损害私人利益。因此，行政机关在衡量公开时就需要对其中的公共利益与私人利益反复把握，即使公共利益占据主导地位也要采取不损害行政相对人合法权益的公开形式。遵循对隐私权、个人信息权的保护，在迈向良好公共行政的进程中，为应对数字化记忆，可从信息所有者、信息使用者（信息安全保障者）、信息受益者等不同的身份和视角来管窥。作为公权力机关，在使用信息（一般是发布）时要更加谨慎，要加强对信息隐私权保障，有条件的还应当建立数字隐私权基础设施，创造统一储存空间，旨在约束信息分享，以点

---

〔1〕　参见［美］罗斯科·庞德：《法哲学导论》，于柏华译，商务印书馆 2019 年版，第 15~30 页。

对点、面对面的方式实现信息惠民。对于信息所有者来说，要提高其对隐私权利保护意识；对于信息受益者来说，则要从宏观层面上增强其信息权利公众意识。

（二）立足法治一体建设视角

法治一词在传统儒家文化中是负面价值的代表，在战国时代的法家思想让法治成为一种为追求高效实现施政目标、维持社会秩序的工具，与"仁政"思想相悖。"天下苦刑罚久矣"，法治代表了严苛。实际上，法治国之精神是应将实证的法律工具论视为下层次的执行原则，而追求法的品质论，即如何达到良法之治的方法。[1]在整体观要求下，处罚决定公开应立足法治国家、法治政府、法治社会一体建设的视角，以践行法治之内核。坚持"法治国家、法治政府、法治社会一体建设"是习近平法治思想的重要组成部分。[2]在习近平法治思想中，法治国家、法治政府、法治社会相辅相成，法治国家是法治建设的目标，法治政府是建设法治国家的重点，法治社会是构筑法治国家的基础。[3]处罚决定公开功能体系中，处罚决定公开的监督功能与预警功能服务法治政府建设，惩戒功能与教育功能服务法治社会建设，两者相互促进则推动法治国家建设。在法治一体建设中，行政机关是法律法规实施的重要力量，这意味着处罚决定公开首先需要保障监督功能的实现，敦促各级政府严格规范公正文明执法；而法治社会的建设还需要依靠广大社会成员，处罚决定公开教育功能的实现就有助于弘扬社会主义法治精神、建设社会主义法治文化，增强全社会的法治观念。[4]处罚决定公开的惩戒功能则是针对行政相对人，毕竟维护良好的社会治安秩序需要结合公众的自觉遵守和惩罚的威慑保障。

（三）划定行政处罚决定公开的主次功能

通过结构功能主义划分，处罚决定公开的规范功能属于预设功能，溢出

---

〔1〕 参见陈新民：《德国公法学基础理论》，山东人民出版社 2001 年版，第 100 页。

〔2〕 习近平：《论坚持全面依法治国》，中央文献出版社 2020 年版，第 4 页。

〔3〕 习近平：《坚定不移走中国特色社会主义法治道路为全面建设社会主义现代化国家提供有力法治保障》，载《实践（党的教育版）》2021 年第 3 期。

〔4〕 参见张清：《习近平"法治国家、法治政府、法治社会一体建设"法治思想论要》，载《法学》2022 年第 8 期。

的污名问题、对人格权与财产权造成的损失则应属于负功能。只有将处罚决定公开嵌入系统之中，抑制其负功能、重视其显功能，才能填补规范表达与法律实践存在着的鸿沟。在完善处罚决定公开功能体系时，需要明确以下三点。

第一，功能应当是共同存在的，不是互斥的。结合处罚决定公开实践运行态势，监督、警告、教育甚至惩戒功能均包含在一类或多类公开中。这意味着一旦公开行政处罚决定，无论行政机关所欲达成何种目的，规范功能与实际功能都是互嵌其中。但是规范功能与实际功能并不是互斥的，对于行政处罚决定公开类型化是行政机关选择性地侧重实现公开的某一功能。正如盖尔霍恩教授研究 FDA 的不利信息发布时就指出该发布同时具有警告、通知和制裁的功能，若行政机关通过实施公开这一种行为方式就能同时发挥多种功能，即不仅可以监督行政机关处罚，告知公众和受监管的各方该机构的使命、政策和表现；可以警告公众迫在眉睫的伤害；还可以用于惩罚或威慑违反行为，那从效益角度上说，公开当然是一次成功的决策。

第二，规范功能、监督功能效果不佳不构成负功能。不能以功能效果不佳而否定其存在的合理性，尤其是监督功能的存在是建立在我国行政法治土壤之中的。虽然实践中大多处罚决定公开都是为了惩戒而公开，附带教育功能，但表格式公开彰显不出监督与警告功能的优势，这只能归因于执法效益损失，即摘要式公开不能有效维护公共利益；且若这种公开惩戒普遍且泛滥，也将抑制惩戒功能的发挥。因此，行政机关应当寻求如何科学合理地对处罚决定公开内容进行把握，而不是直接否定行政处罚决定公开的监督功能。对于如何确定公开内容，发挥规范功能，第四章将予以重点探讨。

第三，惩戒功能效果溢出反映出精神文明程度的提升。在行政处罚萌芽时代，国家强调以经济建设为中心，人们将财产视为同自由、生命更宝贵的物质，财产罚一度发挥了重要的治理效果。但当物质文明的繁荣使得人们拥有财产的总量逐渐增多时，以财产罚为主要惩戒方式将不再对违法行为人构成太大的威慑，反而精神文明建设开始逐渐受到重视。基于"面子"与"里子"双重影响，人们对名声的维护将是史无前例的。一个精神文明繁荣的社会势必会强调对人格权的保障，而人格也将具有同自由、生命一样的独立价值。在传统耻感文化影响下，声誉这种具有明显人格尊严的价值应当受到保护，且已经被纳入宪法的保护范围。文化的核心是价值观，耻感文化同样也反映在社会主义核心价值观中。这种文化底蕴的同质性让社会公众的感罚能力日渐攀升。在弘扬社会主义核心价值观的同时，社会公众的道德水平提升，对违法犯罪行为的容忍程度也不断降低，人们坚信国家和法律能担起维持社会公平正义的角色。具有声誉惩戒性质的处罚决定公开除了是对相对人的一种制裁，也为社会公众树立了一个正确的价值观。随着行政处罚法治化发展，通过声誉机制增进人与人之间的相互信任，形成公民对社会秩序、规则的倚重和信赖感，这也是助推社会发展进入良性轨道的要素。

综上所述，新时代在划定行政处罚决定公开的功能体系时，应当主要发挥规范功能、侧重突出教育功能，消除惩戒功能的"污名"影响。随着社会文明程度的提高，人们逐渐将同情心延伸到犯罪人身上，文明化的良知非常强烈地禁止暴力，厌恶看到他人受苦，以至于即便是对伤害自己的犯罪人，也不愿听到他受折磨。[1]在古代社会中，基于记忆的能力，我们能去比较、学习，体验时空变化；基于遗忘的能力，我们能从过去抽离、活在当下。但数字化时代打破了时空的结界，让公开的信息永远存留。对比行政处罚决定中的三种公开类型，可以发现执法监督型侧重规范行政机关依法行政，公共警告型强调对公共利益与知情权的保障，结果制裁型注重震慑相对人防止再犯、敦促其承担责任。无论是 2021 年《行政处罚法》还是《政府信息公开条例》，作为行政法正式渊源，其首要的目的应当是规范行政权的行使，公共警告和结果制裁均只是延伸或附带目的。因大量文件并未细致规定公开的内容和程序，实务中执法监督型和公共警告型的处罚决定公开往往会演变为结果制裁型，最终异化为"合法"伤害相对人权益的手段。[2]因此，针对执法监督型、公共警告型、结果制裁型行政处罚决定应当如何适用 2021 年《行政处罚法》第 48 条之规定，进而防止滥用造成对隐私权、个人信息权以及名誉权等侵犯，就需要进一步厘清公开的范围。

---

〔1〕 See David Garland, *Punishment and Modern Society: A Study in Social Theory*, Clarendon Press, 1990, pp. 236~237.

〔2〕 参见王锡锌：《行政处罚决定的公开及其限度》，载《中国司法》2021 年第 8 期。

第四章

行政处罚决定公开的范围

早期行政处罚决定以政府信息公开形式旨在保障公众知情权，处罚决定公开范围即遵循政府信息公开的范围。立足目的，行政处罚决定公开可被划分为执法监督型、公共警告型、结果制裁型三类。为了避免行政处罚决定公开受负功能影响而溢出制裁效果，主要发挥规范功能作用，范围的考量就更应当细致把握。将具有惩戒效果的处罚决定公开时，在保障知情权与保护隐私权间的取舍就受制于公开内容的精细化程度，这种内容上的详略实质就是利益衡量的结果。利益是一种社会关系的体现与反映，其不仅存在于行政处罚决定公开的立法层面，亦同样存在于行政执法中。由于公开连带着滋生出行政机关与行政相对人、行政机关与社会公众（其他的自然人、法人及非法人组织）、行政相对人与社会公众等关系。当有多种利益存在时，一种利益的满足就可能会排除另一种利益。因此，公开是一个价值选择的过程，也是一个运用技术规范来实现该价值的过程。2021年《行政处罚法》第48条第1款无疑为如何公开处罚决定提供了一个参考答案，但同时它又产生了一个问题，即如何对"具有一定社会影响"进行解释。在处罚决定规范体系日渐完善的当下，该条款如何同其他法律、行政法规、规章等结合适用亦是需要解决的问题。因此，本章通过分析行政处罚决定公开应遵循的前提，对何为具有一定社会影响进行解释，以此回答不同类型下处罚决定公开应当公开和豁免公开的具体内容。

第一节　行政处罚决定公开的前提

行政处罚决定公开的规范依据包含了法律、法规、规章、规范性文件，其目的、内容、程序均不相同。观行政处罚决定公开各类依据，多以公开两字作为结束语，就内容和程序而言属于行政机关自行裁量的部分。在判断行政处罚决定是否应当公开时，其流程应当是先由行政机关找寻涉及公开的依据，再判断具体案件是否满足该依据规定的条件，最后作出一个公开或不公开的决定。在找法时，行政机关应适用当时有效且未被宣告违宪或违法之规范，遵循特别法优于普通法原则、先具体后抽象原则，适用上不当联结禁止且符合个案适用的目标。[1]囿于统一行政处罚决定公开适用依据的缺失，从公开平台的具体内容来看，对于行政处罚决定公开就存在以全文或摘要公开行政处罚决定书，以单独或统一的表格罗列行政处罚信息等方式，而对于相对人信息脱密处理的技术各地在公开时也并不一致。即使 2021 年《行政处罚法》已经实施，实践中亦不乏存在遵循下位法之规定，并未对具有一定社会影响作出判定，诸如警告、通报批评、小额罚款等处罚决定依然上网公示。[2]规范依据位阶低、时效性差、内容模糊、程序混乱等问题会抑制行政处罚决定公开的优势效能发挥。为推进行政处罚决定公开的规范化，行政处罚决定公开就需要结合具体类型以明确相应的公开原则，而在判断具体公开内容时，还需要细致分析行政处罚决定中涉及的各类利益，确定利益衡量的标准。

一、确立行政处罚决定公开范围的原则

无论是哪种属性的行政处罚决定公开，只要是行政机关依照《行政处罚法》及相关的法律、行政法规、规章等依据公开处罚决定的行为就需要遵循行政法上的基本原则。此处重点探讨行政处罚决定公开所适用的公开原则，因为对于处罚决定是遵循公开为原则还是不公开为原则是判断公开的具体内容与确定公开程序的前提。当然，对行政处罚决定公开原则的探讨离不开政府信息公开原则，且在处罚决定公开规范体系逐渐完善的前提下，对于法律适用基本原则，应先注意特别法优于普通法原则及优先适用具体规定，而后在运用抽象规定时遵循先具体、后抽象原则。[3]

---

〔1〕 参见李惠宗：《法学方法论》，新学林出版股份有限公司 2018 年版，第 256~260 页。

〔2〕 检索 2022 年 1 月 1 日至 2022 年 10 月 10 日浙江省行政处罚结果信息公开网，共 525 926 条记录，包含了警告、通报批评、罚款等所有的行政处罚类型。

〔3〕 李惠宗：《行政法要义》，元照出版有限公司 2024 年版，第 152 页。

（一）对直接套用政府信息中公开原则的疑问

在以保障知情权为宗旨的政府信息公开中，政府信息公开的范围在"量"上遵循最大化原则。推行政务公开是我国法治政府建设的重要内容，在法治政府建设实施纲要中被反复提及。如《法治政府建设实施纲要（2015—2020年）》要求"完善政府信息公开制度，拓宽政府信息公开渠道，进一步明确政府信息公开范围和内容"。在此要求下，公开方式创新、公开平台建设都体现了坚持公开为原则的基调。《法治政府建设实施纲要（2021—2025年）》要求"全面主动落实政务公开"，要主动做到"法定主动公开内容全部公开到位"，扩大政府信息公开的趋势更为明显。对于公开原则中"例外"的规定则也可以从《政府信息公开条例》中管窥，如"不得公开""可以不予公开""可以决定予以公开""可能危及……不予公开"等内容对应的就是政府信息公开的豁免理由，可用于划分公开与否的界限。以浙江省行政处罚结果信息公开网为例，截至2022年11月1日，网站首页共有4 624 109条记录，公开了几乎所有的处罚类型，包括了个人因未按规定投放生活垃圾被处以200元的罚款、卫生服务中心未按规定做好传染病预防工作被处以警告和通报批评。[1]在2021年《行政处罚法》正式实施后，若被处以警告和200元罚款的案件都被公开，那第48条第1款所谓"具有一定社会影响的行政处罚决定应当依法公开"将毫无意义。

我国政府信息豁免公开事由是国家秘密类信息、危及"三安全一稳定"的信息、影响权益类信息、影响行政权行使的信息。[2]对于豁免公开信息的公开涉及的利益衡量问题，在处罚决定公开体现得更为明显。在行政处罚信息公开阶段，行政处罚决定作为政府信息种类之一，被归为政府主动公开的范围中（已得到2019年《政府信息公开条例》的确认）。细究之下，处罚决定虽然是行政机关制作并保存，但却涉及大量行政相对人及利害关系人的私人信息，个人隐私会更为突出。由于政府信息作为公共产品具有非排他性和

---

[1] 笔者曾以2022年11月1日为期检索，结果显示浙江省全省针对个人的处罚记录有1299条，对法人的处罚记录有643条，对其他组织的处罚记录有2条。笔者又于2024年7月4日在浙江省行政处罚结果信息公开网中进行检索，发现既有行政处罚决定仅公布到2024年6月27日。

[2] 参见孔繁华：《政府信息公开的豁免理由研究》，法律出版社2021年版，第84~88页。

非竞争性，任何人都有权向政府提出信息公开申请的权利。[1]但处罚决定是负面评价，公开还将扩大惩戒性，并且这种惩戒性往往会导致声誉损毁、财产损失，若直接套用公开为原则、不公开为例外就难以保护好商业秘密、个人隐私。事实上，从行政处罚决定公开的修改过程也可以看出立法者也摒弃了将处罚决定公开完全适用政府信息公开的思维。[2]因此，行政处罚决定公开需要视其类型而遵循相应的公开原则。

（二）行政处罚决定公开应遵循的公开原则

基于行政处罚决定公开在实践中的不同类型以及行政处罚决定与政府信息在内容上的区分，行政处罚决定公开所遵循的原则如下：执法监督型处罚决定公开与公共警告型处罚决定公开因分别具有规范处罚权行使和保障公众知情权之作用，应坚持以公开为原则、不公开为例外。根据《政府信息公开条例》中应主动公开的范围，执法监督型处罚决定公开体现的是行政机关在办理处罚案件的过程，其中关于处罚机构设置、处罚机关职能、办案流程属于政务公开的内容，并不直接涉及行政相对人的信息，主要展示执法透明、公平公正；公共警告型处罚决定则公开的是涉及社会公众切身利益的、需要公众广泛知晓并要求积极配合履行义务的处罚案件，如重大公共健康安全、卫生安全、经济安全、环境安全等处罚案件。

结果制裁型处罚决定以惩戒行政相对人为目的，为避免行政相对人遭受无妄的声誉制裁风险，则应当遵循不公开为常态、公开为例外原则。实践中，这类处罚决定公开才是行政机关真正需要及时停止的行为，如公然刊登行政相对人的照片，或在公共场所无限循环播报行政相对人违法事实和姓名，或因"运动式"执法阶段性公开已经审结的处罚案件等行为。早在 2010 年，国务院《关于加强法治政府建设的意见》（已失效）就要求"行政执法机关处理违法行为的手段和措施要适当适度，尽力避免或者减少对当事人权益的损害"。结果制裁型处罚决定要遵循一定限度，像是警告、通报批评等违法事实

---

〔1〕 申静：《政府信息公开的例外研究》，法律出版社 2016 年版，第 9 页。

〔2〕 二审稿曾以准用性规范规定：行政处罚决定应当按照政府信息公开的有关规定予以公开。但立法者认为需要进一步明确行政处罚决定公开的范围，遂形成了"具有一定社会影响的行政处罚决定应当依法公开"的最终规定。参见许安标主编：《〈中华人民共和国行政处罚法〉释义》，中国民主法制出版社 2021 年版，第 216 页。

轻微、危害后果不大的案件并不需要行政机关进行公开，否则就会违背比例原则。因此，行政机关在判断结果制裁型处罚决定是否应当公开就需要回应以下三个问题：一是处罚决定本身和公开惩罚的后果。二是保护法益和惩戒成本，行政机关实施行政行为应同时兼顾行政目标的实现和保护相对人的合法权益，执法监督型和公共警告型已经占据了较大部分处罚决定公开的比例，完全放开处罚决定公开的范围就将导致公众信息承载负荷，并不会实现信息惠民效果。三是公开后的连带责任。通过声誉机制就会具有"连坐"的负面影响，行政相对人若是自然人的话可能牵连其近亲属，若是法人或非法人组织的话就可能牵连整个行业，进而违反禁止不当联结原则。

二、明确行政处罚决定公开的利益结构

随着政府依法行政水平的提高和公民民主法治意识的增强，对于行政处罚决定是否公开，实际上形成的是政府所代表的国家权力、知情权所代表的社会权利、隐私权所代表的个人权利三者之间的矛盾关系。寻求这"三元关系"利益平衡，是公共利益与私人利益、权利与权利、权利与权力的衡量。要想在冲突价值之间进行取舍，就应当事先找到取舍标准或自行建立绝对的价值等级秩序。[1]庞德构建的个人利益、社会利益、公共利益的利益列表价值等级秩序最具有代表性，并且在这三类利益之下还存在更为具体的利益类型。庞德指出："个人利益是直接与个人生活有关的，以个人名义提出的要求、需求或欲望；社会利益是与社会有关的；公共利益则是与政治有关，以政治团体名义提出要求。"[2]可见，庞德体系中的公共利益实际上就是国家利益，而社会利益是不特定的多数人的利益。在衡量行政处罚决定应否公开时，可借鉴庞德建构的三利益列表，即厘清行政处罚决定公开中的个人利益、社会利益、国家利益，而社会利益与国家利益统一称为公共利益。

（一）行政处罚决定公开中的个人利益

个人利益与个人生活有关。根据《民法典》第 2 条，"个人"的范围包含

---

[1] 梁上上：《利益衡量论》（第 3 版），北京大学出版社 2021 年版，第 78 页。

[2] 参见［美］罗斯科·庞德：《法理学》（第 3 卷），廖德宇译，法律出版社 2007 年版，第 200~241 页。

了自然人、法人和非法人组织，对应的利益范围也因被处罚对象的不同而划分为自然人利益、法人利益以及非法人组织利益。在特殊性立法和专门性立法中，行政处罚决定可被划分为行政机关信息、违法事实信息以及个人信息三个部分。其中，行政机关信息针对具体行政处罚机关及其工作人员，包括作出行政处罚决定的执法机关名称、处罚种类、处罚依据、行政处罚履行方式和期限，这是法定需要公开的部分；违法事实信息包括行政处罚案件名称、处罚决定书文号，违反法律、法规或规章的主要事实；个人信息包括被处罚的自然人姓名、被处罚的企业或其他组织的名称、统一社会信用代码（组织机构代码、事业单位法人证书编号）、法定代表人（负责人）姓名等。显然，涉及个人利益的包括了违法事实信息和个人信息。行政处罚决定是对相对人负面评价，这类带有负面性质的处罚信息一经公开将影响依附于违法事实信息和个人信息上的人格性利益与财产性利益。

就人格性利益而言，它在自然人利益中表现为人格尊严、隐私安全。已经公开的处罚决定显示，自然人的姓名、法人或非法人组织的名称、统一社会信用代码、法定代表人姓名、处罚事由将涉及个人利益。虽然2021年《行政处罚法》第50条规定行政机关及其工作人员对实施行政处罚过程中知悉的个人隐私、商业秘密等信息应当依法隐去，但在"马赛克理论"下，一些本身虽非重要的信息同其他信息结合起来就容易形成影响决策的重要信息[1]，加之处罚信息具有较强的私人性质，则指向性将更为明显，运用数据挖掘和抓取技术就可以将相关信息串联并准确定位到某个人或某个企业。[2]因此，信息时代下的这种负担和非难会具有持续性、长久性，借助舆论的实际效果就加剧了行政处罚本身的惩戒性，进而由违法行为人的法律制裁转为社会性制裁。作为特殊隐私权的个人生活安宁权允许个人享有与公共利益无关的发展个性所必要的安宁和清静，而隐私泄露必将导致对相对人"独处"和"免于侵扰"的权利侵害。[3]人格性利益在法人利益、非法人组织利益中则表现为信

---

　　〔1〕　See David E. Pozen, "The Mosaic Theory, National Security, and the Freedom of Information Act", 115 *Yale Law Journal* 628, 628 (2005).

　　〔2〕　参见［英］维克托·迈尔-舍恩伯格：《删除：大数据取舍之道》，袁杰译，浙江人民出版社2013年版，第119页。

　　〔3〕　参见王利明：《生活安宁权：一种特殊的隐私权》，载《中州学刊》2019年第7期。

用。信用是名誉的重要内容之一，[1]在市场经济交往下，其之于法人、非法人组织来说意义非凡。在行政处罚决定中，违法事实信息记录着法人、非法人组织在何时何地作出有违反社会管理秩序的行为，个人信息则记录着法人、非法人组织的名称、字号，在企业信息公示制度下，处罚信息将全部被录入系统，而这些均是信用的重要评价指标。

就财产性利益而言，公开具有负面评价后，相对人不仅会因弥补社会评价降低、名誉受损的后果而遭受一定的财产损失，而且负面评价还将影响自然人招聘、晋级、提薪，法人或非法人组织信誉降低、利润减少。[2]这种财产性利益对于公众人物、知名企业的影响更甚，因为名誉将直接同财产等利益挂钩。当公开有关知名艺人的处罚决定后，该艺人所代言的系列品牌都会终止与其合作关系，其参与的尚未播出的电影、电视剧甚至综艺类节目都会要求对其人像进行模糊，其商业价值就将严重降低。品牌方、合作方、电影电视剧制作方将有权向其提起诉讼，其就将面临巨额赔偿费用。在市场经济条件下，名誉所带来的非物质利益能通过具体的经济活动转化为财产利益。[3]对于知名企业而言，一个好声誉是企业发展的长久之策，评级高且声誉好的企业就会不断吸引用户，创造经济价值。从法人名誉权保障最为典型的案例"王某等诉北京恒升远东电子计算机集团侵害名誉权案"来看，该案终审判决被告赔偿原告恒生公司9万元，充分彰显了法律保障法人名誉权的财产特性。[4]

（二）行政处罚决定公开中的公共利益

我国《政府信息公开条例》中并未直接使用"公共利益"，但第14条规定的"国家安全、公共安全、经济安全、社会稳定"所指向的利益都与公共利益直接相关。2021年《行政处罚法》第1条将"维护公共利益和社会秩序"作为了立法目的之一，那么从处罚决定公开中对公共利益的规范类型来看，它既可以作为行使权力的积极要件，即出于公共利益维护的需要，行政机关需要公开行政处罚决定；也可以作为限制权力的消极要件，即行政机关

---

〔1〕《民法典》第1024条第2款规定："名誉是对民事主体的品德、声望、才能、信用等的社会评价。"

〔2〕参见杨立新：《人身权法论》（第3版），人民法院出版社2006年版，第584页。

〔3〕参见吴汉东、胡开忠：《无形财产权制度研究》，法律出版社2005年版，第117页。

〔4〕参见北京市第一中级人民法院〔2000〕一中民终1438号民事判决书。

不予公开行政处罚决定是为了维护公共利益。为更好厘清行政处罚决定公开中的公共利益范围，可将其细分为社会利益与国家利益。

1. 社会利益的范围

按照庞德的利益层级，社会利益是事关社会维持、社会活动和社会功能的请求，是以社会生活的名义提出，从文明社会的角度看待的更为宽泛的需求与要求。[1]由于信息屏障，公众获知信息时常处于不利地位，行政机关作为社会利益的维护者就需要及时、准确公开信息。行政处罚决定中的违法事实信息涉及社会利益的部分往往来自关乎社会公众的生命健康安全、重大财产安全等的领域，公众有知悉该领域发展态势、政府管控措施的权利。立足知情权视角，行政机关需要在信息搜集和披露方面承担责任，通过公布行政处罚决定，将相关领域中潜在风险告知公众。随着数据利用理念从事后追溯逐渐转移到事前监控，公众能通过行政处罚决定中的违法事实信息掌握事态发展前因后果并在可预测风险的情况下及时作出调整。如通过对违反疫情管理的处罚决定中就会涉及患者和密接者的个人行踪以及政府的管控措施，便于相关人员及时隔离；通过知悉证监会披露的行政处罚决定，其他市场参与者就能有效判断交易活动风险并规范自身行为。此外，违法事实信息中涉及行政机关的释法说理不仅是社会价值的彰显，也是公众对执法过程的监督。法律解释、法律论证以及法律推理促进公众对处罚目的的理解，亦有助于实现法律效果和社会效果的统一。

2. 国家利益的范围

在行政处罚决定中，国家利益的范围主要是指处罚过程中的国家秘密。《行政处罚法》第50条要求行政机关及其工作人员对实施行政处罚过程中知悉的国家秘密依法保密。该条款在三次修改过程中也进行过增删，如保密主体增加了工作人员、保密过程前移到一般规定。《保守国家秘密法》第2条及第13条分别界定了国家秘密、划分了国家秘密类型。[2]纵观域外其他国家秘密的构成内容，主要涉及国家安全、国际关系和财政、经济、资源利益等信息。[3]违反保密义务的个人、机关或单位应当依法被处分、处罚甚至承担刑

---

〔1〕 ［美］罗斯科·庞德：《法理学》（第3卷），廖德宇译，法律出版社2007年版，第18~19页。

〔2〕 归纳《保守国家秘密法》第2条与第13条，对于涉及国家安全和利益，泄露后可能损害国家在政治、经济、国防、外交等领域的安全和利益的则为国家秘密。

〔3〕 孔繁华：《政府信息公开的豁免理由研究》，法律出版社2021年版，第130页。

事责任。

（三）利益结构下公开与豁免公开之厘定

根据行政处罚决定公开中的利益结构，执法监督型处罚决定公开和公共警告型处罚决定公开出于规范行政处罚权行使和保障公众知情权之目的而需要将处罚决定予以公开，遵循以公开为常态、不公开为例外的原则。在个人利益与公共利益衡量中，以公共利益作为优先保护，契合政府信息公开制度原理。根据《政府信息公开条例》第14条、第15条的规定[1]，可归纳出此种类型下的处罚决定公开的豁免理由为国家秘密、危及"三安全一稳定"的信息、商业秘密、个人隐私。其中，国家秘密、"三安全一稳定"属于豁免公开中的绝对不公开，而商业秘密、个人隐私属于豁免公开中的相对不公开。因此，对于商业秘密和个人隐私的公开需要通过"第三方同意"或"重大公共利益"进一步衡量。

结果制裁型处罚决定公开旨在加重对相对人惩戒效果，震慑相对人，使其不敢再犯。这种个案公开的方式对个人利益损害较大，且诸多案件与公共利益并不相关。因此，应当以个人利益为优先保护，遵循不公开为常态、公开为例外的原则。虽然结果制裁型处罚决定公开的规范混乱、判断标准不一，但既然属于行政处罚就应当遵循《行政处罚法》。《行政处罚法》是行政处罚方面的基础性法律，在所有法律规范体系中居于总则地位，它约束着所有行政处罚行为。[2]行政处罚决定公开条款规定在2021年《行政处罚法》第五章"一般规定"中，就意味着任何行政处罚决定公开应当遵循以"具有一定社会影响的行政处罚决定应当依法公开"这一原则性条款。据此，结果制裁型处罚决定公开的豁免理由则是需要满足"具有一定社会影响"（见下表）。

---

〔1〕《政府信息公开条例》第14条规定："依法确定为国家秘密的政府信息，法律、行政法规禁止公开的政府信息，以及公开后可能危及国家安全、公共安全、经济安全、社会稳定的政府信息，不予公开。"第15条规定："涉及商业秘密、个人隐私等公开会对第三方合法权益造成损害的政府信息，行政机关不得公开。但是，第三方同意公开或者行政机关认为不公开会对公共利益造成重大影响的，予以公开。"

〔2〕参见胡建淼：《〈行政处罚法〉通识十讲》，法律出版社2021年版，第59页。

	公开的理由	豁免公开的理由	
执法监督型 公共警告型	—	绝对不公开	国家秘密、"三安全一稳定"
		相对不公开	商业秘密、个人隐私
结果制裁型	具有一定社会影响	—	

三、划定行政处罚决定公开的衡量界限

行政机关在选择公开的具体内容时，应清楚意识到公开处罚决定的目的与作出处罚决定的目的并不相同，而行政机关选定公开的具体内容就是对拟达成的公开目的所作的回应。在不同类型的处罚决定公开中，需要探讨是否公共利益一定高于个人利益，即便是确定了公共利益至上之原则，也需考量能否在允许的情况下对个人利益进行保障等问题，这些都直接涉及如何确定公开的界碑。如在德国，行政机关如果要发布关于企业违法的公共警告，则必须经过认真审查消费者遭受的来自违法产品的危险，在充分衡量警告对生产者、销售者的影响程度后，从而作出不同公布途径、范围等的选择。[1]判定利益界限是利益衡量的重要内容，这有助于防止利益衡量被滥用。作为方法的利益衡量强调法律应为生活服务，在现行法之基础上探寻立法者的利益取舍，在遵循法之安定性的前提下寻求裁判的适当性。[2]因此，行政机关在考量个人利益、社会利益以及国家利益后再作出决定，对于利益间的界限就需要审慎衡量。

（一）利益衡量应当在"法内"进行

法律权利的核心是利益，当事人想得到法律的保护往往是通过行使权利，利益衡量事关当事人的权利保护，与法律制度具有密切关系。[3]在这些利益中，优先保护公共利益明确得到了宪法的授意，是宪法基本精神所决定的，即使是针对少数受益人的扶助措施，也可认为是合乎现代公益概念，但宪法

---

〔1〕 梁亮：《行政机关公布违法事实行为的法律问题分析》，载《河北法学》2013 年第 4 期。

〔2〕 参见［德］伯恩·魏德士：《法理学》，丁晓春、吴越译，法律出版社 2013 年版，第 230～240 页。

〔3〕 参见梁上上：《利益衡量论》，北京大学出版社 2021 年版，第 134 页。

同时也规定对因公共利益保护而造成的他人权利减损要给予补偿。〔1〕在行政处罚决定公开中，公开的内涵包括保护公共利益的三个层面：一是从保障公众知情权角度，尤其是涉及公共安全、关系公共健康的特殊案件；二是从监督处罚权行使角度，公开会给行政机关造成压力，也给社会公众提供一个监督的平台；三是从维护国家安全角度，这就属于豁免公开的范围。当需要以公益之名作出限制或形成人民基本权利之内容及理由时，公益就不得抽象，必须具体。如在水资源管理领域中，我国可谓建构了最为严格的水资源管理政府信息公开制度，因为这涉及公民对环境知情权。即使是《保守国家秘密法》也不应该对环境信息的公开作出限制，不能用"公共利益""国家利益"这些笼统的理由搪塞公民的环境信息知情权。实践中，对于公益损害的判断，行政机关应当主动测评并提供证据说明公开处罚决定将损害社会公益。如在"洪某某诉浙江省市场监督管理局、浙江省人民政府政府信息公开"一案中，二审法院认为行政机关如认为公开相关信息有可能危及社会稳定，就应当按照《浙江省县级重大事项社会稳定风险评估办法（试行）》之规定对可能存在的社会稳定风险进行评估，且应当根据评估结论作出信息公开答复。〔2〕

（二）利益衡量应建立对不利方的救济路径

行政处罚决定公开最大的威慑力就在于负面效果不能完全消除，其所造成的声誉损害很难得到修复。同美国"蔓越莓案"一样，我国农夫山泉"砒霜门"事件则更是凸显了声誉惩罚失误导致的严重社会后果。在海口市工商局发布错误消费警示信息后的数十天，农夫山泉的损失就超过了 10 亿元，经济损失约为销售额的 20%~30%，苦心经营多年的名牌形象惨遭重创。〔3〕社会是一个矛盾与利益综合的复杂体，立法的目的就在于公平合理地分配与调节社会利益、不同群体的利益和个人利益，以协调社会正常秩序，促使各种不同利益各得其所。〔4〕可以说，"具有一定社会影响的行政处罚决定应当依法公开"这一立法表述正是立法者对公开中个人利益与公共利益加以综合平衡

〔1〕　参见陈新民：《德国公法学基础理论》，山东人民出版社 2001 年版，第 204~206 页。

〔2〕　参见浙江省高级人民法院［2018］浙行终 1271 号行政判决书。

〔3〕　吴正懿、裴海亮：《农夫山泉"砒霜门"或损 10 亿公司：国家质检再检产品未超标》，载《上海证券报》2009 年 12 月 1 日。

〔4〕　梁上上：《利益的层次结构与利益衡量的展开——兼评加藤一郎的利益衡量论》，载《法学研究》2002 年第 1 期。

的结果，是一种正义价值的评断。然而，"无论是行政组织法、行政行为法还是行政救济法，对公民权利的规定都并不充分，诸如隐私权、社会保障权等权利规则不够全面，随着新的行政规制手段应用而凸显的名誉、声誉等权益的重要性也未能得到充分考量"[1]在利益衡量中，达成价值基础的共识需要为社会所确立。生活在同一时代、同一社会的人们总会有某种共同追求的价值。[2]在利益位阶中，生命利益大于健康利益、健康利益大于财产利益是无可非议的。在对生命健康利益的理解中，人格尊严应当占据重要的位置。失去自尊，一个人就会没有价值感，而感觉不到生命的意义。在这个法治发达的时代，国家有义务使得其公民有尊严地生活而免受羞辱。此外，影响行政处罚决定公开效果一些外部因素也需要被纳入考量范围。在判断惩戒功能的溢出效果时，直接的声誉损害与间接的财产损失程度是行政机关无法提前判断的，尤其是公开处罚决定之后的负面影响。诸如公开的平台、公开的时间点、行政机关公开是否作出了特别说明等。因此，即便是为了保护公共利益而不得已损害了私人利益，也应当配有相应的救济路径。

第二节 "具有一定社会影响"的解释方法

在法治国家中，法律体系的实施是通过行政机关依法行政、法院依法裁判进行的，但将法律文本运用于个案的机械式做法往往会因法律术语的模糊性与不确定性、立法者缺陷所导致的法律漏洞、法律制定与实施间时差冲突而陷入困境。[3]可以说，立法与执法的博弈就在于对不确定概念裁量的把握。行政裁量源于法律授权，是有限制地自由行使。法律规范中诸多术语一直被奉为圭臬，能否被解释以及如何被解释只能在教义法学中进行。在一般公众的观念中，教义学的用语也可能被认为是一种不加反省、盲目信赖的教条主义。[4]一个名词的含义不能太被当回事。虽然法律为人类所创造并运用，但在法律适用过程中，执法者个人的立场和价值应当让位于法条与法理的质朴

[1] 马怀德：《中国行政法典的时代需求与制度供给》，载《中外法学》2022年第4期。
[2] 张文显：《法学基本范畴研究》，中国政法大学出版社1993年版，第256页。
[3] 参见李洪雷：《行政法释义学：行政法学理的更新》，中国人民大学出版社2014年版，第3页。
[4] ［德］伯恩·魏德士：《法理学》，丁晓春、吴越译，法律出版社2013年版，第141页。

精神，行政法同民法、刑法所需要的概念、原则、秩序均不相同。寻求行政法之概念解释的特殊性，才可补充法条与实案中的罅隙。2021 年《行政处罚法》第 48 条第 1 款是行政处罚决定公开制度的原则性规定，在实施后，如何评判具有一定社会影响，且由谁来评判等问题都是困扰执法人员的地方。公开一个行政处罚决定所造成的社会影响如何评估将成为决定处罚决定是否公开的直接依据，也将是行政机关是否遵循依法公开的司法审查的重要环节。从不确定法律概念的类型来看，"具有一定社会影响"当属规范性不确定法律概念，需要得到价值的补充才能对概念进行完整阐述。〔1〕由于一般价值观与法规目的总是在制度适用中发生变更，规范性概念就时常具有开放性，可谓仁者见仁、智者见智，而"具有一定社会影响"的衡量界限也会随之偏颇。因此，分析和解释"具有一定社会影响"这一积极要件是制裁型处罚决定公开的理由，也是法律适用的重中之重。

一、"具有一定社会影响"的解释主体

在行政解释中，解释主体包括各级各类行政主体（这是建立在谁有权对法律作出具有国家认可拘束力的解释），在涉及"具体应用"问题时，则由实施部门解释（一般是行政主管部门负责解释）。〔2〕由于解释是任何规则适用的一个不可缺少的步骤，"具有一定社会影响"规定于《行政处罚法》中，但法律没有明确指明解释主体且学界也并未有关于该部分的理论研究。在行政处罚决定公开的三种类型下，由于执法监督型和公共警告型遵循以公开为常态，就并不需要行政机关运用"具有一定社会影响"进行解释。因此需要解释的情形主要针对结果制裁型行政处罚决定公开。

（一）解释主体应是作出行政处罚决定的机关

考量到公开处罚决定所产生的正负面效果，解释主体应当是有解释权的主体。在行政解释体制中，我国行政解释的主体呈现如下两个特点：一是有权制定法律，就有权解释法律；二是有权执行法律，不一定有权解释法律。〔3〕所

---

〔1〕　不确定法律概念分为经验性不确定法律概念与规范性不确定法律概念。参见李惠宗：《行政法要义》，元照出版有限公司 2024 年版，第 164~165 页。

〔2〕　参见朱新力：《论行政法律解释》，载《浙江大学学报（人文社会科学版）》1999 年第 2 期。

〔3〕　张弘、张刚：《中国现行的行政解释体制研究》，载《学术探索》2007 年第 2 期。

以决定是否要将处罚决定公开的主体就必须能有权对"具有一定社会影响"进行解释，而不仅仅是执行公开行为。"谁执法谁公示"是执法公示制度的基本政策，执法主体等同于公示主体，即对于行政处罚的执法决定信息，行政执法机关需要在执法决定之日起7个工作日内公开。追根溯源，行政执法机关概念的诞生得益于我国行政从"管理"到"执法"的转变。[1]80年代后，我国行政法立法进程加快，伴随《行政诉讼法》《行政复议法》《行政处罚法》等行政法基本体系架构的完善，我国"管理型"行政在很大程度上转为"执法型"行政，行政执法机关也随之产生。[2]在处罚决定公开中，行政执法的含义是作为行政行为的一种特定方式，即公开处罚决定，这是遵循《行政处罚法》规定而实施的。加之各地执法信息公示平台的完善，社会公众也都有权查阅行政执法机关的职能、程序、结果等。因此，在"谁执法谁公示"责任制下，"行政执法机关"就应当理解为作出行政处罚决定的机关，那么该公开机关自然就需要对何为"具有一定社会影响"进行解释。值得注意的是，作出行政处罚决定的机关实际上是真正执行处罚权的机关也即此处的行政执法机关，此概念并不等同于具有行政处罚权的机关，因为具有行政处罚权的机关可以通过授权或委托将处罚权进行转移。

（二）解释主体是应承担行政责任的主体

解释主体决定了处罚决定能否公开，虽然解释主体是行政处罚决定机关，但行政机关毕竟只是一种组织，缺乏生命与主观意识，亦无主动性和创造性，就不是事实上的解释主体。事实上的解释主体则应当具体到该案件的行政执法人员。立法者以"具有一定社会影响"作为限定虽授意由行政机关自行解释，但却也不是任由它被随意解释。然而，在缺乏统一的判定标准时，行政执法人员就享有较大的解释空间，诸如社会背景、违法动机甚至解释者的价值追求都会成为重要影响因素。因此，解释主体需要严格遵循行政解释权的限度，同时需要承担当解释出现偏差或错误后的行政责任。行政责任的确定包括了是否追究行政责任、追究谁的行政责任以及追究何种行政责任三方面

---

〔1〕 长期以来，人们都将行政等同于管理，这在古今中外都很常见。苏联行政法学者更是将行政法直接定义为"管理法"，此观点在80年代初尤为盛行。参见 [苏] Л.Т.瓦西林科夫主编：《苏维埃行政法总论》，姜明安、武树臣译，北京大学出版社1985年版，第1~4页。

〔2〕 参见姜明安：《论行政执法》，载《行政法学研究》2003年第4期。

的判断与确定。[1]应用在对具有一定社会影响进行解释时，解释主体应承担的行政责任主要在于行政执法人员不解释或不依法解释导致公开错误，除了要追究所属行政执法机关的责任（对外承担责任）还需要同时追究执法人员的责任（机关内部追责）。当出现违法解释行为后，行政机关应当及时撤回公开行为；若行政相对人提起复议或诉讼后，行政机关还应当承担举证责任以及赔偿责任。

（三）法制审核主体能否成为解释主体有待商榷

2014 年，中共中央《关于全面推进依法治国若干重大问题的决定》指出要严格执行重大执法决定法制审核制度。经 2017 年试点后，现已在全国范围内推行。重大执法决定法制审核是确保行政执法机关作出的重大执法决定合法且有效的关键环节。该制度也被吸收进 2021 年《行政处罚法》第 58 条中[2]，对于需要进行法制审核的情况，行政处罚法采取了列举+兜底的立法模式，为未来适用预留了足够的空间。在现行有效的重大法制审核制度规定中，如2021 年《呼和浩特市城市管理综合执法局重大执法决定法制审核制度》（呼城管发〔2021〕217 号）规定的法制审核机构是行政执法科、2022 年天津市药品监督管理局《重大执法决定法制审核制度》（津药监法〔2022〕17 号）的法制审核机构是政策法规处，而 2021 年《本溪市住房和城乡建设局重大执法决定法制审核制度》（本住建发〔2021〕93 号）规定抽调部分人员专门组成，原则上法制审核人员不少于执法人员总数的 5%。需要进行法制审核的处罚决定多为案情复杂、涉案人数较多、引发社会风险的案件，这些案件均具有一定社会影响，但法制审核的人员并不是直接作出行政处罚决定的人员。法制审核作为重大行政处罚决定作出前的必经程序，其审核意见是针对行政处罚决定作出的整个流程，而非直接判定行政处罚决定是否具有一定社会影响，若直接将

---

〔1〕 张创新、赵蕾：《从"新制"到"良制"：我国行政问责的制度化》，载《中国人民大学学报》2005 年第 1 期。

〔2〕《行政处罚法》第 58 条："有下列情形之一，在行政机关负责人作出行政处罚的决定之前，应当由从事行政处罚决定法制审核的人员进行法制审核；未经法制审核或者审核未通过的，不得作出决定：（一）涉及重大公共利益的；（二）直接关系当事人或者第三人重大权益，经过听证程序的；（三）案件情况疑难复杂、涉及多个法律关系的；（四）法律、法规规定应当进行法制审核的其他情形。行政机关中初次从事行政处罚决定法制审核的人员，应当通过国家统一法律职业资格考试取得法律职业资格。"

法制审核主体当作评判主体，就易导致作出行政处罚决定的主体滋生裁量怠惰的负面情绪，但法制审核可作为是否公开行政处罚决定的评判标准之一。

二、不同语境中的"具有一定社会影响"

基于法明确性原则的要求，立法者于制定法律构成要件时，其所使用的概念或用语，应力求明确，以使人民便于遵循，举措有方。然则，任何语言包括法律语言都不是精确的表意工具，都具有一定的空缺结构，随着概念由核心向边缘的扩展，语言将越来越不确定。[1]换言之，语言这一开放性本质决定了法律语言也可能出现歧义。就立法者角度而言，立法者自身表达能力与理解能力也会限制法律语言的周全性。尽管立法者已经致力于保障法律语言的严谨性，现实是法律所规定的事实永远也无法包含对未来生活中所有情况的预见，同时也不可能毫无歧义。[2]加之行政法存在于各种不同的活动领域，具有丰富的行为方式、法律形态与组织结构。可以说，行政的概念仅能描述，而无法被定义，所以行政法漏洞更为普遍。"具有一定社会影响"作为典型的不确定概念，就词意来看，"具有"作为动词修饰"行政处罚决定"这一后置主语，动词本身并无特殊含义；"一定"作为形容词有"规定的、确定的；固定不变的；特定的；某种程度的"等含义，作为副词有"坚决或确定"的含义，结合"社会影响"这一名词词性来判断的话，"一定"应当是形容词词性，指社会影响是确定的、规定的，达到了某种程度的；"社会影响"作为中性词，在《现代汉语词典》中没有具体的含义，是解读的重点。[3]在"社会影响"的词组下，有"社会影响评价""社会影响力""社会经济影响"，那对"具有一定社会影响"的解读就需要厘清什么是"社会影响"，这一语义需结合社会生活、不同学科来进行理解和判断。[4]

---

〔1〕 参见［英］哈特：《法律的概念》，张文显等译，中国大百科全书出版社 1996 年版，第 124~135 页。

〔2〕 参见［英］丹宁勋爵：《法律的训诫》，杨百揆、刘庸安、丁键译，法律出版社 1999 年版，第 13 页。

〔3〕 《现代汉语词典》中对"一定"规定了五类含义，但并未对"社会影响"作出规定。参见中国社会科学院语言研究所词典编辑室编：《现代汉语词典》（第 7 版），商务印书馆 2016 年版，第 1533~1534 页。

〔4〕 参见马琳昆：《处罚决定公开的适用路径》，载《民主与法制时报》2021 年 6 月 17 日。

（一）积极语境中的"具有一定社会影响"

该语境下的"具有一定社会影响"是正面的，能给社会带来示范、指导作用的影响，多以"社会影响力"呈现，是认定公众人物（著名人物）、优秀企业、示范建设机构等的重要因素，也是重要职务选聘、奖项（荣誉称号）申报的重要条件。该作用对象包含了自然人、法人或非法人组织。如民事案件中"具有一定社会影响"的被用于修饰公众人物、企业家、公共媒体、教育机构等，往往作为原告、被告证明其身份的特殊性，尤其体现在名誉权纠纷中。根据法院查明的证据，自然人的公职身份、社会知名程度、资质证书、区域辐射范围、公益形象可用于证明其影响力。如在"田某某诉王某名誉权纠纷案"中，田某某提交《微博推广服务合同》、发票、百度百科介绍等证明其系具有一定社会影响力的公众人物，得到法院的认定。[1]对于法人及其他组织而言，可从是否具有特殊字号、驰名商标、是否为相关消费者所知晓、是否在相关市场占有一定市场份额等方面判断。[2]在刑事案件中，法院会根据被告人的社会影响力来判断其在共同犯罪中的作用，如因职位为村支部书记（具有社会影响力）而承担主要刑事责任。[3]归纳而言，积极语境中的"具有一定社会影响"主要有以下几种情况：

第一，作为公众人物（著名人物）的认定标准，包括了知名乡绅、著名军人、党外人士代表等。如2017年《石家庄市著名人物档案管理办法》（石政办函〔2017〕135号）（已失效）第2条规定著名人物是指在某一领域、行业、学科作出过重大贡献，产生巨大影响，并得到社会和历史认可的历代石家庄籍或在石家庄境内长期工作活动过的非石家庄籍的著名人物。其中就包括了"（二）被授予少将以上军衔或担任过副军以上领导职务的军人；获中央军委英模荣誉称号和其他具有一定社会影响的著名军人；具有较大影响的革命烈士"。

第二，作为重要岗位选聘或确认的参考条件，如选聘革命烈士、法律顾

---

〔1〕　参见北京市第三中级人民法院〔2017〕京03民终7480号民事判决书。

〔2〕　参见重庆市第五中级人民法院〔2021〕渝05民初1932号民事判决书；陕西省宝鸡市中级人民法院〔2020〕陕03民初48号民事判决书；浙江省慈溪市人民法院〔2019〕浙0282民初5162号民事判决书。

〔3〕　参见江苏省灌南县人民法院〔2020〕苏0724刑初43号刑事判决书。

问等专家人士。如中共中央《关于加强新形势下党外代表人士队伍建设的意见》（中发〔2012〕4号）对于建设党外代表人士队伍就要求"造就一大批能够与中国共产党亲密合作、具有一定社会影响、在各自领域发挥重要作用的党外代表人士"。《黄浦区兼职政府法律顾问工作暂行办法》第5条就明确了所选择的兼职法律顾问的条件之一就是"法学专家应在本专业领域具有一定社会影响力"。《西藏自治区众创空间管理办法（试行）》（藏科发〔2021〕149号）对是否符合"创业导师"评价标准就明确了必须是"具有一定社会影响的企业家、投融资专家、管理咨询专家、技术专家和具有创业培训资质等相关专业人士"。

第三，作为评优评奖的判断条件，如评选劳动模范。如《沈阳市劳动模范评选管理办法》第8条中，劳动模范应当具备的条件之一就是"工作业绩突出，为国家、社会创造出较多效益，具有一定社会影响"。文化和旅游部办公厅发布的《关于开展2021年度"全国声乐领军人才培养计划"暨第十四届全国声乐展演申报工作的通知》（办艺发〔2021〕56号）规定的个人申报条件就要求："具有国内外高等院校声乐专业本科及以上学历（含在读），或在专业文艺院团、艺术院校从事一线演出、教学4年以上，舞台表演经验丰富，具有一定社会影响力。"国家卫生健康委、全国老龄办《关于开展2020年全国敬老爱老助老活动评选表彰工作的通知》（国卫老龄函〔2020〕273号）关于全国"敬老爱老助老模范人物"的评选条件之一为"热心老龄事业，维护老年人合法权益，成绩突出，具有一定社会影响"。在《关于知识产权服务标准体系建设的指导意见》（国知发规字〔2014〕74号）中，对于培育知识产权服务机构中的标准化试点示范的标准就需要达到"创新能力强、服务水平高、具有一定社会影响力"。

第四，作为认定特殊情况的附加条件，如委员会的组建、确定补贴对象等。如《建筑工程方案设计招标投标管理办法》第27条对组建评标委员会的要求条件就规定了对于"大型公共建筑工程或具有一定社会影响的建筑工程，以及技术特别复杂、专业性要求特别高的建筑工程，采取随机抽取确定的专家难以胜任的，经主管部门批准，招标人可以从设计类资深专家库中直接确定，必要时可以邀请外地或境外资深专家参加评标"。福建省文化和旅游厅《关于2020年度促进文化消费营业性演出惠民低价票补贴有关事项的公告》中演出的"补贴标准"就划分了三等：一类演出是"具有国际影响力、国际公认好评"的演出，补贴 300 元；二类演出是"具有一定社会影响力"的演出，补贴 200 元；三类演出是"在社会形成良好影响力并获群众好评"的演出，补贴 100 元。可见，满足了"具有一定社会影响力"是获得补贴的条件。

（二） 消极语境中的"具有一定社会影响"

该语境下则多用于修饰给社会带来的不良的、负面的结果，如"社会影响恶劣""社会广泛关注""引发社会矛盾"等。当"具有一定社会影响"被用于形容影响程度较大时，该语境中以"社会影响恶劣"作为评价，多发生在刑法领域作为判定社会危险性的重要标准。早期，司法部《关于在全国监狱系统开展监狱管理工作整顿的意见》（司发通 ［2006］ 72 号）就指出整顿活动的重点就是"对职务罪犯、黑社会性质组织犯罪主犯和首要分子，以及在本地具有一定社会影响的罪犯的管理及执法工作"。在审计署《关于进一步规范审计移送工作的意见》（审法发 ［2006］ 66 号）中，"具有一定社会影响"的案件的程度就同"涉案金额在 1000 万元以上的案件，涉及副厅 （局） 级以上领导干部且涉案金额在 100 万元以上的案件，其他性质特别恶劣"的案件为一个程度。这种严重的社会影响实际上在刑法中又被称为社会危害性。社会治理需要就针对的犯罪行为达到社会危害的程度，国家机关就需要对此作出积极反应，严惩犯罪，相较于行政处罚行为而言，犯罪行为的"量"要高得多。[1]刑法对犯罪行为的谴责主要集中于行为的后果上。同时，这种负面的社会影响也多是根据社会危险性而进行的判定。如《刑事诉讼法》对于应当逮捕的判定。该法第 81 条第 1 款规定："对有证据证明有犯罪事实，可能判处徒刑以上刑罚的犯罪嫌疑人、被告人，采取取保候审尚不足以防止发生下列社会危险性的，应当予以逮捕：（一）可能实施新的犯罪的；（二）有危害国家安全、公共安全或者社会秩序的现实危险的；（三）可能毁灭、伪造证据，干扰证人作证或者串供的；（四）可能对被害人、举报人、控告人实施打击报复的；（五）企图自杀或者逃跑的。"这意味着这些情形的社会危险性高。

针对具体的行为时，法院还会根据行为后果来判断，如在"聂某某、秦某群众斗殴案"中，法院认为参与聚众斗殴的人数众多，且造成了人员伤亡，

---

[1] 在区分犯罪和违反秩序行为方面，有"质的区别说"和"量的区别说"，当今二者主要区别在量上。参见 ［德］ 克劳斯·罗克辛：《德国刑法学　总论》（第 1 卷），王世洲译，法律出版社 2005 年版，第 28 页。

可认定为具有一定社会影响。[1]在"杨某、尹某故意伤害案"中，法院认为"被告人的行为造成被害人轻伤二级后果，具有一定社会影响和危害性，但相对其他恶性刑事犯罪情节较轻，不属于行为凶残"。[2]社会广泛关注度也是判断是否"具有一定社会影响"的因素。[3]此外，"具有一定社会影响"也被用于形容负面影响程度较轻的情形。如在应急管理领域，根据国家安全监管总局《关于印发〈尾矿库事故灾难应急预案〉部门应急预案的通知》（安监总应急［2007］109号）"7　附则"第1条"响应分级标准"，相比"社会影响特别严重"（Ⅰ级响应）、"重大社会影响"（Ⅱ级响应）、"较大社会影响"（Ⅲ级响应）而言，"具有一定社会影响"的级别仅为"Ⅳ级响应"。[4]又如根据《人民检察院办理认罪认罚案件监督管理办法》第10条的规定[5]，不批捕、不起诉的认罪认罚案件应当属于犯罪事实清楚、情节轻微，社会危害性较小的案件，但此处的"具有一定社会影响"作为公开听证的条件之一，实际上是承认了行为仍然带来一定的社会负面性，但这种程度较为轻微，所以属于需要向社会公开听证的情况。

三、"具有一定社会影响"的评判标准

现行有效的涉及行政处罚决定公开的规范并未对"具有一定社会影响"作出具体解读。2019年《政府信息公开条例》也未规定什么情况才属于具有一定社会影响，原因在于它不适宜统一规定，而适宜交予行政机关自行判断，各级政府信息公开工作主管部门可发布相应的指导意见。[6]可见，立法者有意让行政机关自行裁量。归纳学界对"具有一定社会影响"的评判主要有：

---

[1]　参见贵州省毕节市七星关区人民法院［2018］黔0502刑初542号刑事判决书。

[2]　参见浙江省台州市椒江区人民法院［2019］浙1002刑初801号刑事附带民事判决书。

[3]　如《人民检察院案件信息公开工作规定》第18条对于刑事案件文书（起诉书、抗诉书、不起诉决定书、刑事申诉结果通知书）的公布采取的标准就是社会广泛关注、具有一定社会影响的案件。

[4]　"Ⅳ级响应"是指"尾矿库发生垮坝事故，已经危及周边居民的生命财产安全，造成3人以下死亡；或危及3人以下生命安全；或具有一定社会影响等。"

[5]　《人民检察院办理认罪认罚案件监督管理办法》第10条："对于下列拟作不批捕、不起诉的认罪认罚从宽案件，可以进行公开听证……（二）具有一定社会影响，有必要向社会释法介绍案件情况的……"

[6]　参见后向东：《中华人民共和国政府信息公开条例（2019）理解与适用》，中国法制出版社2019年版，第50页。

行为标准、种类标准、程序标准、主体标准、公共利益权衡标准。[1]这些判断标准在内容上存在一定重合、适用上难分主次。由于行政处罚是负面评价，社会影响应当是违法行为给社会带来的负面效果，而判断公开的重心就在于社会影响达到"一定"的程度。据此，结合对具有一定"社会影响"不同语境和近百篇含有"具有一定社会影响"的裁判文书的综合分析[2]，笔者认为"具有一定社会影响"的行政处罚决定可从行为标准、主体标准和时间标准进行判断，只有充分考量以下三个标准后，才能最大限度地避免对行政相对人合法权益造成侵害。

（一）行为标准

行为标准是综合处罚结果的严重性和处罚程序的复杂性来考量的。就处罚结果的严重性而言，对于违法相对人作出顶格处罚、行政拘留或多种处罚类型并罚的决定，一定程度上反映出该行为性质的严重程度，可作为"具有一定社会影响"的考量。如广东省交通运输厅《关于印发广东省交通运输行政处罚裁量标准（港口行政）（修订）的通知》（粤交〔2019〕3号）对于"水路运输企业的装卸管理人员未取得从业资格上岗作业的"情形，规定了轻微、一般、严重、特别严重四种等级。而"具有一定社会影响"则属于严重一级，对应的处罚决定是"责令改正，处10万元罚款"，由此对于严重及特别严重的违法行为则应公开。较大数额的罚款多发生在反垄断和反不正当竞争领域。如2021年4月，国家市场监督管理总局对阿里巴巴在网络零售平台服务市场实施"二选一"垄断行为作出罚款182亿处罚；2021年5月，北京市市场监管局依法对两家校外教育培训机构作业帮和猿辅导，因其虚假宣传、引入误解等恶劣竞争行为侵犯消费者的利益，均处以警告和250万元顶格罚款的行政处罚决定。公开顶格罚款这一处罚决定对同类市场主体予以警告，有助于营造良好市场环境。尽管行政处罚法已经规定了仅对"具有一定社会影响"的处罚决定进行公示，但实践中仍然存在大量的并无影响的处罚决定

[1]　参见孔祥稳：《行政处罚决定公开的功能与界限》，载《中外法学》2021年第6期；李洪雷主编：《中华人民共和国行政处罚法评注》，中国法制出版社2021年版，第329页；卢荣婕：《"具有一定社会影响"的行政处罚决定公开之认定》，载《财经法学》2022年第4期。
[2]　笔者在"聚法案例"中以"具有一定社会影响"在全文中检索，共得150篇案例，剔除重复以及无实际意义的案例后，得到96篇。其中民事案件为52篇、行政案件为31篇，刑事案件为13篇。最后检索时间为2024年1月27日。

公开〔1〕，但低数额罚款的严重性相比责令停产停业、行政拘留等来说，其违法行为的严重程度较低。就处罚程序的复杂性而言，适用普通程序、听证程序、经过法制审核程序的处罚决定，行政执法机关则应当主动公开。如《广州市行政执法公示办法》第24条第3款规定，对于运用简易程序作出的行政处罚决定，行政执法机关可以不主动公开。相反，程序复杂的案件表明案件事实的复杂，亦可能作出较重的行政处罚决定，而需要得到社会关注。

（二）主体标准

主体标准是综合行政相对人身份、职业、社会地位等影响力以及该行政相对人主观上再违法的可能性进行判断的。就被处罚对象的影响力而言，这种影响力是指被处罚对象身份的特殊性加之其在某种领域所具备的社会影响力，一般是指公众人物。〔2〕公众人物在不同的时代下对其所能影响的公共事务甚至公众影响力并不相同，但能够肯定的是，公众人物的共性特征就是对社会意见的形成、社会成员的言行有重大影响力，这种影响力体现了较高的社会价值，普通人将会以其为行为标杆，并用积极语境中的"具有一定社会影响"去评价他们。〔3〕不过，适用此标准仍然有行为限制，并非只要是公众人物被行政处罚后，都应当公开处罚决定。而是因为公众人物在某一特殊领域发挥示范、指引的榜样作用，但却在该领域内触犯了法律而被处罚的决定。如2021年10月21日，北京朝阳公安分局在官方微博上公布对"李某某嫖娼"予以行政拘留的处罚决定就引发了学界的激烈讨论。〔4〕朝阳公安分局的公开正是贯彻了《行政处罚法》第48条之规定，其公开内容也并未直接涉及

〔1〕 如在《市场监督管理行政处罚信息公示规定》（国家市场监督管理总局令第45号）第13条第2款有关确定"较低数额罚款"的规定中，较低数额罚款的行政处罚信息也需要公示。在此部门规章指导下，浙江省实施的《关于明确行政处罚信息公示中适用"较低数额罚款"标准的暂行规定》（浙市监法〔2022〕3号）指出就规定称："根据《市场监督管理行政处罚信息公示规定》第十三条第一款的规定，仅受到通报批评或者较低数额罚款的行政处罚信息自公示之日起届满三个月的，停止公示。本省范围内上述'较低数额罚款'的标准是：对自然人处以五千元（不含本数）以下的罚款，对法人或者其他组织处以五万元（不含本数）以下的罚款。"而这种较低数额罚款并没有公示的必要。
〔2〕 公众人物在我国并没有准确的概念，有学者认为广义的公众人物是指在一定范围内被大众所熟悉和关注的人物，包括政治人物、演艺人员、体育明星、企业主等，并非特定对象，却为大家所熟知的人。参见张新宝：《隐私权的法律保护》，群众出版社1997年版，第99~100页。
〔3〕 参见李新天、郑鸣：《论中国公众人物隐私权的构建》，载《中国法学》2005年第5期。
〔4〕 有学者以公众人物的隐私权辩驳认为朝阳公安分局并无依据公开此决定，由此引发的社会评价降低、行业联合"封杀"更是违背比例原则。

行政相对人的姓名。不利后果的出现不能完全归责于朝阳公安分局的公开行为，而是媒体过度的渲染和行业协会自发的公开惩戒（公开行为发生后，中国音乐家协会就直接在官方微博作出声明并直指涉案人员为钢琴家李某某，取消其中国音乐家协会会员资格，实施从业抵制）。翻看李某某的个人履历，李某某不仅是国际知名钢琴家，更是全国青联委员、重庆政协常委、香港青联副主席、四川音乐学院副院长、全国十佳杰出青年，且坐拥微博两千万粉丝，这些特殊身份信息是其声誉和财富的体现，也决定了他具备了足够的社会影响力甚至是国际影响力，公众期待他不仅是一个遵纪守法的人，还应当是一名品行高尚、成绩斐然，能成为时代楷模、成为青年标杆的人。[1]毫无疑问，他的嫖娼行为已然触犯法律，朝阳公安分局对其行为进行公开不仅是加重对他个人的惩罚，更是对普通公众的一种警示与教育。

就再违法的可能性而言，在行政处罚领域，主要是考量违法行为人在一段时间内再次违反行政管理秩序，并给予行政处罚的可能，即行为人主观上的二次犯意。对于是否应当在行政处罚中考虑行政相对人的主观认识一直为行政法学界所争论。2021年《行政处罚法》第33条第2款打破了对行政处罚不考察违法者主观认识的既定模式，将主观过错纳入行政处罚的考量。[2]行政相对人主观认识的内容主要包括了故意、过失以及认识错误。[3]既然行政机关在作出行政处罚决定时需要对行政相对人的主观层面进行考量，那么在作出是否公开处罚决定时也应考量他的违法行为的过错性，对于过失违法的，就不应当公开。而对于"组织""教唆""伪造""假冒""拒不改正"等具有"故意"之内涵的违法行为，且其被查处后的认错态度、二次犯意仍然十分明显的，就需要再通过公开处罚决定加重惩戒。如在"刘某某、王某某开设赌场罪一案"中，法院针对二被告人及辩护人请求对其适用缓刑的意见指出由于二被告人的犯罪行为尚不能排除再犯的可能，且其犯罪行为对其所在辖区

---

〔1〕　2014年国家新闻出版广播电视总局办公厅《关于加强有关广播电视节目、影视剧和网络视听节目制作传播管理的通知》就指出吸毒、嫖娼等违法犯罪行为者"触犯了法律法规、败坏了社会风气，尤其是作为社会公众人物，损害了行业形象，造成很坏的社会影响，对广大青少年健康成长尤为不利"。

〔2〕　2021年《行政处罚法》第33条第2款规定："当事人有证据足以证明没有主观过错的，不予行政处罚。法律、行政法规另有规定的，从其规定。"

〔3〕　参见金成波：《行政处罚中违法者主观认识论纲》，载《当代法学》2022年第4期。

具有一定社会影响，则不予采纳缓刑意见。[1]若主观故意非常明显，表示对社会的危害性较大，那么可认定为"具有一定社会影响"。违法事实、情节、性质以及社会危害程度等均可作为对违法行为人"二次犯意"的判断依据。无论是对个人，还是对企业来说，若再违法的可能性越高，其社会危害性越大。公开对其的行政处罚决定，才能发挥制裁功能预防再犯，维护社会稳定。如 2019 年在商定是否要公开醉驾人员名单时，南京交警分析所查获案例的违法行为的社会危害性、主观恶意性等后公布全市醉驾数值最高的十位醉驾司机，就体现了公开名单的公正性和合理性。

（三）时间标准

当适用行为标准、主体标准都不符合"具有一定社会影响"时，行政机关可再从时间标准予以判断。此处的"时间"是指行政处罚行为发生行政机关集中管理某一社会领域的非常阶段。如国家互联网信息办公室部署开展的 2021 年"清朗"系列专项行动、上海市交通警察总队为保障党的二十大召开开展的"砺剑"第二十一次集中清查打击整治行动、2022 年山东聊城市交通运输局为打击非法营运行为牵头开展的交通运输领域失信问题专项治理行动等。这种特殊时期、敏感时期来临之前出台严令进行社会治理常被冠以"运动式执法"之名，如集中整治、专项治理、严厉打击、特别打击等。[2]这种非常规治理的处罚能快速取得执法成效，公开一个处罚决定就可震慑其他社会公众，推动行政监管从事后消极控制处理转向事前积极主动预防，从结果导向来看，可判定为具有一定社会影响。为限制处罚决定公开，判断时间标准需要结合政策目标，并分析行政机关公开处罚决定所获取的社会效果程度。

第三节　行政处罚决定公开的内容界分

正如美国最高法院史蒂芬·布雷耶（Stephen Breyer）大法官所言："只有公众能够理解被披露的信息，或可以以信息为依据自由地选择，或者相信信息与选择之间具有实质的关联时，披露才有可能起作用。"[3]要使得公众充分

---

〔1〕 参见内蒙古自治区翁牛特旗人民法院［2018］内 0426 刑初 285 号刑事判决书。

〔2〕 参见程琥：《运动式执法的司法规制与政府有效治理》，载《行政法学研究》2015 年第 1 期。

〔3〕 ［美〕史蒂芬·布雷耶：《规制及其改革》，李洪雷等译，北京大学出版社 2008 年版，第 241 页。

理解披露的信息就需要行政机关对公开的具体内容进行严格把握。2021 年
《行政处罚法》中有两处规定了行政机关需要对涉及国家秘密、商业秘密、个
人隐私的部分进行保密考量，分别是第 50 条规定和第 64 条。〔1〕廓清行政处
罚决定内容中的国家秘密、商业秘密、个人隐私是解决处罚决定是否公开、
如何公开的前提，公开的内容也决定了处罚决定公开功能的实现。囿于行政
处罚决定公开规范功能与实际功能的偏差，对处罚决定具体内容的公开就十
分重要，类型化正是划分公开内容的有效手段。结合规范与实际层面，行政
处罚决定公开被划分为执法监督型、公共警告型与结果制裁型，三种类型亦体
现了在公共利益与个人利益之间的相互关系。不同类型的处罚决定公开属性、
功能就决定着公开的程度与方式。若要发挥其作为良好治理技术的效能，就应
当有重点地公开，把握好公开内容的限度是行政处罚决定公开行稳致远的关键。

一、执法监督型处罚决定公开

该类型的公开以规范行政权为主要目的，坚持的是"以公开为原则，以
不公开为例外"，符合《政府信息公开条例》对一般政府信息公开的规定。该
类型豁免公开的内容包括了绝对不公开和相对不公开的情形，这就需要行政
机关结合具体案例作出进一步解释。

（一）应当公开的内容

执法监督型的处罚决定公开重点约束行政机关及其工作人员的处罚行为，
公开内容主要集中于作出行政处罚决定的事后公开，进一步强化公众监督、
防止行政处罚肆意裁量，实现"同案同判"的法律效果。根据 2021 年《行政
处罚法》第 59 条对处罚决定书内容的规定，除隐去当事人的姓名或名称、地
址外〔2〕，该类型应当在作出处罚决定的 7 个工作日内，公开案件事实与证
据、处罚种类与依据、处罚机关以及救济途径与期限等。行政机关不得敷衍
式公开或以不正当理由拒绝公开。实务中，多有当事人提请诉讼要求行政机

---

〔1〕 2021 年《行政处罚法》第 50 条："行政机关及其工作人员对实施行政处罚过程中知悉的国
家秘密、商业秘密或者个人隐私，应当依法予以保密。"第 64 条："听证应当按照以下程序组织……
（三）除涉及国家秘密、商业秘密或者个人隐私依法予以保密外，听证公开举行……"。

〔2〕 对自然人可采用"姓氏+某"，如"陈某"；对企业或其他组织可采用"某+主营业务"，如
"某造纸产"等手段进行脱密处理。

关公开行政处罚信息，但行政机关则以《政府信息公开条例》第 16 条第 2 款之规定予以拒绝。[1]实践中，法院对行政处罚决定书是否属于行政执法案卷信息存在争议。如在"尹某诉朔州市朔城区自然资源局政府信息公开案"中，法院针对被告上诉所称原告申请关于朔城国土资执罚字［2014］1030 号、朔国土资（罚）字［2018］SC 第 1053 号行政处罚决定的相关信息公开属于"隐私""行政执法案卷信息"，并非行政处罚及行政强制的依据、条件及程序这一理由认定无事实和法律依据，并予以驳回。[2]但在"陈某生诉泰州市住房和城乡建设局、泰州市人民政府行政监督、行政复议"一案中，法院却认为原告要求被告公开行政处罚决定书属于行政执法案卷信息，可以不公开。[3]

（二）绝对豁免公开的内容

绝对豁免公开是行政机关或政府信息公开义务主体在确定某一政府信息属于免除公开信息类别后，无须对不公开信息是否对公共利益造成不利影响作出任何评价，即可确定不予公开该信息。[4]《政府信息公开条例》第 14 条规定了国家秘密以及危及"三安全一稳定"的信息属于绝对豁免公开的部分，若是行政处罚决定中涉及该部分信息的，就不应当公开。[5]不过，无论是国家秘密还是"三安全一稳定"，其概念外延都十分广阔。如司法实践中就曾将"三安全一稳定"作为判断信息是否应公开的兜底条款和限制，[6]但有学者就直接否定了"三安全一稳定"是"一个独立例外的情况"，甚至认为它已经包含在"涉及国家秘密"题中。[7]如其概念判断中，"危及"一词的损害标准要求十分宽松，在第 14 条中，它已然成了一个兜底性的规定。也即，行政机关要先排除处罚决定中属于国家秘密的部分，然后再排除属于危及"三

---

〔1〕《政府信息公开条例》第 16 条第 2 款规定行政机关在履行行政管理职能过程中形成的讨论记录、过程稿、磋商信函、请示报告等过程性信息以及行政执法案卷信息，可以不予公开。法律、法规、规章规定上述信息应当公开的，从其规定。

〔2〕参见山西省朔州市中级人民法院［2020］晋 06 行终 8 号行政判决书。

〔3〕参见江苏省泰州市海陵区人民法院［2020］苏 1202 行初 243 号行政判决书。

〔4〕孔繁华：《政府信息公开的豁免理由研究》，法律出版社 2021 年版，第 69 页。

〔5〕《政府信息公开条例》第 14 条："依法确定为国家秘密的政府信息，法律、行政法规禁止公开的政府信息，以及公开后可能危及国家安全、公共安全、经济安全、社会稳定的政府信息，不予公开。"

〔6〕参见最高人民法院［2017］最高法行申 9280 号行政裁定书。

〔7〕参见李广宇：《政府信息公开司法解释读本》，法律出版社 2011 年版，第 258 页。

安全—稳定"的部分，才是对该法条的正确适用。原则上，确定某一类信息应当被公开或应当不被公开的本质是为保护某一特定的正当权益，而不被公开的信息就自然成了知情权的限制内容。[1]不过，不被公开的信息若全都适用"国家秘密"和危及"三安全一稳定"之理由，就将无限扩大知情权的权利漏洞，对于社会公众而言，行政机关敷衍搪塞的态度将增加搪怨，因此，适度地公开这些特殊信息也是行政机关与社会公众互动的需要。[2]2019年《政府信息公开条例》第18条就为适用该规定预留了空间，即若经评估不属于国家秘密或危及"三安全一稳定"还是应当按照法定公开的内容进行公开。[3]

（三）　相对豁免公开的内容

相对豁免公开，又称有限免除公开，行政机关或政府信息公开义务主体对某一政府信息是否需要公开，分两阶段加以判定：第一阶段是先确定某一政府信息是否属于特定类别信息，如果属于进入第二阶段；第二阶段是分析公开该信息会或可能会给公共利益或其他正当利益造成的损害。[4]结合《政府信息公开条例》第15条之规定[5]，在对相对豁免公开进行判断时，行政机关应当注意在认定行政处罚决定中属于商业秘密与个人隐私的边界。

1. 商业秘密

商业秘密是一种具有实际的或潜在的商业价值的无形财产，是市场主体采取保密措施的技术信息和经营信息，也是企业竞争力的集中体现。[6]基于商业秘密的无形性与多样性，且容易为他人所控制，一旦被公开就会造成难以挽回的损失。加之互联网产业更新换代的速度极快，已远远超过以往所有

---

〔1〕　参见杨伟东：《国家秘密类政府信息公开案件审查模式的转型》，载《法学》2021年第3期。

〔2〕　参见湛中乐、苏宇：《论政府信息公开排除范围的界定》，载《行政法学研究》2009年第4期。

〔3〕　《政府信息公开条例》第18条："行政机关应当建立健全政府信息管理动态调整机制，对本行政机关不予公开的政府信息进行定期评估审查，对因情势变化可以公开的政府信息应当公开。"

〔4〕　孔繁华：《政府信息公开的豁免理由研究》，法律出版社2021年版，第69页。

〔5〕　《政府信息公开条例》第15条："涉及商业秘密、个人隐私等公开会对第三方合法权益造成损害的政府信息，行政机关不得公开。但是，第三方同意公开或者行政机关认为不公开会对公共利益造成重大影响的，予以公开。"

〔6〕　根据《反不正当竞争法》第9条对商业秘密的认定，即"本法所称的商业秘密，是指不为公众所知悉、具有商业价值并经权利人采取相应保密措施的技术信息、经营信息等商业信息"。随后最高人民法院《关于适用〈中华人民共和国反不正当竞争法〉若干问题的解释》第9条又对此作了补充解释，基本建构出我国商业秘密的范围。

的经济形态，商业秘密也呈现出更为复杂的样态，即使监管者在这一方面付出了大量的努力，但立法程序繁复、耗时冗长，使得法律的滞后性愈加凸显。[1] 2021 年《数据安全法》实施后对政务数据的开放行为进行相应规范，对于商业秘密应当在技术标准层面及时更新明确政府数据开放中的商业秘密数据的认定标准，并制作"数据开放清单"来确定政府数据开放的内容与范围。[2] 以此为依据来确立行政处罚决定中行政机关不得公开的商业秘密范围。根据《政府信息公开条例》的第 15 条，对于需要公开涉及商业秘密的处罚决定时，行政机关就应先征询权利人的意见，若权利人不同意公开的，则行政机关就需要进行利益衡量。不过，即使行政机关确定该商业秘密属于需要公开的内容，也应当再针对内容剔除含有免予公开的部分，而只公开能达成维护公益目的的内容，最大限度去平衡利益冲突。[3]

2. 个人隐私

《行政处罚法》《治安管理处罚法》规定行政机关及其工作人员在实施处罚过程中知悉的个人隐私，应当依法予以保密；偷窥、偷拍、窃听、散布他人隐私的，予以治安处罚。实际案件中，个人隐私作用对象不仅是行政相对人，还包含了行政相关人等案涉其他人，违法行为多为偷窥、违法安装摄像头或 GPS 监控、违法公布含有他人隐私的信息或聊天记录等，行政机关在作出处罚决定时就需要对个人隐私的范围进行判断，在认定其为个人隐私时，才能作出处罚决定，进而隐去对涉案当事人的隐私。《民法典》第 1032 条对个人隐私作出了规定[4]，有学者认为个人私密信息包括个人的生理信息、身体状况、健康状态、财产信息、家庭信息、基因信息、个人经历信息、其他有关个人生活的私密信息等。[5]因此，隐私本就是同公众无关的纯属个人的私人事务，并不需要也不应当为公众所知悉，行政处罚决定中若涉及此类信

---

〔1〕 吴志攀：《"互联网+"的兴起与法律的滞后性》，载《国家行政学院学报》2015 年第 3 期。

〔2〕 参见陈吉利、郑海山：《我国政府数据开放中的商业秘密数据保护路径探讨》，载《电子政务》2021 年第 7 期。

〔3〕 参见王万华主编：《知情权与政府信息公开制度研究》，中国政法大学出版社 2013 年版，第 164~165 页。

〔4〕 《民法典》第 1032 条规定个人隐私包括"自然人的私人生活安宁和不愿为他人知晓的私密空间、私密活动、私密信息"。

〔5〕 王利明、程啸：《中国民法典释评·人格权编》，中国人民大学出版社 2020 年版，第 392~396 页。

息的，就应当予以保护进行隐名处理。同商业秘密一致，《政府信息公开条例》中确定个人隐私公开的例外规则是第三方同意或不公开对公共利益有重大影响。在执法监督型处罚决定公开中，对隐私权的保护应在一定程度上进行克减，但这种强制公开个人私密信息的裁量权应上升至"法律"层面的授权，而不是现有的仅规定在行政法规中。同时，在内容把握上还应将涉及个人隐私进行类型化的明确，如比利时、荷兰、瑞典等地就分别对个人隐私的数据进行分类，增强对该部分信息的特殊保护。[1] 为保护好个人隐私，行政机关还需要加强隐名处理的技术办法，出台具体的信息公开办法等相关规定，如行政相对人是自然人的，可保留姓氏，以"姓氏+某（某）"替代；行政相对人是法人或非法人组织的，可直接以"某某企业"替代；涉及姓氏或住址重复的，还可运用甲乙丙丁或阿拉伯数字进行区分。总之，对于个人隐私这类人格权的保护，只能是越细越佳。

二、公共警告型处罚决定公开

该类型可保障社会公众的知情权，行政机关及时公开能帮助社会公众预防潜在风险、及时采取防范措施，避免扩大损失。经行政机关衡量后，公开的内容应需引起公众的警惕，基于公共利益保护的目的，该类型应当遵循主动公开原则。

（一）应当公开的内容

该类型下主动公开的范围应当限于存在广泛社会需求的政府信息。[2] 此类型就需要厘清应当公开的领域和公开的程度。就重要领域而言，《法治中国建设规划（2020—2025 年）》将食品药品、公共卫生、生态环境、安全生产、劳动保障、野生动物保护等关系群众切身利益的领域作为行政执法的重点领域，也是需要行政机关加大公开力度的领域。这些领域同公众生命健康、生

---

　　〔1〕　比利时区分人种、种族、政治观点、宗教或哲学信仰商业联盟成员资格与有关健康状况等数据；荷兰则区分有关个人种族、个人政治信仰、个人贸易联盟身份、个人健康、个人犯罪记录五类特殊个人数据分别列举规定；瑞典把有关非营利组织成员的个人数据、卫生与医疗保健、为进行学术研究、统计而处理的个人数据进行区分。参见李卫华：《民法典时代个人隐私信息公开豁免条款的困境及完善》，载《行政法学研究》2021 年第 6 期。
　　〔2〕　参见莫于川、林鸿潮：《政府信息公开条例实施指南》，中国法制出版社 2008 年版，第 72 页。

活环境息息相关，且受众多、影响广，在公开内容上应当详细公布被处罚的事实、处罚的影响以及后续被处罚对象的整改行为。就公开的程度而言，美国 SEC 在发布涉证券领域的不利信息时，为保护广大投资者，《联邦证券法》就要求发布达到 "full public disclosure" 的程度。[1] 而在涉及 FDA 发布不利信息时，为及时引起公众的注意，FDA 在发布时根据该产品或服务的危害程度区分为一般通知、迫切危险、潜在危险等。[2] 参考美国法上的做法，此类公开内容中行政机关应当对特殊内容标识出 "提请公众注意" 并可以根据该行政处罚对公共利益的危害程度进行分类标识，最大限度地发挥信息预警机制。

（二）豁免公开的特别规定

同执法监督型处罚决定公开一致，公共警告型处罚决定公开也有豁免公开的规定，此处不再赘述。较为特殊的是，公共警告型处罚决定公开中的相关案件的影响范围广且已经造成了损失，为尽快降低危害后果和防止损失扩大，行政机关公开时就需要在违法对象、违法事实部分较执法监督型处罚决定公开更为详细，必要时还需要就同一事项采取多次重复公开。但当行政处罚信息涉及利害关系人的，行政处罚信息则需要将所涉利害关系的信息纳入依申请公开类别。[3] 如 2017 年因 "网红" 发光氢气球爆炸而出现了诸多致人损害案件，泰安行政执法人员在对一违法制售氢气球玩具店店主作出行政拘留 15 日处罚后，将此案向社会公众进行公布，并详细公布了该店经营位置、该店主的违法事实、执法经过等，同时对于氢气球玩具发布了勿购警示。[4] 行政处罚决定公开需对公众警告需求和保护私人利益之间进行深思熟虑。

三、结果制裁型处罚决定公开

对于结果制裁型处罚决定应当遵循不公开原则，公开为例外。"具有一定

---

[1] See Ernest Gellhorn, "Adverse Publicity by Administrative Agencies", 86 *Harvard L. Rev.* 1380 (1973).

[2] See Richard S. Morey, "Publicity as a Regulatory Tool", 30 *Food Drug Cosm. L. J.* 469 (1975).

[3] 戴建华：《行政处罚决定应当依法公开》，载《新华文摘》2021 年第 1 期。

[4] 警方提示内容为："发光氢气球产品存在着化学、窒息和受伤风险，因为气球容易爆裂，释放出包括 LED 灯、小铁丝在内的小部件，且可能会被小孩吞咽。不论是氢气球还是氦气球，遇到明火或高温都会发生爆炸（氢气球物理爆炸）。一旦引燃，气球塑胶熔化滴下的液体，如果粘在人体皮肤上还会造成皮肤烫伤。提醒广大市民，为了孩子安全，请勿购买发光氢气球产品。"

社会影响"就是例外判断的依据。由于结果制裁型的处罚决定对行政相对人有明显的惩戒功能，在是否要公开其个人身份信息时就需要再次进行衡量。当然，结果制裁型的处罚决定根据公开的对象不同，划分为自然人型和非自然人型。若行政机关欲达成制裁目的，可允许部分个人信息，如姓名、性别的公开。据此目的，违法信息不影响社会公众知情权的前提下，如针对其他基于违法行为具有较强的道德上的可谴责性，比如卖淫、嫖娼等作模糊处理以保护个人的隐私权。[1]正如"严某诉杭州市余杭区城市管理综合行政执法局信息公开案"中，法院认为被告仅以在材料涉及被调查者个人信息为由拒绝原告要求对全部证据材料的公开，违反法律规定，判决重新作出答复。[2]对法人及非法人组织来说，针对不同行政处罚领域的案件，应当按照法律、行政法规等执行相应公开，如《企业信息公示暂行条例》、《工商行政管理行政处罚信息公示暂行规定》（已失效）、国务院《关于促进市场公平竞争维护市场正常秩序的若干意见》等规范。在披露企业信息时，应当侧重从维护市场秩序和社会安全考量，主要是企业诚信经营与否的信息，包括企业履约与侵权、产品质量与安全等信息。[3]遵循上述规范之后，行政机关还需要结合个案的具体情况进行裁量，以体现公平正义，因此在涉及具体公开内容的把握时，应当注意以下方面：

（一）增加公开识别性信息

若要实现惩戒功能，就应当准确让社会公众识别出具体的自然人、法人或非法人组织。此处的识别性信息就包括身份信息，即行政相对人的姓名、名称、统一社会信用代码、法定代表人姓名等，即可确认被惩戒的对象的信息；行为信息，即行政相对人的违法事实，就应当公开其违法事实，包括违法时间、违法地址、被处罚结果等。以地方在维护交通安全、打击酒驾醉驾违法行为的活动中所采取的"曝光"手段为例。

行为一：2022年5月开始，兰州公安交警按照公安部"全国开展酒驾醉驾违法犯罪集中整治百日行动"及甘肃省公安厅交管局《全省夏季酒驾醉驾

────────────

〔1〕　参见朱兵强、陈指挥：《行政处罚信息公开中知情权与隐私权的平衡》，载《电子政务》2015年第4期。

〔2〕　参见浙江省杭州市中级人民法院［2015］浙杭行终字第209号行政判决书。

〔3〕　参见王瑞雪：《声誉制裁的当代图景与法治建构》，载《中外法学》2021年第2期。

暨公路易肇事易肇祸违法行为专项整治百日行动实施方案》部署，结合道路交通事故预防"减量控大"目标，在全市范围内开展了夏季酒驾醉驾集中整治"百日行动"。自 5 月下旬以来，兰州公安交警共查处各类酒驾醉驾 414 起，其中酒驾 241 起、醉驾 173 起，并将"百日行动"以来醉驾违法排名前十名单曝光。

行为二：2022 年 6 月 3 日，海南儋州市公安局交通警察支队为严厉打击酒驾醉驾违法行为，实名曝光一批酒驾醉酒人员名单。其中，酒驾机动车有 138 名、酒驾电动车有 131 名、醉驾电动车有 67 名。

行为三：2022 年 6 月 30 日，山东枣庄市公安局交警支队向社会曝光"酒驾"严重违法驾驶人 80 名。根据《道路交通安全法》第 91、92、101 条等相关规定，由公安机关对这 80 名酒驾驾驶人作出了驾证记 12 分、罚款 1000 元、暂扣驾证 6 个月的处罚。

行为四：2022 年，江西省赣州市定南县为提高震慑力度对 10 月份酒驾违法人员进行曝光，共 67 名。

对比上述曝光行为可以发现，行为一仅曝光了醉驾违法排名前十的名单，名单内容包括了违法时间、血液酒精含量、车辆号牌（未完整公布）、驾驶人（未完整公布）、查获地点。行为二曝光名单的内容包括了姓名、身份证/驾驶证（未完整公布）、性别、酒精含量、车辆类型、车辆号牌。行为三曝光名单内容包括了姓名、车辆类型、车牌号、违法时间、罚款金额、记分、其他处罚。行为四中的名单发布主体较为模糊，经检索后发现县公安局并没有独立的官方网址，但该醉酒名单所公布的名单也并未在江西省行政执法服务网中公布〔1〕，该名单能够被检索出来是通过在浏览器中检索"曝光醉酒名单"时反馈出来的，而名单的时间在 2022 年可追溯到 3 月份，并持续到 10 月份。名单中的内容包括了驾驶证号（未完整公布）、当事人、号牌种类、号牌号码、违法时间、违法地址。在《民法典》实施后，姓名权、名称权和肖像权是人格权中的重中之重，而曝光这一威慑行为是否需要让渡对人格尊严的维护需要结合个案中行政处罚案件进行具体分析。从曝光的惩戒力度来看，行为三曝光的名单中的信息是最完整的，惩戒力度最强；其他三行为中并未公

---

〔1〕 检索时发现，关于江西省赣州市定南县公安局的行政处罚信息公开最早的时间仅到 2017 年，最后检索时间 2022 年 11 月 10 日。

布处罚结果并在驾驶人名称或车辆号牌上做了隐名处理，这种惩戒效果就会大打折扣。既然是要以发挥惩戒的手段，那就需要明确身份信息和行为信息，才能真正发挥声誉惩戒效果。

（二）禁止公开侮辱性信息

对于制裁型处罚决定公开，行政机关虽然目的在于威慑，但应做到客观陈述，不得偏向受害者或出现侮辱性语词。由于征信信息已成为现代社会交往的重要名片，行政处罚决定作为征信信息的重要来源也将同步在个人或企业的信息记录之中，长期存续。如德国对于食品安全违法行为采取的曝光手段中，行政机关将检查结果不达标的餐饮企业列入"恶心餐馆"名单并予以公布的行为。[1]这种明显带有污名化的行为就显然对违法行为人的声誉造成了损害。同样，我国对于失信名单曝光的范本就多次使用过"老赖"词汇。又如 2021 年 5 月 24 日，微博热搜出现了"个人征信报告现侮辱字眼"的词条，该事件为来自江苏南通一名女士在查询个人征信报告时发现，其报告中"工作单位"一栏中竟然出现"专业做鸡十年"的侮辱性表述。经查，该信息由晋商消费金融股份有限公司上传。这种表述明显不当的侮辱性字眼会让公众对个人征信信息的审核问题产生疑问。就惩戒力度而言，行政处罚较刑罚并不足以道焉，不至于让行政相对人深感生存成为问题。实践中，在关于行政执法规范用语方面，2019 年，应急管理部办公厅就印发了《安全生产行政执法规范用语指引》。地方已出台了 9 部行政规范性文件，如 2019 年吉林省应急管理厅印发了《吉林省应急管理部门行政执法规范用语（试行）》、2020 年广东省司法厅发布了《司法行政机关行政执法规范用语指引（试行）》等。[2]因此，行政机关在公布处罚决定时应对内容进行严格把控、不得出现侮辱相对人人格之词，为行政相对人的人格尊严保留底线，这样既可以有针对性地强化治理措施的威慑性，又可以在惩戒目的达成后，为能及时修复提供可能。[3]

---

〔1〕 参见何丽杭：《食品安全行政"曝光"的法律分析——与德国案例的研究对比》，载《东方法学》2010 年第 5 期。

〔2〕 该类规定指出执法用语应当文明规范、表达通俗准确、态度和蔼、礼貌待人等，要求执法工作中不得使用轻蔑、歧视、侮辱、诱导、欺骗、恐吓、威胁性语言；禁止讲脏话、辱骂当事人等。

〔3〕 李声高：《执行威慑程序中人格权保护的双层救济及法治限度》，载《南京社会科学》2021 年第 12 期。

第五章

行政处罚决定公开的程序

现代行政不仅要求作为结果的行政行为必须合法，同时要求作为过程的行政程序也必须合法且正当。[1]因此，设计行政处罚决定公开的程序就必须符合正当性标准。[2]在行政处罚决定公开中，如何使公开程序达到正当标准，至少需要使得行政相对人的程序性权利在此过程中得以承认和保障，作出公开决定的行政机关之行为受到程序控制以及行政效率应当得到合理保障。《政府信息公开条例》中的公开程序包括了行政机关主动公开和依申请公开，而本章所探讨的程序是行政机关主导型的公开，即由行政机关掌握处罚决定公开的节奏与进程，无论是哪一种类型处罚决定都是行政机关主动公开，而由其他社会公众申请公开的情形则不属于本章要探讨的内容。主动公开方式中行政机关对于发布处罚决定的时间、地点、方式、内容等都具有裁量性。当然，在行政机关主导下，对处罚决定公开进程的把握能否实现处罚决定公开的功能，能否满足社会公众的期待就需要相应的程序标准。既然行政处罚决定公开具有损害权益或限制资格等负面影响，就需要行政相对人的理解和认可，使其在程序结束后能自愿地服从行政决定。由于行政处罚决定公开预设目的的不同，与其相对应的公开程序也应当分别设置。结合行政处罚决定公开的三种类型，本章认为需分别设置对应的公开程序，程序中的特别制度体现了程序所保护法益的倾向性，类型化的程序设计也能更好地推动行政处罚决定公开同行政处罚的其他程序、政府信息公开程序有效衔接与协调。

---

[1]　胡建淼、江利红：《行政法学》（第3版），中国人民大学出版社2015年版，第283~284页。

[2]　孙笑侠教授指出程序的正当标准是"依权利主张的具体情形而迥然各异"，行政程序的正当性标准至少包括：一是相对人的程序性权利是否在行政程序中受到承认和保障（前提）；二是行政主体的权力与行为是否受行政程序控制（核心）；三是行政效率的考虑是否建立在合理基础上（关键）；四是能否确保行政主体从相对人实体权利角度来考虑问题（最终环节）。参见孙笑侠：《程序的法理》，商务印书馆2005年版，第260~267页。

第一节 行政处罚决定公开的程序类型

1996 年《行政处罚法》构建了从案件启动、调查、决定拟作出、决定终作出、送达等较为完整的行政处罚程序，"小行政程序法"之称名副其实。2021 年《行政处罚法》新增了应急处罚程序和非现场执法程序，同时对简易程序、听证程序进行了完善，建构出一种层次分明、类型多样的行政处罚正当程序制度。[1]虽然该法对行政处罚决定按照何种程序公开并未作出规定，但新增的程序类型表明了立法者对处罚程序的重视和程序类型化的认可。作为处罚程序的最后环节，处罚决定公开程序正好补全了行政处罚"全链条"的程序。学界在处罚决定公开程序的问题上多主张遵循政府信息公开程序之论，并未按照处罚决定公开类型进行深入研究。相较行政处罚决定作出而言，处罚决定公开程序是面向行政执法实务的问题，若忽略对它的探讨，处罚决定公开制度规范功能和实际功能就容易出现偏差。行政处罚决定公开的程序具有独特的研究价值，需要结合处罚决定公开的类型进行繁简分流，否则难以保障行政处罚决定公开制度功能的发挥。

一、程序类型化的价值基础

设计两种程序的目的在于更好地发挥公开处罚决定的制度功能。[2]可以说，行政处罚决定公开的乱象原因之一就是公开程序的模糊性。当下的程序并未以发挥制度功能为目的进行设计，并与政府信息公开、失信惩戒名单公开甚至黑名单公开程序显得混乱。处罚决定公开行为的类型化表明了针对不同类型的公开就需要设计不同的程序，通过处罚决定公开类型所划分的公开程序是对正当程序原则的价值维护，同时也是对不同类型所保护利益的兼顾。研究行政处罚决定公开程序不能仅将其放在对某一个处罚决定进行公开的狭隘的视角，而是应当放置于整个从作出到执行的行政处罚程序之中。整体视角下的处罚决定公开程序守好了处罚决定执行的最后一道关口，进而最大限度地发挥出行政处罚决定公开的功能。

---

〔1〕 参见黄海华：《新行政处罚法的若干制度发展》，载《中国法律评论》2021 年第 3 期。

〔2〕 孙笑侠：《程序的法理》，商务印书馆 2005 年版，第 279 页。

（一） 基于对正当程序维护的共性

正当程序原则是英美法系的帝王原则，它源于英国法中的"自然正义"（Nature Justice），为美国法所继承进而发展为"正当法律程序"（Due Process of Law）。[1]随后在重视行政程序立法趋势下，诸多国家纷纷将正当程序原则确立为行政法的基本原则。公民权利义务因行政机关决定而遭受影响时，基于正当法律程序的保护，行政机关在作出决定前应当遵循最基本的两个要求，即公平听证规则与避免偏私规则。[2]正当程序应用于我国行政法领域主要表现在 1989 年《行政诉讼法》和 1996 年《行政处罚法》。作为我国行政程序立法方面的一块重要里程碑，1996 年《行政处罚法》首次完整地规定了行政处罚的程序，引进了听证程序。归纳而言，行政程序正当性的三项最低要求就是：程序中立性、程序参与性和程序公开性。[3]在行政处罚决定公开程序中，程序中立性要求行政机关遵循避免偏私规则，即行政机关在作出公开决定时应保持中立，不掺杂个人情感，不偏袒任何一方当事人。程序参与性则要求受公开决定影响的行政相对人、利害关系人均有权参与决定作出的过程，享有充分表达意见的权利，同行政机关进行有效沟通。如听证就是行政相对人参与行政行为作出的重要方式。通过参与是否作出公开决定，相对人有权阐明自己的观点，从而使得最后结果具有可接受性、公正性与准确性。程序公开性要求行政机关在作出决定公开时要向相对人公开，除了告知其被公开的事实，还应当说明为什么需要将行政处罚向社会公众公开。

（二） 基于不同法益保护倾向的个性

程序是用以支持结果正当性的工具，不论是作出行政处罚决定还是作出公开处罚决定的行政机关，都需要依靠程序来体现行为的正当性。这种程序所保护的正当性就必须是被看得见的，也能为行政相对人所感知的，此所谓

---

〔1〕 美国宪法第 5、14 条修正案奠定了正当法律程序的宪法地位。

〔2〕 公平听证规则要求在决定之前必须给予他知情和申辩的机会和权利，每一个人都有为自己辩护和防卫的权利，对于决定者而言，就是履行告知（notice）和听证（hearing）的义务。避免偏私规则要求任何人不能成为自己案件的法官，也就是说某案件的裁决人不得对该案持有偏见和拥有利益。[英] 威廉·韦德：《行政法》，徐炳等译，中国大百科全书出版社 1997 年版，第 95 页。

〔3〕 周佑勇：《行政法的正当程序原则》，载《中国社会科学》2004 年第 4 期。

程序之直观性。[1]基于不同类型的处罚决定公开所具有的不同属性和功能，预实现功能差异决定了执法监督型处罚决定公开的程序应当侧重规范行政处罚权的行使，公共警告型处罚决定公开的程序应当侧重保障公众知情权，而结果制裁型处罚决定公开的程序则侧重避免侵犯个人合法权益。质言之，基于对公共利益保障的要求，程序体现在行政机关应当定期公开处罚决定，并按照法定格式在法定时间内进行公布；基于对个人利益保障的要求，程序则体现在对公开决定作出的整个过程中对个人参与权、救济权的设计上。

（三）　基于整体程序价值的独特性

近年来，一种主张跨越政府和社会之间的边界、政府与政府之间的边界、政府内部部门与部门之间的边界的，以推动社会公共事务向整体治理方向发展的整体政府和整体性治理的理论逐渐兴起并迅速发展。[2]对行政处罚决定公开程序的研究还需要立足整体视角，因为它不仅包含了单个处罚决定应当按照何种程序公开，还需要结合行政处罚整个程序来探讨公开程序的独特价值。在整体主义视角下，行政处罚决定公开的程序作为行政处罚事后公示环节连接了行政主体与社会公众。当相对集中行政处罚权改革经验被纳入2021年《行政处罚法》后[3]，统一作出行政处罚的主体也将成为行政处罚决定公开的主体，当其在集中行使权力时，为提升行政效率就可能减少甚至省略公开程序，程序的设置就容易空转失灵。行政行为本身就是极具挑战性的，行政过程中存在的根本问题就是如何设计制约机制，以便让行政恣意和过度扩张的风险最小化，同时又能为行政机关保留灵活性，方便其有效行使权力。处罚决定公开程序具有它独特的价值属性，它需要立足于实体规范的基础上，能够在灵活行使权力和彰显公共价值之间寻求可行的平衡，而既有公开程序设计有待改进。

---

〔1〕　在论及程序直观性时，贝卡里亚指出："在进行审判时，手续和仪式是必需的，这是因为它们可以使司法者无从随意行事，因为这样可以昭示人民——审判不是纷乱和徇私的，而是稳定和规则的；因为这样可以比推理更有效地作用于那些墨守成规者的感觉。真相有时过于复杂，所以需要某些外在的形式，使无知的人民能够接受它。"参见［意］贝卡里亚：《论犯罪与刑罚》，黄风译，中国大百科全书出版社1993年版，第23页。

〔2〕　王敬波：《面向整体政府的改革与行政主体理论的重塑》，载《中国社会科学》2020年第7期。

〔3〕　《行政处罚法》第18条第1款规定："国家在城市管理、市场监管、生态环境、文化市场、交通运输、应急管理、农业等领域推行建立综合行政执法制度，相对集中行政处罚权。"

二、程序类型化的实施优势

法律程序的重要性不言而喻，但程序也并非越复杂越好。现代法治国家应当实现法律程序在形式上与实质上的合法性，降低结果的不合理或不尽合理，避免程序成为法律功能实现的障碍。[1]程序的繁简程度主要是由权利义务争议的复杂程度来确定的，程序的设置应当恰到好处才有助于实现对权利保护。对于行政机关来说，程序是落实法律具体规定的途径，但公开兼具权力性和义务性。因此，程序设置还应当考量权力行使，使其在运行过程中输出理想结果。

（一）减轻行政机关的执法负担

程序价值多元化下人们的利益诉求也不同，忽略效率而纯粹要求程序的情境也时常出现，但行政程序与司法程序不同，司法追求公正为最高目标，而效率是行政的生命。当前社会的行政权运行的要求不仅是民主和人权，还包含了效率。这两方面似乎总处于一种矛盾状态，仅片面追求某一面都可能侵害合法权益甚至危及公共利益，解决两者之间矛盾的关键是在其中寻求适当的规则。程序规则对于行政机关来说是一种约束和责任，将处罚决定公开程序进行类型化设计的主要目的是减轻行政机关执法负担。既有行政处罚决定公开的程序有待完善，部分并未结合处罚决定公开类型进行考量。实践中，行政机关日均作出行政处罚决定数以百计，在公开判断的环节上，大部分行政处罚案件就将被过滤（目前来看，诸多行政处罚决定并没有按个公开的必要）。质言之，类型化的程序设计就要求行政机关在源头上厘清哪类处罚不公开、哪类处罚应公开，为处罚决定公开进行"繁简分流"，而并非将所有的处罚决定都公开，需要复杂化的程序步骤必不可少，而应当简易化的程序步骤则贯彻到底，如此便可减轻行政机关的负担。

（二）与现有程序规范相兼容

行政处罚决定公开程序的设置是建立在既有公开程序中，根据处罚决定公开类型进行制度的设计。就公开程序纵向比较而言，公开类行政行为都可

---

〔1〕 参见朱苏力：《法治及其本土资源》，中国政法大学出版社 1996 年版，第 142~143 页。

以为处罚决定公开提供经验，包含但不限于政府信息公开、政务公开、政府数据公开等。由于行政处罚决定公开在较长的一段时间内是以政府信息公开程序进行的，在程序的设置上也同政府信息公开类似。尤其是执法监督型的处罚决定公开，考虑行政执法的效率，该类程序就应按照政府信息公开程序进行，这也契合了《政府信息公开条例》对于具有一定社会影响处罚决定公开的规定。值得注意的是，此处的"具有一定社会影响的行政处罚决定"是行政机关应当主动公开的处罚决定，遵循上位法优先于下位法之规定，它判断标准应同 2021 年《行政处罚法》所规定的标准是一致的。就公开程序的横向比较而言，《行政许可法》第 5 条和第 40 条也较早地确立了向社会公开行政许可决定。[1]《行政强制法》虽未规定行政强制决定公开，但实践中已有地方行政机关公开行政强制决定书的做法。[2] 在行政执法公示制度推行下，作为"双公示"的行政处罚决定和行政许可办理结果均是行政机关主动公开的内容，对于结果制裁型的处罚决定公开的程序就可以在公开方式上参考行政许可办理结果的公开程序。程序类型化的设计是建立在既有程序之上的，根据处罚决定公开不同类型分别选择不同的公开程序，使得行政程序运作流畅，彼此之间不相冲突，同时将同类行政行为公开进行归类，进而在整体上保持行政程序一致性。

（三）避免程序空转流于形式

处罚决定公开的程序若设计得复杂就容易被行政机关视为行政活动的障碍，如《行政处罚法》修改之前的听证程序适用范围有限、程序设计模糊，由于能否适用听证程序也属于行政机关自由裁量的范围，程序就容易充当行政机关谋取"法外利益""非法利益"的借口。正如季卫东教授所言："如果是那种公开、透明、平等对话、合理论证的法律程序，怎么可能会为渎职提供更多的机会？至于繁琐的审批手续以及形式化、文牍主义所造成的流弊，属

---

〔1〕《行政许可法》第 5 条规定："……行政许可的实施和结果，除涉及国家秘密、商业秘密或者个人隐私的外，应当公开……"第 40 条规定："行政机关作出的准予行政许可决定，应当予以公开，公众有权查阅。"

〔2〕《政府信息公开条例》第 20 条仅规定了公开行政强制的依据、条件、程序，并未规定公开行政强制决定。但行政执法中，已有行政机关就行政强制执行决定书进行全文公开，参见《行政强制执行决定书》，载 https://www.dangtu.gov.cn/xxgk/openness/detail/content/62b571908866688801c8b456b.html，2024 年 7 月 3 日访问。

于行政规制和私下交易的范畴，与程序正义的理念完全是风马牛不相及。"〔1〕因为程序设计的不合理归结于制度自身问题的逻辑是错乱的，程序设计还是应当从权利与义务的分配上进行考虑。行政处罚决定公开程序的类型化设计在利益分配上是有侧重的，对于各自应当保护的利益就重点保护，不必要的程序就及时剔除。毕竟落实复杂程序的每一步骤所需要的费用都需要国家和当事人共同负担，若当事人的获利大于高额成本，经历的复杂步骤都是有价值的，但若获利小于成本时，程序是否必要就值得考量。如果一个行政处罚案件长时间得不到"终了"，就将耗费行政机关和相对人的人力、物力、精力，程序的积极意义无法实现，而程序自身也就难逃被"搁置"的命运。

第二节　行政处罚决定公开的程序适用

在程序类型化思路下，行政处罚决定公开的程序就分为了执法监督型公开、公共警告型公开、结果制裁型公开。在程序设计上，执法监督型公开可按照政府信息公开中主动公开的程序进行；公共警告型公开应按照重点领域适用特别法之规定的公开程序，在无特别法规定时，政府信息公开中的程序可作为兜底；结果制裁型公开应按照个案或群案进行公开，同时需要设计特别的程序以保障行政相对人的权利救济。

一、执法监督型处罚决定公开

《政府信息公开条例》的颁布与实施全面开启了我国政府信息公开制度建设进程。政府信息公开是否标准与规范的评判指标就是政府信息公开年度报告。〔2〕涉及行政机关主动公开的程序建设时，遵循政府信息公开程序或以政府信息公开程序为主成为各地的立法模式。执法监督型处罚决定公开同政府信息公开在建设阳光透明政府的理念上具有一致性，政府信息公开的公开方

---

〔1〕　季卫东：《法律程序的形式性与实质性——以对程序理论的批判和批判理论的程序化为线索》，载《北京大学学报（哲学社会科学版）》2006年第1期。

〔2〕　政府信息公开年度报告分为主动公开和依申请公开，在执法监督型公开中研究对象仅限于行政机关主动公开处罚决定内容。

式、公开渠道以及公开的时机与期限都可以直接成为执法监督型处罚决定公开程序实施的依据。[1]

（一）公开方式

对于执法监督型公开来说，其应按照政府信息公开程序，采取报告式公开、定期公开。实践中，行政机关多以发布政府信息公开报告的方式对一个部门年度信息公开工作进行全面总结。政府信息公开报告是政府及其部门严格履行信息公开义务的体现，报告中所涉及相关领域的数据也为学界研究提供了动态、真实和鲜活的第一手资料。[2]编制政府信息公开年报可追溯至2004年1月20日上海市政府发布的《上海市政府信息公开规定》（已失效）的第30条。以上海市政府信息公开年报为例，当前可以查询到最早的政府信息公开年报是2005年年报，内容包含了主动公开政府信息情况、依申请公开政府信息情况、咨询情况、复议诉讼及申诉情况、工作人员收支情况以及主要问题和改进措施等。分析年报中关于主动公开信息中行政处罚部分发现，政府信息公开年报涉及行政处罚决定公开的部分只简单统计了行政处罚的数据，并未涉及行政机关如何裁量具体案件，无法真正起到监督行政执法的作用。本书认为除了保留现阶段政府信息公开报告定期公示的做法，还应当就行政处罚领域分别按不同的行政处罚种类进行统计，根据各地处罚总量分别按季度进行公开，这种季度报告公开的重点在于明确各类行政处罚种类对应的违法行为和裁量标准。为减少行政机关工作负担，诸如案号、行政相对人姓名、名称、社会信用代码均可隐藏，只公开违法行为与处罚结果（这两部分内容实际上已经由行政机关在制作行政处罚决定书的过程就撰写完毕，并不会额外增加办案人员的文书制作工作）。现阶段将每一个处罚案件都进行网上公示的行为效果并不明显，未来应当逐步减少将所有案件均予以网上公示的方式，而代替以发布处罚决定公开季度报告的方式，这样既能实现对行政

---

〔1〕　2022年国务院办公厅发布的《2022年政务公开工作要点》规定："准确把握不同类型公开要求，综合考虑公开目的、公开效果、后续影响等因素，科学合理确定公开方式。公开内容涉及社会公众利益调整、需要广泛知晓的，可通过互联网等渠道公开。公开内容仅涉及部分特定对象，或者相关规定明确要求在特定范围内公示的，要选择适当的公开方式，防止危害国家安全、公共安全、经济安全、社会稳定或者泄露个人隐私、商业秘密。"

〔2〕　申静：《政府信息公开的例外研究》，法律出版社2016年版，第41页。

处罚行为监督又能提高行政执法效率。[1]

(二) 公开渠道

《政府信息公开条例》第 23 条规定了诸多公开方式，便于行政机关视具体情形而定。[2]在美国，主管官员决定发布新闻稿、举行新闻发布会，批准采访，或者向新闻界"泄露"内幕，通常采用非正式程序，但这些宣传活动（publicity-generating activities）可以和正式裁决或规则一样有效。[3]如美国 APA 第 552 条规定主动公开的方式有两种：第一种是有些政府文件必须在联邦登记上公布，如机关的组织、机关的职能与工作方法、程序规则、实体规则、政策和影响公众权利的法律解释、修改等；第二种是有些政府文件不要求在联邦登记上公布，但必须以其他方法公开，例如印刷出卖或者放置在行政机关的阅览室内供公众阅读的文件就需要编制索引，方便公众寻找和复制。公开的渠道在现代日新月异的技术发展中已逐渐由传统纸质媒介过渡到电子媒介，公开上网不仅提升了行政机关办案的效率，也实现了跨越时空的传播目的。自 2002 年国务院信息化工作办公室成立以后，按照《国家信息化领导小组关于我国电子政务建设指导意见》（中办发 [2002] 17 号）的规定，电子政务已经成为我国政府部门的固定职能，它带来设备与技术上的革新极大地推动了政府行政职能转变的现代化进程。[4]实践已经证明，共治目标在现代信息技术助力下得以形成，政府、市场、社会、公众等治理主体在面对治理对象逐渐扩大的范围和规模时也能得心应手。[5]不过，考虑到地区发展、信息受众能力差异，处罚决定的公开仍然需要结合纸质化和电子化两种方式进行。

---

〔1〕 在追求信息公开质量上，美国的经验值得借鉴。为确保行政信息公开在一定程度上体现规范性且能在全政府范围内适用，美国出台了《信息质量法》（Information/Data Quality Act）要求每家行政机关在管理预算局的领导下，发布指南"确保和尽量提高行政机关所传播之信息（包括统计信息）的质量、客观性、效用和完整性"。

〔2〕《政府信息公开条例》第 23 条规定："行政机关应当建立健全政府信息发布机制，将主动公开的政府信息通过政府公报、政府网站或者其他互联网政务媒体、新闻发布会以及报刊、广播、电视等途径予以公开。"

〔3〕 [美] 罗纳德·M. 莱文、杰弗瑞·S. 拉博斯：《行政程序法精要》（第 6 版），苏苗罕译，中国法制出版社 2022 年版，第 113 页。

〔4〕《2022 年政务公开要点》也指出在 2022 年底前，国务院部门主管的政府网站和各省政府部门网站全面支持互联网协议第 6 版，推进省部级政务类移动客户端支持互联网协议第 6 版。

〔5〕 翟云：《数字政府替代电子政务了吗？——基于政务信息化与治理现代化的分野》，载《中国行政管理》2022 年第 2 期。

（三）公开的时机与期限

信息具有时效性特点，处罚决定也不例外。实际上，从目前处罚决定公开（一般设置在各地政府信息公开网中"政务公开"板块的"主动公开"栏目下）的网站看，绝大多数政府信息网站更新较慢。公众能够查阅到的信息往往过时许久，通过检索网站发现省级政府与市级政府信息更新较快，而县级政府官网上的处罚决定信息大多停留在两年之前的数据。因此，规定公开时机是及时原则的制度保障。若继续采取网上公示的方式，行政机关就应遵循《政府信息公开条例》第 26 条之规定。[1]地方法律规范中，对于主动公开行政处罚决定的规定一般是 7 日，如《河北省行政执法公示办法》第 23 条[2]，专门性法规中的《上海市行政处罚案件信息主动公开办法》实施的是"7+7"规定[3]。行政处罚决定公开的期限就是行政相对人违法信息在公开平台上的存续期间，即行政机关将其公开至各类平台开始到最终将其从平台上移除的时间跨度。由于执法监督型处罚决定公开重点公开的是行政机关依法处罚的情况和对违法行为的认定，一般情况下并不会披露商业秘密与个人隐私。因此，执法监督型应同政府信息公开报告中定期公开一致。[4]同政府信息公开相区别的是，行政处罚决定公开季度的报告可分别在每年的 3 月 31 日、6 月 30 日、9 月 30 日、12 月 31 日进行发布，并至少保留近五年的报告。

二、公共警告型处罚决定公开

公共警告型处罚决定以保障公众知情权为目的，尤其是在涉及公众生命

---

〔1〕《政府信息公开条例》第 26 条："属于主动公开范围的政府信息，应当自该政府信息形成或者变更之日起 20 个工作日内及时公开。法律、法规对政府信息公开的期限另有规定的，从其规定。"

〔2〕《河北省行政执法公示办法》第 23 条第 2 款规定："行政许可、行政处罚决定信息应当自执法决定作出之日起七个工作日内公开，其他行政执法决定信息应当自决定作出之日起二十个工作日内公开……"

〔3〕《上海市行政处罚案件信息主动公开办法》第 10 条规定："行政执法单位应当自作出行政处罚决定之日起 7 个工作日内，在本单位或者本系统门户网站予以主动公开；情况复杂的，经本单位负责人批准，可以延长 7 个工作日。除前款规定外，国家和本市对行政处罚案件信息的主动公开途径另有规定的，按照规定办理。"

〔4〕2019 年《政府信息公开条例》第 49 条规定："县级以上人民政府部门应当在每年 1 月 31 日前向本级政府信息公开工作主管部门提交本行政机关上一年度政府信息公开工作年度报告并向社会公布。县级以上地方人民政府的政府信息公开工作主管部门应当在每年 3 月 31 日前向社会公布本级政府上一年度政府信息公开工作年度报告。"

健康、生存环境、金融环境等重要领域方面。由于行政机关获取信息的能力强于社会公众，对于这类行为公开的时机和期限就需要特别把握，使得公众能够提前防范、积极应对，以免造成不必要损失。

（一）公开方式

公共警告型处罚决定应采取个案式公开方式。由于需要充分发挥公共预警功能（避免未来类似违法行为的发生），行政机关在公开之后就需要有一个良好的信息系统，该系统的运行不仅要将风险事件发生时最新信息告知相关部门，还要在风险事件发生前就开展相应的信息收集活动。[1]可以说，个案式公开中就包含了未来潜在违法领域中风险信息，行政机关提供得越详细，就能越早发现端倪，避免或减少各种风险事件造成的损失。个案式公开的形式还可以提醒公众检举，扩大行政机关对获取风险信息的渠道。[2]群众结合个案式公开的处罚决定就可以对相关其他领域的行为进行筛查，及时向行政机关举报类似的违法行为，避免合法权益损失。总而言之，个案式公开处罚决定将每一个信息接收者又发展为潜在的信息点，在现代信息收集技术辅助下，实现对违法行为的预判和精准防范。值得注意的是，在公共警告型处罚决定公开中，行政机关还需要对这些公开方式进行合理架构处理，即确定一种最主要的公开方式，并强调最为重要的信息必须在某一载体上出现，其他的方式则只是居于补充性地位。公共警告型的处罚决定具有紧迫性，行政机关需要结合被处罚的事项发布提请社会公众一般注意或特别注意，这种构建层次明确的公开方式就有助于社会公众快速获取信息，而不必担心遗漏。

（二）公开时机与期限

公共警告型处罚决定公开的时机尤为重要，行政机关需要结合案件辐射范围、严重程度判定具体的公开时间。一般而言，需要行政机关公开处罚决定予以预警的一般是突发事件。这类案件时间上具有紧迫性，应当在第一时间告知公众。但及时是综合主客观因素后作出的判断，其判断因素除信息形成的时间这一客观因素之外，还包括了信息发布之后可能引起的社会反应，

---

〔1〕 参见徐信贵：《政府公共警告的法律问题研究》，法律出版社 2014 年版，第 186~194 页。

〔2〕 如《食品安全法》第 12 条规定："任何组织或者个人有权举报食品安全违法行为，依法向有关部门了解食品安全信息，对食品安全监督管理工作提出意见和建议。"

甚至行政机关对可能发生的结果是否做好应对准备等。[1]行政机关是公共利益的维护者，在公布紧迫性处罚决定时还应当预料社会由此出现的失控局面，这时公开处罚决定自然也是一个衡量过程。需要注意的是，在突发事件面前，行政机关都应当把握好第一时间公布信息的优先性，而应避免让公众陷入恣意揣度、惶恐不安的困顿中。如在"张家口顶善商贸有限公司诉中国银行保险监督管理委员会张家口监管分局等"一案中，河北省高级人民法院再审认为由于行政处罚决定信息所涉承兑汇票和保兑保函金额特别巨大，且涉及当时正在侦查的刑事案件和正在审理的民事案件，涉案主体多，案情敏感，背景复杂。张家口银保监分局选择适时公开张家口顶善商贸有限公司及责任人员相关行政处罚的详细信息是从维护辖区经济金融秩序的角度考虑，符合法律法规规定。[2]基于涉案的特殊性和急迫性，公共警告型处罚决定公开的期限就应根据具体案情等待风险消除之后再终止。

（三）决定公开前的特殊程序

公共警告型处罚决定的公开内容非常详细，其中将包含行政相对人或利害关系人的个人信息，甚至隐私信息；当行政相对人是法人时，还可能涉及其商业秘密。基于权利保护的需要，行政机关在公开处罚决定前就需要采取必要的程序保障。

第一，针对行政相对人的程序保障。在公共警告型处罚决定公开中，告知程序要求行政机关向行政相对人通知与其权益相关的事实、依据及决定的过程；而说明理由则是对该案危及公共利益的部分予以阐释，以作为对其隐私权保护的抗辩。[3]结合所公开的案件事实来看，说明理由需要包括合法性理由与正当性理由。[4]合法性理由要求行政机关公开涉及商业秘密或个人隐

〔1〕　王万华主编：《知情权与政府信息公开制度研究》，中国政法大学出版社2013年版，第203~204页。
〔2〕　参见河北省高级人民法院（2020）冀行申619号行政裁定书。
〔3〕　就说明理由而言，我国并没有统一规范。参考英国说明理由规定，内容包括：其一，概述请求或者纠纷的性质，各方当事人情况，以及关键问题点；其二，将没有异议的事实基础按照编年的方式加以记述；其三，解释该决定所涉及的法律规范和政策背景，这有助于当事人更好地理解行政决定；其四，指出决定所涉及的关键问题，说明如何将特定规则和原则适用于特定案件；其五，给出决定结果。参见宋华琳：《英国行政决定说明理由研究》，载《行政法学研究》2010年第2期。
〔4〕　参见汪全胜、黄兰松：《政府信息公开的说明理由制度探讨》，载《电子政务》2015年第9期。

私时出具法律依据，正当性理由则要求行政机关说明所公开的内容与公共利益的关联度。因为公共警告型处罚决定公开属于应当要公开内容，而无论权利人是否同意。对于行政主体来说，告知是一项义务；对于行政相对人来说，获得告知则是一项程序权利。美国法上针对不利信息发布对相对人的程序保障可供借鉴。研究 1964 年公共卫生署（PHS）所发布的香烟报告（Surgeon General's 1964 Cigarette Report）的过程就可以窥见如何保障行政相对人的程序权利。[1]该报告对香烟行业的不利影响是巨大的，吸引了公众的注意力，PHS在发布报告之前就设置了极为精心的程序。彼时卫生、教育和福利部（HEW）没有制定出与发布香烟报告相关的行政规定，也并无实施细则（什么该说、避免什么陷阱等问题并没交代清楚）。虽然报告中存在诸多矛盾，但被发布后就证实了吸烟就是导致癌症的原因。在发布该报告的过程中，作为深受影响的烟草行业被赋予正当程序权利，包括了参与、投票、说明理由等，充分体现了 PHS 在发布不利信息时进行的必要的程序保障。

　　第二，针对第三人的程序保障。因公开内容的详尽性，公共警告型处罚决定公开有可能会对第三人合法权益造成影响。为保护第三人合法权益，《政府信息公开条例》第 15 条和第 32 条提供了保护依据[2]，"第三人异议"程序也得以在大多数国家建立。[3]不过，行政处罚决定公开程序中告知第三人

---

〔1〕 就报告本身而言，政府在 20 世纪 50 年代中期首次将吸烟同肺癌联系起来，这也得到人口普查局数据的支持（人们开始害怕吸烟而得肺癌）。随后的一年，非营利性机构组织成立，运用大量的数据证实了这一观点，并开始尝试向公众宣称这一观点。1954 年，烟草业委员会成立并调查肺癌的起因，委员会争辩说，吸烟与癌症之间所谓的统计相关性微不足道，在确定致病因素之前，无法提出反对吸烟的理由。1962 年，卫生署在总统的支持下，又成立一个咨询委员会（吸纳了吸烟和健康方面的专家），该委员会独立 PHS，但媒体还是将其视为政府项目。让烟草行业深受困扰的是，报告和它的支撑证据并不符合。咨询委员会并没有采取任何试验或临床研究，也没有新的数据，它仅仅是作为一个评估机构。经过漫长的论证后，这个吸烟报告终于发布。See Ernest Gellhorn, "Adverse Publicity by Administrative Agencies", 86 *Harvard L. Rev.* 1380（1973）.

〔2〕《政府信息公开条例》第 15 条规定在行政机关主动公开处罚决定中，因需要公开商业秘密或个人隐私的，为避免侵害第三方合法权益的，就需要在程序上增加对第三方权益的保障，即告知并征求第三方意见制度。第 32 条又细致规定了对于损害第三方合法权益的，行政机关需要书面征求第三方意见，若行政机关最后决定应当公开的，还需要将公开的政府信息内容和理由书面告知第三方。

〔3〕 如《韩国公共机构信息公开法》第 9 条规定："公共机关认为公开信息的全部或部分会影响到第三人利益的，应及时通知第三人。"《加拿大信息获取法》第 27 条规定："政府机关首长认为，申请公开的记录载有或有理由足以认为申请人申请的信息与第三方的特定信息有关，则政府机关应在申请人提出请求后 30 日内通知第三方。"参见石国亮：《国外政府信息公开探索与借鉴》，中国言实出版社 2011 年版，第 81 页。

与政府信息公开中告知并征求第三方意见程序并不一致，因为公共警告型的
处罚决定属于行政机关应当主动公开的类型，并不需要征求第三人的意见，
但为了尽可能保障第三人权益且遵循正当程序原则，行政机关应当履行告知
义务。第三人还可能存在对于涉及商业秘密和个人隐私的公开。商业秘密和
个人隐私的权利属性表明了其实际上是可以根据权利人意识选择被保护或被
放弃。因此，法律上的权利只要不损害国家、社会和其他个人的合法权益，
权利主体原则上就可以转让或放弃该权利。当行政机关基于重要公共利益的
考虑拟公开涉及第三人商业秘密或个人隐私的政府信息时，行政机关应告知
第三人所公开的具体内容和理由，为第三人采取应对措施预留充足的时间。

三、结果制裁型处罚决定公开

结果制裁型处罚决定公开将会对行政相对人的名誉、信誉、声誉造成损
害，且一经公开就具有不可逆性，加上现代信息传播的跨时空性，制裁效果
还具有不可控性。实践中，制裁型处罚决定公开往往采取了黑名单公示的方
式，主要在交通运输、食品药品安全、税务、工程建设等领域，这些名单包
含了行政相对人个人信息以及违法时间、地点、事实以及处罚结果等相关信
息。不过，惩戒只是手段而非目的，一味地惩戒也有违处罚与教育相结合的
原则和过罚相当原则，而不会单纯使得违法行为彻底消失。因此，结果制裁
型处罚决定公开就需要考量到惩戒的边界，要赋予一定的"弹性"，能给予行
政相对人改过自新的机会，使得执法力度与执法温度并存。

（一）公开的一般程序

实践中对于结果制裁型处罚决定的程序公开的执行有待完善且部分公开
的对象超出了《行政处罚法》所规定的范围，有的公开方式侵犯了行政相对
人的肖像权和个人隐私权。政务网站、报纸、电视、网络等新旧传播媒介都
是这类处罚决定公开的重要手段。在"信用中国"网站和地方信息门户网站
行政处罚信息公示系统的建设下，行政处罚决定公开同黑名单公示、失信联
合惩戒名单公示以及通过"政务公开"栏目进行公示的处罚决定存在重合。
然而，这些公示平台主要针对既有数据化的信息进行表格式罗列，这就可能
导致检索成本增加，若公众想要获取某一个市场主体较为完整的处罚信息，
可能需跨区域、跨平台进行检索，并不利于数据功效和深度利用；也可能因

为处罚决定公开渠道分散与割裂而削弱公开效果。

1. 公开方式

结果制裁型处罚决定公开应以个案式公开为主、群案式公开为辅的方式进行。个案式公开的惩戒效果最为明显，所公开内容也最为详细。根据违法事实、涉及个人隐私或商业秘密、严重程度等，行政机关或通过摘要式公开或通过处罚决定书式公开。如涉及公众人物嫖娼的处罚决定，因涉及个人隐私，公开内容简洁。在反垄断领域执法中，一份行政处罚决定书的内容就将非常详细。[1]除日常的公开处罚决定外，发布行政处罚典型案例也成了行政机关常用的公开方式。[2]通过发布典型的处罚案例，不仅强化了惩戒效果，同时还可对后续行政机关执法行为进行约束。当前，行政执法案例指导制度逐渐吸收了判例的精神、惯例制度合理内核，与司法案例指导制度也相契合。[3]群案式公开的典型方式如批量式的黑名单公布，主要是为了提高行政效率，但为了避免集中公开而导致惩戒效果欠佳，对于网上公示可另辟专栏公示页面，作为特别提请公众注意。比如实践中就有专栏公开，如天津市药品监督管理局《关于修订局行政执法公示制度的通知》（津药监法〔2021〕19号）第12条第3款规定："市局作出的涉及产品质量、'黑窝点'等具有一定社会影响的普通程序行政处罚决定，行政处罚决定书通过网站专栏公示。"这种专栏公示就会更加醒目、以达到惩戒的作用。

2. 公开渠道

一般是通过网站公布，同时会同步更新至全国信用信息共享平台。如国家发展改革委等部门《关于严格执行招标投标法规制度进一步规范招标投标主体行为的若干意见》（发改法规〔2022〕1117号）就要求严格执行具有一定社会影响的行政处罚决定依法公开的规定，并及时推送至全国信用信息

---

〔1〕 如市场监管总局所发布阿里巴巴集团控股有限公司在我国境内网络零售平台服务市场垄断案的行政处罚决定书就长达二十多页，共1.2万余字，包括了当事人基本情况、案件来源及调查经过、本案相关市场、当事人的支配地位、违法事实和依据、行政处罚依据和决定、救济途径等。

〔2〕 如2021年上海市卫生健康委员会、江苏省卫生健康委员会、浙江省卫生健康委员会、安徽省卫生健康委员会联合印发了《长三角区域卫生监督联动执法实施办法（试行）》（沪卫监督〔2021〕3号），其中第11条就要求建立长三角区域卫生健康行政处罚典型案例库。典型案例库案例可支持区域内卫生健康行政执法人员办案参考引用。上海市市场监督管理局在《2021年政府信息公开工作年度报告》中就指出其在2021年度发布了处罚典型案件112件。

〔3〕 参见胡斌：《行政执法案例指导制度的法理与构建》，载《政治与法律》2016年第9期。

共享平台和公共资源交易平台，同步通过"信用中国"网站依法公示。属于具有一定社会影响的处罚决定，除按照一般公开程序在网上公示外，还需要同步更新到信用信息平台（在大多数地区中这两个平台是一致的），以实现联合惩戒目的。[1]此外，还有通过新闻发布会进行公示。该方式的特点在于对重大的处罚事件进行集中专项公布，一方面反映案件的重要性，另一方面使得公开主体能够及时对公开内容进行解读，便于公众理解，不过这种方式的成本较高，效率性可能会被大打折扣。新闻发布会方式可以作为特殊的公示方式的类型之一，但通过公共场所显示屏进行公开或通过"喇叭式"循环公开等不合理的方式则应当减少甚至杜绝。

3. 公开的时机与期限

结果制裁型处罚决定公开的时机将直接影响公开的制裁效果。比较两种公开方式，个案式公开的负面影响显然将大于群案式公开，若依法在作出行政处罚决定公开的 7 个工作日内就予以公开，那一经公开，负面效应即刻产生。原则上，该类型下公开的时机应当遵循在行政处罚决定作出之后的 7 个工作日内予以公开，但同时行政机关还应当预留权利救济所产延长的时间。[2]不过，实践中会存在行政机关在法定 7 个工作日内按照个案或群案公开之后，又在后续的某一时间段内再次公开处罚决定。对比 2022 年 9 月 12 日平安北京通过官方微博公开"李某某嫖娼案"和 2022 年 5 月 28 日广州市市场监督管理局在其官方网站上公开对演员景某违法广告代言行为作出行政处罚的时机发现，这两类案件均是涉及公众人物的公开，无论从行为标准还是从主体标准判断，该两种处罚决定均属于具有一定社会影响的处罚决定。在公开时机上两类案件却并不相同，就李某某案件来说，北京警方公开李某某案件是在李某某已被依法执行行政拘留后的再次公开，且此案并不是专门针对李某某嫖娼案的查处，而是北京警方在侦破其他违法犯罪案件中顺带查获，北京警方公布该案件在属性上则应属于一个新的公开行为。但对于景某案件来说，

---

[1]　就是否同步信息时，部分地区也进行了一些变通修改，如浙江省人民政府《关于贯彻落实〈中华人民共和国行政处罚法〉推进法治政府升级版建设的若干意见》（浙政发［2022］17 号）》中就要求"对具有一定社会影响的行政处罚决定可以在企业信用信息公示系统等专业公示系统上公开"。这里的同步公开则采取的是"可以"，不是"应当"。

[2]　如为最大限度给予行政相对人权利救济的途径，行政机关应当在作出公开的处罚决定之前告知并说明理由，允许行政相对人提起反信息公开诉讼等，该部分内容将在公开决定执行前的程序保障中进行详细阐述。

广州市市场监督管局是在案件查清之后，直接对景某作出行政处罚并进行公开，并未在等待景某被执行完罚款后才予以公开。问题在于，行政机关的第二次公开行为的属性已然不同于第一次公开。目前处罚决定公开的规范体系中并没有授予或禁止行政机关再次公开已经被公开的处罚决定，根据第二章所述，第一次公开行为应当属于行政准法律行为，而第二次公开行为则相当于是一个新的行政处罚。基于对行政行为属性的判断，行政机关的公开程序以及行政相对人的救济权利也将对应发生变更。

结果制裁型处罚决定公开的时间持续性将影响制裁公开惩戒的效果，考虑到处罚信息信用应具有修复机制的机会，行政机关就应当严格把控公开期限。行政处罚决定公开的期限在实践中容易同黑名单的公示期限相冲突，如《药品安全"黑名单"管理规定（试行）》第 11 条的规定。[1]2019 年，国家发展改革委办公厅发布了《关于进一步完善"信用中国"网站及地方信用门户网站行政处罚信息信用修复机制的通知》（发改办财金〔2019〕527 号）（以下简称 2019 年《行政处罚信用信息修复通知》）将行政处罚信息公示期限设置为一般失信和严重失信，并分别设置了公示期限。[2]参照该标准，本书认为结果制裁型处罚决定的公开期限可对"具有一定社会影响"中"一定"的程度划分为"一般程度的一定"和"严重程度的一定"并分别采取"3+1"和"6+3"的公开期限。规章亦会根据本部门或本地特殊情况在期限上进行变通。[3]如果按照行政处罚决定公开的范围，处罚数额属于行为标准中对结果严重性的判断，诸如"通报批评"或"较低数额罚款"等处罚结果

---

〔1〕《药品安全"黑名单"管理规定（试行）》第 11 条规定："在'药品安全"黑名单"专栏'中公布违法生产经营者、责任人员的期限，应当与其被采取行为限制措施的期限一致。法律、行政法规未规定行为限制措施的，公布期限为两年。期限从作出行政处罚决定之日起计算。"

〔2〕 2019 年《行政处罚信用信息修复通知》规定："涉及一般失信行为的行政处罚信息自行政处罚决定之日起，在信用网站最短公示期限为三个月，最长公示期限为一年。涉及严重失信行为的行政处罚信息自行政处罚决定之日起，在信用网站最短公示期限为六个月，最长公示期限为三年。最长公示期限届满的，信用网站将撤下相关信息，不再对外公示。法律、法规、规章另有规定的从其规定。"

〔3〕 如浙江省市场监督管理局、浙江省药品监督管理局关于印发《关于明确行政处罚信息公示中适用"较低数额罚款"标准的暂行规定》的通知（浙市监法〔2022〕3 号）规定："根据《市场监督管理行政处罚信息公示规定》第十三条第一款的规定，仅受到通报批评或者较低数额罚款的行政处罚信息自公示之日届满三个月的，停止公示。本省范围内上述"较低数额罚款"的标准是：对自然人处以五千元（不含本数）以下的罚款，对法人或者其他组织处以五万元（不含本数）以下的罚款。"

实际上并不严重，就不应当作为行政处罚决定公开的范围。

（二）公开的特别制度

被判定为结果制裁型处罚决定公开后，若要发挥惩戒功能就应当对涉及身份性信息公开，这就可能侵犯行政相对人的隐私权、个人信息权。当权利受到侵害时，行政机关就应当告知行政相对人有申请听证的权利。执法监督型处罚决定公开和公共警告型处罚决定公开中对行政相对人或第三人程序的保障仅为告知和说明理由，而非申请听证。原因在于，结果制裁型的处罚决定在现代传媒下的传播速度迅速，负面影响不可撤回、声誉修复难度非常之大。行政相对人仅仅依靠事后救济，难以实现及时、全面的权利救济。针对信息公开的不可逆性和信息传播的不可控性，需要建立特别制度加以保障。在公开决定作出后到公开决定执行前的时间属于行政相对人提请复议、诉讼的时间，公开决定应当中止。通过这种程序上的分流保护，才能从实质意义上保障行政相对人的救济权利。

第一，处罚决定公开的作出与处罚决定公开的执行应分离。实践情况下，当行政机关确定某一行政处罚决定应当公开后，按照前述的公开时机，就将由该行政机关在7个工作日内进行执行，并未给行政相对人增加提出异议的期限。事实上，《政府信息公开条例》就为第三人设置了异议期限，但结果制裁型处罚决定主要针对具体行政相对人，而对第三人造成的负面影响较小。域外立法中关于设置第三人异议期限可作为经验参考，如日本有给予第三人两周的间隔时间、加拿大设置了20日间隔期等。[1]因此，将公开决定的作出与公开决定的执行分开并在两者之间设定相当长的间隔期，就等于设置了一个缓冲期。考虑到行政处罚决定的数量之广，本书认为结果制裁型处罚决定公开的缓冲期可设置为10个工作日，在此期间，若行政相对人成功获得了救

---

〔1〕《日本行政机关拥有信息公开法》第13条第3款规定："被给予提出意见书机会的第三人提出反对公开该行政文件的意见书的，行政机关的首长在作出公开决定时，在公开决定之日与实施决定之日之间至少应设置两周的间隔时间。行政机关的首长在作出公开决定后应立即以书面方式将公开决定的内容和理由以及公开决定的实施日通知提出该反对意见书的第三人。"《加拿大政府信息公开法》第28条之（1）与（4）规定，行政机关在听取第三人意见后，应在拟公开告知书送达后的30日内作出公开或不公开涉及第三人权益的政府信息的决定，并以书面形式送达；如果行政机关负责人决定公开相关政府信息的，应当在送达该公开决定书的20日之后向申请人公开相关信息，但第三人在20日内已经提起行政诉讼、请求司法审查的除外。参见杨登峰：《政府强制公开第三人信息程序之完善》，载《法学》2015年第10期。

济，就能避免其个人信息被公开。

第二，行政相对人寻求救济后应中止处罚决定公开的执行。长期以来，我国的行政复议和行政诉讼都遵循以不停止执行为原则，停止执行为例外。[1]我国确立不停止执行原则的原因主要在于立法者认为法律秩序的稳定和行政管理的有效进行是法院应当严肃关注的重点，基于对国家和社会公共利益的维护，行政行为就应不停止执行。[2]但随着行政惩戒手段增加和亟待法律保护的权益愈加丰富，我国行政救济制度中暂时权利保护的具体措施需要进一步完善。行政处罚决定一经公开实际上就具有了执行效果，所造成负面影响并非可以按照传统行政复议或行政诉讼的方式获得同等救济（若进入赔偿阶段，如对于法人及非法人组织的信誉损失的赔偿范围就难以计算），公开是不可逆的。因此，若行政相对人在公开决定作出到公开决定执行的 10 个工作日内（缓冲期）寻求行政救济的，行政机关的公开决定就不得执行。只有在行政相对人寻求救济期间停止公开处罚决定的执行，才能彰显公开决定的作出与公开决定的执行相分离的程序价值，保障实效救济。

（三）执行公开决定前的程序保障

为充分保障行政相对人的救济权利，根据公开决定的作出与公开决定的执行相分离制度，可以将作出到执行处罚决定这段时间分为两个阶段。第一阶段是公开决定作出前，第二阶段是公开决定作出后到公开决定执行前。在第一阶段，行政机关在作出公开决定之前需要遵循正当程序原则，即告知行政相对人并说明拟公开的理由，说理之后，行政机关可赋予行政相对人听证的权利；在第二阶段，当行政机关作出公开处罚决定后，行政相对人就具有寻求行政救济的权利，如提出异议声明的权利、提起反信息公开诉讼。

---

〔1〕 2017 年《行政复议法》第 21 条规定："行政复议期间具体行政行为不停止执行；但是，有下列情形之一的，可以停止执行：（一）被申请人认为需要停止执行的；（二）行政复议机关认为需要停止执行的；（三）申请人申请停止执行，行政复议机关认为其要求合理，决定停止执行的；（四）法律规定停止执行的。"《行政诉讼法》第 56 条规定："诉讼期间，不停止行政行为的执行。但有下列情形之一的，裁定停止执行：（一）被告认为需要停止执行的；（二）原告或者利害关系人申请停止执行，人民法院认为该行政行为的执行会造成难以弥补的损失，并且停止执行不损害国家利益、社会公共利益的；（三）人民法院认为该行政行为的执行会给国家利益、社会公共利益造成重大损害的；（四）法律、法规规定停止执行的。当事人对停止执行或者不停止执行的裁定不服的，可以申请复议一次。"

〔2〕 参见许炎：《行政救济法上不停止执行原则的再思考》，载《行政法学研究》2006 年第 1 期。

第一，公开决定作出前的告知、说明理由及听证。作为行政公开制度的重要内容和现代行政法的基本制度，告知并说明理由程序同样需要被应用于结果制裁型处罚决定公开中，并且这种说理的程度区别于公共警告型处罚决定公开的地方在于公共警告型公开重点应就公开处罚决定是为保护公共利益进行说明，而结果制裁型说理在于公开处罚决定是具有一定社会影响的。根据《政府信息公开条例》的相关规定，我国实质上建立的是拒绝公开说明理由制度。简言之，行政机关只有在作出不予许可、不予公开等行为时，才会引发说明理由的义务。但对于结果制裁型处罚决定来说，行政机关在作出该决定是"具有一定社会影响"的判断后，即引发公开的行为，在可能对行政相对人的个人信息、隐私、名誉等造成损害的前提下，2021 年《行政处罚法》却并未对其规定说明理由的义务。从制度运行的社会效果而言，应当完善决定公开案件说明理由制度，一方面，社会公众可以明确被公开的处罚案件其公开的意义和价值，提升社会公众法律意识、底线意识、自律意识，起到法治宣传教育的作用。对被处罚者来说，能够促使其理解行政处罚、积极履行被处罚义务以及为依法寻求救济指明方向。另一方面，通过说明理由制度对案由进行介绍也方便社会公众进行监督，使行政机关依法办案、遵循程序、合理裁量，提升执法能力和执法效果。告知并说明理由在现代法治国家关于行政程序立法例中都已经成为一项普遍的制度和权利，通过行政机关的书面说明对行政正当理由进行论证，让当事人知悉并理解行政决策，防止行政自由裁量中的恣意。除应告知行政相对人并说明公开的理由外，行政机关还应当告知其具有听证的权利，这同样适用于对超过法定公开期限之外的又将处罚决定再次公开的情形。

第二，公开决定作出后的异议声明。这是当行政机关拟作出公开决定后，行政相对人若不服可以在作出处罚决定后的 10 个工作日（缓冲期）内向行政作出公开决定的行政机关申请复查、复核的一种行政救济程序。它可以为行政相对人在复议、诉讼等常规救济手段之外提供一个新的救济途径，且程序上又较为简单。行政相对人不服行政行为向原行政机关声明异议的方式在大陆法系国家中普遍存在，这种异议审查制度被称为行政声明异议制度。[1]如日本《行政不服审查法》第 3 条第 1 款提供的审查共有三种：审查请求、异

---

〔1〕　赵旭东等：《黑名单制度》，中国法制出版社 2018 年版，第 287 页。

议申诉、再审查请求。[1]德国《行政法院法》将声明异议和诉愿（复议）作为诉前程序，规定当事人在向行政机关起诉前必须上述前置程序。这种向原作出决定的行政机关提起复核程序的规定，实则是给双方提供了一个缓和期，相比直接复议或诉讼后的被动结果，这种声明异议制度能弥补行政救济制度的内在化方面，完善行政相对人权益保障体系化。[2]

第三，执行公开决定前的反信息公开诉讼。在美国行政法中，存在一种反情报自由法的诉讼，是指向行政机关提出信息的人，提起诉讼禁止行政机关向第三者提供他向行政机关提供的秘密信息。[3]借鉴这一制度，我国可探索建立反信息公开诉讼。反信息公开诉讼与一般政府信息公开诉讼的不同之处在于原告的目的不是申请公开某一信息，而是要求不予公开该信息。反情报自由法的诉讼在美国多被用于保护商业秘密，一般由企业或公司提出。原因在于，在行政管理过程中，企业会积极配合政府提供相关信息，政府由此就获得了诸多与该企业相关的信息，包括商业秘密等。一些商业竞争对手就想通过申请政府信息的方式来获取对方的商业秘密，因此，被申请公开的企业就可以提起反情报自由法的诉讼作为其信息保障的有效手段。反信息公开诉讼的设立可以有效实现对个人隐私的保护，尤其对结果制裁型处罚决定公开来说，该类公开涉及公共利益的因素可能较小，行政机关较多地倾向于加强对行政相对人的威慑。值得注意的是，由于信息公开的不可逆转性和不可控性，反信息公开诉讼的起诉时机非常重要。如果起诉过晚，信息公开造成的损害难以挽回，起诉便毫无意义；如果起诉过早，可能违背行政诉讼法上的"成熟原则"。[4]应用于行政处罚决定公开，反信息公开诉讼提请的时间应当在处罚决定公开作出之后、执行之前。从当事人权益保护的角度，只要行政相对人收到行政机关拟决定公开其处罚决定的通知就可以提起诉讼。

---

[1] 审查请求是向作出或不作为行政机关的直接上级行政机关提出申诉，异议申诉是指向原作出或不作为行政机关申诉，再审查请求则是对不服已作出裁决后提出的申诉。参见〔日〕中西又三：《日本行政法》，江利红译，北京大学出版社 2020 年版，第 249~250 页。

[2] 参见张淑芳：《行政声明异议制度研究》，载《法律科学（西北政法学院学报）》2005 年第 2 期。

[3] 这种诉讼的目的和情报自由法规定的公开行政机关的信息的目的相反，所以被称为反情报自由法的诉讼。王名扬：《美国行政法》，中国法制出版社 2005 年，第 1006 页。

[4] 参见李广宇：《反信息公开行政诉讼问题研究》，载《法律适用》2007 年第 8 期。

第三节　行政处罚决定公开后的程序保障

无论是按照何种程序进行公开的处罚决定，当公开决定执行完成之后，行政机关还需要考量公开行为效力变更的后续程序走向、既有公开行为同实际社会效果之间关系处理等问题。随着社会不断发展和进步，彼时被认定为具有一定社会影响需要公开的处罚决定在此时可能不再具有价值性，这就需要行政机关时刻保持对公开内容的敏感性，这也是"回应型法"理念的要求。[1]法律作为一种调整社会关系的手段，起源于社会，也终将落脚于社会。在行政处罚决定公开中，公开不是目的，而是手段。当公开行为执行完之后是否意味着该违法行为所造成的社会影响已经结束，行政机关不能仅着眼于公开行为，需要判断行政处罚决定公开的目的是否达成，以根据社会具体情况及时调整法律适用。当行政处罚决定公开后，行政机关应转而对其公开效能进行评估，实时观测其规范功能和实际功能是否匹配。针对公开行为效力发生变动应及时撤回、降低传播影响，对于不符合当下政策要求的处罚决定公开应当启动及时清理程序，同时辅之以处罚信息信用修复机制来实现"回应型法"之理念。

一、撤回并说明理由

2021 年《行政处罚法》第 48 条第 2 款规定了行政处罚决定公开的救济方式。[2]该条款适用的前提是已经被公开的行政处罚决定效力发生变更，要求行政机关限期撤回同时说明撤回理由。该款在适用中将涉及如下三个方面的问题。

第一，行政处罚决定效力变更的情形。该条款规定了四种情况即行政处

---

〔1〕 "回应型法"之宗旨在于力求能说明法是怎样适应社会需求、解决现实问题，主张用"软性法治"取代"硬性法治"；同时提出了三种法律类型，即"压制型法"（对业已成为历史的法的追求）、"自治型法"（对现行法制的描述）以及"回应型法"（作为改革方向的规范模式）。作为法律高级阶段演进的目标，"回应型法"在扩大法律相关因素范围的前提下，强调对各种社会矛盾作出及时回应，不仅关注程序正义同时关注实体正义的法律范式。参见〔美〕P. 诺内特、P. 塞尔兹尼克：《转变中的法律与社会：迈向回应型法》，张志铭译，中国政法大学出版社 2004 年版，第 31~117 页。

〔2〕 2021 年《行政处罚法》第 48 条第 2 款："公开的行政处罚决定被依法变更、撤销、确认违法或者确认无效的，行政机关应当在三日内撤回行政处罚决定信息并公开说明理由。"

罚决定被变更、被撤销、被确认违法或者被确认无效。此处能改变行政处罚决定效力的主要是通过行政机关自行纠错，或行政相对人通过复议、诉讼等救济措施后，由复议机关或人民法院改变行政处罚决定效力。基于行政行为的公定力与执行力，行政行为一经作出即刻生效，不因行政相对人寻求救济措施而中止。与行政机关恢复社会秩序的义务相比，行政相对人寻求行政救济是其权利，权利就存在被放弃的可能。经撤回后，行政机关的说理义务就在于对行政处罚决定效力变更的解释。若撤回属于行政机关责任，行政机关就应积极消除公开所造成的不良影响。对于已经公示上网的，行政机关还需要作明标注。

第二，撤回的期限计算。根据《行政处罚法》第 85 条，该条款中的"三日"应当是工作日。由于行政处罚法并未对起算期限，参考民法典之规定，开始的当日不计入、截止时间为最后一日的 24 小时（节假日顺延），对"三日"的期限最长可为 10 日。此外，在行政机关决定撤回前，还需要经过变更、撤销、确认违法或确认无效等程序，这实则将再次延长公开的时间。

第三，行政处罚决定公开违法的赔偿。在行政处罚决定公开中，行政机关可能存在两类违法行为：一是行政处罚决定违法；二是行政机关公开行为违法。由于行政处罚决定公开有加重惩戒性之可能，就将涉及行政赔偿，若错误的公开行为传播范围越大，行政赔偿责任也应加重。[1]根据违法情形的不同，对行政执法人员的追偿责任也应分别进行。值得深思的是，第 48 条第 2 款看似为行政机关提供了一个自我纠错、弥补损失的机会，但已经公开的行政处罚决定对行政相对人的负面影响已经造成，通过行政赔偿能否有效实现救济难以断定，毕竟名誉与财产是完全不同的价值利益。[2]

二、及时清理

考虑到信息时代下公开处罚决定之后想完全清除相关印记的行为难以实现，因此启动对已公开处罚决定的及时清理就尤为重要。处罚公开及时清理

---

〔1〕 参见袁雪石：《中华人民共和国行政处罚法释义》，中国法制出版社 2021 年版，第 293 页。
〔2〕 《国家赔偿法》第 32 条规定："国家赔偿以支付赔偿金为主要方式。能够返还财产或恢复原状的，予以返还财产或恢复原状。"

制度实际上是对相对人被遗忘权的保护，因为"对于人类而言，遗忘一直是常态，记忆才是例外"。[1]同时，清理程序启动之前需要行政机关判断所公开的行政违法行为的负面社会影响有没有在一定程度上得到缓解或消除。实践中，以委托第三方就政务公开或政府信息公开工作进行评估为大多数地方政府采取，专业评估机构根据政府门户网站所公开的数据、自报材料和年度工作报告等开展评估，及时发布了评估结果。[2]通过评估结果就可以判断行政处罚决定公开的问题和效果，引导行政机关采取相应的清理措施。因此，为被遗忘权在我国的发展预留空间，经对公开效果评估后，行政机关就应及时主动清理处罚信息。

（一）基于对被遗忘权的保护

与在网络上披露信息同样重要的是对及时删除或屏蔽信息技术的研发。对行政相对人来说，消除不良印记是基于对其被遗忘权的保护。[3]当违法行为所破坏的社会秩序被恢复、造成的损失被赔偿后，对过时的行政处罚决定就应当及时删除，使得时下重要的信息能引起社会公众的注意，而非始终充斥着不相关的信息。被遗忘权起源于欧盟《一般数据保护条例》第17条规定的"被遗忘与删除权"。[4]当该权利被引入我国后，学界围绕该权利产出了丰硕的成果。[5]在欧盟法上，被遗忘权所作用的对象是自然人，在大数据时代对个人信息的保护实为困难时，自然人就应当享有及时要求网络服务提供

---

〔1〕　［英］维克托·迈尔-舍恩伯格：《删除：大数据取舍之道》，袁杰译，浙江人民出版社2013年版，第6页。

〔2〕　陈锦：《我市部署政务公开第三方评估迎检工作》，载《湘潭日报》2022年10月31日；《2015年政府信息公开第三方评估报告》，载http://www.gov.cn/xinwen/2016-06/01/content_5078660.htm，2024年7月4日访问。

〔3〕　被遗忘权是指信息主体有权要求网络信息服务提供者删除或屏蔽相关不利的自身个人信息，其仅适用于网络信息领域的，针对的是已发布在网络上的、一般人可见的特定信息，包括不恰当的、过时的、会导致信息主体社会评价降低的信息。参见杨立新、韩煦：《被遗忘权的中国本土化及法律适用》，载《法律适用》2015年第2期。

〔4〕　其具体内涵在于"数据主体享有要求控制者删除其个人数据的权利，并明确了在6种情形下，数据主体可以行使该权利"。

〔5〕　相关研究参见王凌皞：《"被遗忘"的权利及其要旨——对"被遗忘权"规范性基础的批判性考察》，载《华东政法大学学报》2021年第5期；薛杉：《被遗忘权制度的借鉴与司法探索——以中欧被遗忘权首案为视角》，载《法律适用》2020年第8期；蔡培如：《被遗忘权制度的反思与再建构》，载《清华法学》2019年第5期。

者删除有关的信息、及时中断信息的传播链。事实上，随着我国个人信息保护相关利益的完善，不少法律法规及规定实质上包含了"被遗忘权"的内容，如《个人信息保护法》在《网络安全法》第43条的基础上〔1〕，对个人信息的删除权进行了补充和完善，将个人信息处理者删除、销毁的活动纳入关于个人信息处理活动的规制范围，不仅在表述上接近欧盟被遗忘权，更为我国在实践中建构"失信信息被遗忘权"奠定了坚实的立法基础。从公开效果看，行政处罚决定一经公开，其隐私信息则不再具有隐私利益，将无法撤回，被遗忘权的创新之处恰在于给予了已经公开的信息撤退回到隐私领域的可能。毕竟，只要时间够久，再严重的违法行为的社会影响力也都会随之消弭。被遗忘权实质上就是给予了行政相对人获得谅解、维持自尊的机会，使得其能有机会重新立足于社会中，不至于永久性被贴上违法之标签。

(二) 及时清理的具体程序

及时清理已公开的行政处罚决定是一种灵活的程序设计，包括了公示期限届满自动清理以及在公示期限届满前行政机关的主动移除。在行政执法决定公示阶段，行政处罚决定公开的期限一般为5年。在现有行政处罚决定公开的法律规范文本中，已有处罚信息保留期限的相关规定。〔2〕正如前文所言，这种公示期限的设计不仅可以避免对行政相对人的公示成为形式化而丧失原本制裁效果；又不会过分剥夺行政相对人的合法权益让其不堪重负，符合现阶段包容审慎监管的核心理念。公示期限届满后，行政机关就应及时在相关网站上移除公开的行政处罚决定。对于行政机关的主动移除则可视为一种激励机制，类似在刑罚执行中，对受刑人通过自首、立功、悔过表现等积极争取减刑之理念；或在行政处罚中，给予行政相对人在法定处罚方式之内和处罚幅度的最低限度以上，通过减免条件的考量所作出低于原行政处罚的一种

---

〔1〕《网络安全法》第43条规定，个人发现网络运营者违反法律、行政法规的规定或者双方的约定收集、使用其个人信息的，有权要求网络运营者删除其个人信息；发现网络运营者收集、存储的其个人信息有错误的，有权要求网络运营者予以更正。网络运营者应当采取措施予以删除或者更正。

〔2〕例如《工商行政管理行政处罚信息公示暂行规定》（已失效）第14条规定："行政处罚信息自公示之日起满5年的，记录于企业信用信息公示系统，但不再公示。"《上海市行政处罚案件信息主动公开办法》第13条第1款规定："行政处罚案件信息主动公开满5年的，不再主动公开。被处罚当事人是自然人的，主动公开满2年的，不再主动公开。"

措施。[1]总之，这种在法定公示期内行政机关主动移除的行为就体现了公示期限的"弹性化"，也是行政机关宽严相济执法理念的体现。

三、处罚信息信用修复

由于公示后的行政处罚决定将作为失信信息被录入信用平台中，行政相对人就成为失信主体，若行政相对人在行政处罚决定公示期限提出修复申请，就涉及处罚信息信用修复的问题。随着我国社会信用体系建设不断深入，在强调失信联合惩戒机制的重要性时，信用修复也同样引起重视。[2]经修复后，失信主体的权益得到保障、信用得以重塑，为其长远发展提供方法和路径。根据中央相关法律和政策文件，纠正失信行为和消除不良影响就可被视为信用修复的基础性条件。[3]在行政处罚信息修复中，2019 年《行政处罚信用信息修复通知》指出，行政处罚信息信用修复应当按照一般失信行为、严重失信行为、特定严重失信行为三个层级分别采取特定修复方法。此后，信用修复管理办法相继在能源行业等市场主体中建立起来。[4]2021 年 5 月 12 日，国家发展改革委向社会公布了《信用修复管理办法（试行）（征求意见稿）》，这是信用修复首次作为单独的机制建设被提升至国家法律法规层面，标志着信用修复机制建设正站在新的起点。结合地方失信信息修复的相关规范及实践中的做法，目前信用修复方式可归纳为两种。

（一）删除式修复

删除式修复是指信用修复机构通过删除失信信息来恢复其信用，也是各

---

〔1〕　参见赵旭东等：《黑名单制度》，中国法制出版社 2018 年版，第 220~222 页。

〔2〕　2016 年 5 月，国务院印发的《建立完善守信联合激励和失信联合惩戒制度加快推进社会诚信建设的指导意见》概括性地将"纠正失信行为、消除不良影响"两项要件作为信用修复的前提条件。2020 年 12 月，国务院办公厅《关于进一步完善失信约束制度 构建诚信建设长效机制的指导意见》再次指出："除法律、法规和党中央、国务院政策文件明确规定不可修复的失信信息外，失信主体按要求纠正失信行为、消除不良影响的，均可申请信用修复。"

〔3〕　郑依彤：《信用修复机制选择的困境与破局——以工具理性和价值理性平衡为方法》，载《华东政法大学学报》2022 年第 5 期。

〔4〕　如 2019 年国家能源局印发了《能源行业市场主体信用修复管理办法（试行）》（国能发资质〔2019〕22 号），2021 年国家市场监督管理总局印发了《市场监督管理信用修复管理办法》等。在地方性法规中，以"行政处罚信息信用修复"为标题在北大法宝"法律法规"库中检索，得到 14 部地方规范性文件，包含应急管理、市场监督管理、交通运输、住房和城乡建设等领域，检索时间为 2024 年 7 月 4 日。

地采用的最普遍的修复方式。应当注意的是，此处的"删除"并非彻底地从信用信息档案库中删除，而是对信用修复信息撤销公示，或称"下架"更为形象，被下架的信息将和信用修复记录一并纳入信用档案。[1]这可以适用在一般失信行为的行政处罚决定中，其具体流程为：修复申请人向信用网站提出申请，提供相关身份材料和已履行行政处罚材料；公开作出信用修复承诺；信用网站进行核实；信用网站在最短公示期届满后撤下公示信息。对于涉及严重失信行为的行政处罚决定，修复申请人除参照一般失信行为行政处罚信息信用修复要求外，应主动参加信用修复专题培训，并向信用网站提交信用报告，经信用网站核实后，在最短公示期届满后撤下公示信息。[2]

（二）标注式修复

标注式修复是指失信主体履行修复条件后，信用修复机构在失信信息上进行已信用修复的标注，如"已整改到位，不作为联合惩戒"等字样，原失信信息将和标注信息一并公示。[3]这一方式可以适用于涉及特定严重失信行为的行政处罚决定。[4]考虑到违法行为的严重性，修复申请人在处罚决定公示期间就不能进行修复。但当公示期届满时，就可以采用标注式修复手段。实践中，标注手段也呈现出多样化。例如，信用江苏实行的多色标注法，将企业划分为五个信用等级，守信、一般守信、一般失信、较重失信和严重失信分别对应绿色、蓝色、黄色、红色和黑色企业，按照该思路和方法，信用修复也可通过阶梯形修复得以实现。[5]但是，删除失信信息能够使信用主体

---

〔1〕 如《能源行业市场主体信用修复管理办法（试行）》第10条。

〔2〕 具体要求参见国家发展改革委办公厅、人民银行办公厅《关于对失信主体加强信用监管的通知》（发改办财金〔2018〕893号）。

〔3〕 如《三亚市法人和自然人信用修复管理办法（试行）》（已失效）第10条、《浙江省公共信用修复管理暂行办法》（已失效）第13条。

〔4〕 根据2019年《行政处罚信用信息修复通知》的规定，这类行政处罚决定多是关于食品药品、生态环境、工程质量、安全生产等领域被处以责令停产停业，或吊销许可证、吊销执照的；因贿赂、逃税骗税、恶意逃废债务、恶意拖欠货款或服务费、恶意欠薪、非法集资、合同欺诈、传销、无证照经营、制售假冒伪劣产品和故意侵犯知识产权、出借和借用资质投标、围标串标、虚假广告、侵害消费者或证券期货投资者合法权益、严重破坏网络空间传播秩序、聚众扰乱社会秩序等行为被处以责令停产停业，或吊销许可证、吊销执照的行为。

〔5〕 参见《江苏省企业环保信用评价暂行办法》（已失效）。

"变回一张白纸"，对于失信主体来说是修复效果最为直接且显著的一项修复方式。两者相较，一味地删除失信信息可能会侵害大众的知情权，而仅标注不删除虽然能保护失信人不受信用惩戒的限制，仍然会使信用主体受潜在的声誉影响。

结 语

　　20 世纪中期以来，各国陆续从传统社会迈向信息社会与风险社会，行政实践发生了深刻变化，行政法的变革和行政法的转型成为法律人的共识。[1] 不过，围绕控制权力和促进公共利益这一传统主题的研究始终未变。权力的控制和公益的促进并非对立，作为中央执法体制改革的重要成果，毫无疑问，行政处罚决定公开是一项成功的制度设计。就控制权力而言，行政处罚决定公开在实体和程序上推动了行政处罚权的规范行使；就促进公共福利而言，行政处罚决定公开能在风险社会下及时预防研判。以上两种功能体现了行政处罚决定公开作为"权利"之显现，而其所具备的惩戒功能和教育功能则可使它作为"权力"产生制裁之威慑效应。实践中存在诸多对其功能的怀疑之声，立足我国法治环境，行政处罚决定公开功能之间并非互斥关系，采取何种偏向则需要行政机关结合具体行政任务进行考量。

　　作为行政处罚法上的一项新制度，目前行政机关对行政处罚决定公开运用得并不纯熟，有时出现误用、与解决社会问题不匹配、效率低下而难以实现管理目的的弊端。2021 年《行政处罚法》第 48 条作为行政处罚决定公开的总则性规定，在明确行政机关的公开义务的同时也扩大了行政机关的裁量空间。剖析"具有一定社会影响"的概念类型，它明显属于规范性概念，要求执法者在个案中进行判断，也即执法者应当在具体情况下判断该情况是否符合有关的价值标准。行政处罚决定公开同时还具有特殊性、专门性的规范依据，这就要求行政机关在尊重 2021 年《行政处罚法》总则地位的前提下，结合个案分别适用。在关注处罚决定公开在技术层面的法解释的同时，也应当重视对该制度理论层面的探讨，否则它便缺乏价值性。

---

　　[1] ［美］理查德·B. 斯图尔特：《美国行政法的重构》，沈岿译，商务印书馆 2011 年版。

　　行政处罚决定公开与传统行政行为一样，也容易出现权力滥用与侵犯公民权利的问题。因为公开行为首先就是针对个体开展的否定性评价。即使公开也会产生其他目的和价值，但是行政机关公开曝光违法行为人的目的非常明显。这就需要对该行为之属性加以剖析，以确定具体公开的范围和程序，保障行政相对人的救济权利。基于行政处罚决定公开的复杂形态，将其笼统地归于某一类行政行为是极其困难的，类型化就是对其静态与动态总结后的科学解决方案。而寻找一种理性地判断行政处罚决定能否予以公开的方法还需要未来持续研究。不过，理性究竟能走多远值得深思。参考韦伯所言，他给出了四种人们做出社会行为之方法，除工具理性之外，无论是价值理性、情绪性还是传统约定俗成的习惯都是非理性的。[1]可见，理性只能被无限接近，纯粹理性几乎不能。斟酌是否公开以及如何公开时就需要审慎衡量不同价值、缓和利益冲突，争取在个案中实现个人利益与公共利益的平衡。

　　必须承认信息时代下行政处罚决定公开的生命力更加旺盛，行政处罚决定这类重要信息不再仅是由行政机关独享，这种公之于众的行为顺应了政社共治的趋势。除行政处罚决定公开外，食品安全警示、违法广告公示、"黑名单""红黑榜"等信息披露工具越来越多，加之信息技术与信息产业的发达，行政机关获取和处理信息能力又明显强于社会公众，权力的负面影响就难以避免。《政府信息公开条例》实施之后，保障知情权就成为我国立法、执法、司法所维护的价值观念，但信息规制工具的突起与对个人信息保护的增强，也需要对知情权的保障理念进行反思，即倡导完全公开是否真的有助于保障知情权，还是应当从实质上明确社会公众知之必要和知之程度。因为行政机关不仅需要最大限度维护公共利益，同时也需要考量执法成本和避免对个人利益造成不必要损害。对于行政处罚决定来说，行政机关应当在公开之前进行筛选，否则信息惠民的目的实现不能，反而异化为侵犯权利之工具。数字时代打破了记忆和遗忘的平衡局面，人们利用数字存储让记忆永存，却使得遗忘被困于现实。在信息永存的时代下，人们更应当记得遗忘也是一种美德。

---

　　[1]　参见［德］马克斯·韦伯：《经济与社会》（第2卷），阎克文译，上海人民出版社2010年版，第114页。

参考文献

一、著作类

（一）专著

1. 杨解君：《秩序·权力与法律控制——行政处罚法研究》（增补本），四川大学出版社 1995 年版。

2. 何建贵：《行政处罚法律问题研究》，中国法制出版社 1996 年版。

3. 关保英：《行政法的价值定位——效率、程序及其和谐》，中国政法大学出版社 1997 年版。

4. 洪家殷：《行政秩序罚论》，五南图书出版公司 2000 年版。

5. 吴宗宪：《西方犯罪学》，法律出版社 1999 年版。

6. 邱兴隆：《关于惩罚的哲学：刑罚根据论》，法律出版社 2000 年版。

7. 陈新民：《公法学札记》，中国政法大学出版社 2001 年版。

8. 董炯：《国家、公民与行政法：一个国家——社会的角度》，北京大学出版社 2001 年版。

9. 甘文：《行政与法律的一般原理》，中国法制出版社 2002 年版。

10. 陈新民：《中国行政法学原理》，中国政法大学出版社 2002 年版。

11. 杨小君：《行政处罚研究》，法律出版社 2002 年版。

12. 叶俊荣：《面对行政程序法》，元照出版有限公司 2002 年版。

13. 李步云主编：《信息公开制度研究》，湖南大学出版社 2002 年版。

14. 赖恒盈：《行政法律关系论之研究——行政法学方法论评析》，元照出版有限公司 2003 年版。

15. 冯军：《行政处罚法新论》，中国检察出版社 2003 年版。

16. 孙笑侠：《程序的法理》，商务印书馆 2005 年版。

17. 刘杰：《知情权与信息公开法》，清华大学出版社 2005 年版。

18. 林锡尧：《行政罚法》，元照出版有限公司 2005 年版。

19. 蔡震荣、郑善印：《行政罚法逐条释义》，新学林出版股份有限公司 2008 年版。

20. 王锡锌：《行政程序法理念与制度研究》，中国民主法制出版社 2007 年版。

21. 陈春生：《行政法之学理与体系》，三民书局 1996 年版。

22. 应飞虎：《信息、权利与交易安全：消费者保护研究》，北京大学出版社 2008 年版。

23. 周雪光：《组织社会学十讲》，社会科学文献出版社 2003 年版。

24. 闫尔宝：《行政行为的性质界定与实务》，法律出版社 2010 年版。

25. 王伟光：《利益论》，中国社会科学出版社 2010 年版。

26. 伍劲松：《行政解释研究：以行政执法与适用为视角》，人民出版社 2010 年版。

27. 李广宇：《政府信息公开司法解释读本》，法律出版社 2011 年版。

28. 赵宏：《法治国下的目的性创设》，法律出版社 2012 年版。

29. 陈文贵：《行政罚竞合理论与实务　双重处罚禁止论》，元照出版有限公司 2012 年版。

30. 朱春华：《公共警告制度研究》，中国社会科学出版社 2013 年版。

31. 徐信贵：《政府公共警告的法律问题研究》，法律出版社 2014 年版。

32. 李洪雷：《行政法释义学》，中国人民大学出版社 2014 年版。

33. 徐以祥：《行政法学视野下的公法权利理论问题研究》，中国人民大学出版社 2014 年版。

34. 后向东：《美国联邦信息公开制度研究》，中国法制出版社 2014 年版。

35. 王名扬：《美国行政法》，北京大学出版社 2016 年版。

36. 王敬波：《政府信息公开　国际视野与中国发展》，法律出版社 2016 年版。

37. 陈清秀：《行政罚法》，法律出版社 2016 年版。

38. 蔡震荣：《行政制裁之理论与实务》，元照出版有限公司 2017 年版。

39. 后向东：《信息公开法基础理论》，中国法制出版社 2017 年版。

40. 杨登峰：《法律冲突与适用规则》，法律出版社 2017 年版。

41. 田勇军：《论行政法上的意思表示——兼论行政行为构成中的意识要件》，法律出版社 2017 年版。

42. 孙笑侠：《法律对行政的控制》，光明日报出版社 2018 年版。

43. 赵鹏：《风险社会的行政法回应》，中国政法大学出版社 2018 年版。

44. 叶必丰：《行政行为原理》，商务印书馆 2019 年版。

45. 章剑生：《现代行政法总论》，法律出版社 2019 年版。

46. 后向东：《中华人民共和国政府信息公开条例（2019）理解与适用》，中国法制出版社 2019 年版。

47. 苏宇：《走向"理由之治"：行政说明理由制度之透视》，中国法制出版社 2019 年版。

48. 蔡震荣、郑善印、周佳宥：《行政罚法逐条释义》，新学林出版股份有限公司 2019 年版。

49. 林明锵：《行政法讲义》，新学林出版股份有限公司 2015 年版。

50. 袁雪石：《中华人民共和国行政处罚法释义》，中国法制出版社 2021 年版。

51. 孔繁华：《政府信息公开的豁免理由研究》，法律出版社 2021 年版。

52. 胡建淼：《〈行政处罚法〉通识十讲》，法律出版社 2021 年版。

53. 梁上上：《利益衡量论》，北京大学出版社 2021 年版。

54. 杨伟东：《政府信息公开诉讼研究》，法律出版社 2022 年版。

55. 章志远：《行政法学总论》（第 2 版），北京大学出版社 2022 年版。

56. 何海波：《行政诉讼法》（第 3 版），法律出版社 2022 年版。

57. 朱春华：《法治政府的信息规制工具》，中国社会科学出版社 2022 年版。

（二）编著

1. 张尚鷟主编：《走出低谷的中国行政法学——中国行政法学研究综述与评价》，中国政法大学出版社 1991 年版。

2. 应松年主编：《行政行为法——中国行政法制建设的理论与实践》，人民出版社 1993 年版。

3. 应松年、马怀德主编：《中华人民共和国行政处罚法学习辅导》，人民出版社 1996 年版。

4. 许崇德、皮纯协主编：《中华人民共和国行政处罚法实务全书》，中国法制出版社 1996 年版。

5. 皮纯协主编：《行政处罚法释义》，中国书籍出版社 1996 年版。

6. 王连昌等编著：《行政处罚法概论》，重庆大学出版社 1996 年版。

7. 周汉华主编：《政府信息公开条例专家建议稿：草案、说明、理由、立法例》，中国法制出版社 2003 年版。

8. 王万华主编：《知情权与政府信息公开制度研究》，中国政法大学出版社 2013 年版。

9. 胡建淼、江利红：《行政法学》（第 3 版），中国人民大学出版社 2015 年版。

10. 廖义男主编：《行政罚法》，元照出版有限公司 2017 年版。

11. 萧文生主编：《行政法——基础理论与实务》，五南出版社 2020 年版。

12. 江必新、夏道虎主编：《中华人民共和国行政处罚法条文解读与法律适用》，中国法制出版社 2021 年版。

13. 许安标主编：《〈中华人民共和国行政处罚法〉释义》，中国民主法制出版社 2021 年版。

14. 熊樟林编：《中外行政处罚法汇编》，北京大学出版社 2021 年版。

（三）译著

1. ［美］罗斯科·庞德：《通过法律的社会控制》，沈宗灵等译，商务印书馆 1984 年版。

2. ［意］贝卡里亚：《论犯罪与刑罚》，黄风译，中国大百科全书出版社 1993 年版。

3. ［法］E·迪尔凯姆：《社会学方法的准则》，狄玉明译，商务印书馆 1995 年版。

4. ［英］哈特：《法律的概念》，张文显等译，中国大百科全书出版社 1996 年版。

5. ［美］尼葛洛庞蒂：《数字化生存》，胡泳、范海燕译，海南出版社 1997 年版。

6. ［法］米歇尔·福柯：《规训与惩罚》，刘北成、杨远婴译，生活·读书·新知三联书店 1999 年版。

7. ［英］丹宁勋爵：《法律的训诫》，杨百揆、刘庸安、丁键译，法律出版社 1999 年版。

8. ［法］莱昂·狄骥：《公法的变迁：法律与国家》，郑戈、冷静译，辽海出版社、春风文艺出版社 1999 年版。

9. ［德］哈特穆特·毛雷尔：《行政法学总论》，高家伟译，法律出版社 2000 年版。

10. ［意］贝卡里亚：《论犯罪与刑罚》，黄风译，中国法制出版社 2002 年版。

11. ［美］理查德·A. 波斯纳：《法律理论的前沿》，武欣、凌斌译，中国政法大学出版社 2003 年版。

12. ［德］弗里德赫尔穆·胡芬：《行政诉讼法》，莫光华译，法律出版社 2003 年版。

13. ［德］乌尔里希·贝克：《风险社会》，何博闻译，译林出版社 2004 年版。

14. ［美］劳伦斯·M. 弗里德曼：《法律制度——从社会科学角度观察》，李琼英、林欣译，中国政法大学出版社 2004 年版。

15. ［美］阿丽塔·L. 艾伦、理查德·C. 托克音顿：《美国隐私法：学说、判例与立法》，冯建妹等编译，中国民主法制出版社 2004 年版。

16. ［美］E. 博登海默：《法理学：法律哲学与法律方法》，邓正来译，中国政法大学出版社 2004 年版。

17. ［英］彼得·斯坦、约翰·香德：《西方社会的法律价值》，王献平译，中国法制出版社 2004 年版。

18. ［波兰］彼得·什托姆普卡：《信任：一种社会学理论》，程胜利译，中华书局 2005 年版。

19. ［美］凯斯·R. 孙斯坦：《风险与理性：安全、法律及环境》，师帅译，中国政法大学出版社 2005 年版。

20. ［美］玛莎·纳思邦：《逃避人性：恶心、羞耻与法律》，方佳俊译，商周出版社 2007 年版。

21. ［美］哈伯特 L. 帕克：《刑事制裁的界限》，梁根林等译，法律出版社 2008 年版。

22. ［美］史蒂芬·布雷耶：《规制及其改革》，李洪雷等译，北京大学出版社 2008 年版。

23. ［美］罗伯特·K. 默顿：《社会理论和社会结构》，唐少杰等译，译林出版社 2006 年版。

24. ［奥］欧根·埃利希：《法社会学原理》，舒国滢译，中国大百科全书出版社 2009 年版。

25. ［日］南博方：《行政法》（第6版），杨建顺译，中国人民大学出版社2009年版。

26. ［韩］金东熙：《行政法》（第9版），赵峰译，中国人民大学出版社2008年版。

27. ［德］维尔纳·弗卢梅：《法律行为论》，迟颖译，法律出版社2013年版。

28. ［英］维克托·迈尔-舍恩伯格：《删除：大数据取舍之道》，袁杰译，浙江人民出版社2013年版。

29. ［澳］约翰·布雷思韦特：《犯罪、羞耻与重整》，王平、林乐鸣译，中国人民公安大学出版社2014年版。

30. ［以色列］阿维沙伊·马加利特：《体面社会》，黄胜强、许铭原译，中国社会科学出版社2015年版。

31. ［美］卡斯·桑斯坦：《简化：政府的未来》，陈丽芳译，中信出版社2015年版。

32. ［美］欧姆瑞·本·沙哈尔、卡尔·E.施奈德：《过犹不及：强制披露的失败》，陈晓芳译，法律出版社2015年版。

33. ［美］理查德·J.皮尔斯：《行政法》，苏苗罕译，中国人民大学出版社2016年版。

34. ［美］莱斯特·M.萨拉蒙主编：《政府工具：新治理指南》，肖娜等译，北京大学出版社2016年版。

35. ［日］田村悦一：《自由裁量及其界限》，李哲范译，中国政法大学出版社2016年版。

36. ［日］佐伯仁志：《制裁论》，丁胜明译，北京大学出版社2018年版。

37. ［日］中西又三：《日本行政法》，江利红译，北京大学出版社2020年版。

38. ［美］罗纳德·M.莱文、杰弗瑞·S.拉博斯：《行政程序法精要》（第6版），苏苗罕译，中国法制出版社2022年版。

二、论文类

（一）期刊论文

1. 苏尚智：《我国的行政处罚》，载《政治与法律》1986年第3期。

2. 马怀德：《行政处罚现状与立法建议》，载《中国法学》1992年第5期。

3. 林明锵：《论型式化之行政行为与未型式化之行政行为》，载林明锵：《当代公法理论》，月旦出版公司1993年版。

4. 应松年、刘莘：《行政处罚立法探讨》，载《中国法学》1994年第5期。

5. 吴建依：《论行政公开原则》，载《中国法学》2000年第3期。

6. 章剑生：《论行政程序法上的行政公开原则》，载《浙江大学学报（人文社会科学版）》2000年第6期。

7. 李建良：《行政秩序罚与一事不二罚原则》，载《月旦法学杂志》2000年第58期。

8. 周怡：《社会结构：由"形构"到"解构"——结构功能主义、结构主义和后结构主义理论之走向》，载《社会学研究》2000 年第 3 期。

9. 张武扬：《行政执法责任制的理论与实践探讨》，载《中国法学》2001 年第 6 期。

10. 姚西科、涂敏：《中美行政公开制度比较研究》，载《行政法学研究》2001 年第 2 期。

11. 刘俊祥：《行政公开的权利保障功能》，载《现代法学》2001 年第 5 期。

12. 斯蒂格利茨：《自由、知情权和公共话语——透明化在公共生活中的作用》，宋华琳译，载《环球法律评论》2002 年第 3 期。

13. 周佑勇：《行政法的正当程序原则》，载《中国社会科学》2004 年第 4 期。

14. 王周户、李大勇：《公告违法行为之合理定位》，载《法律科学》2004 年第 5 期。

15. 桑本谦：《公共惩罚与私人惩罚的互动——一个解读法律制度的新视角》，载《法制与社会发展》2005 年第 5 期。

16. 叶平：《行政公告研究》，载《法学》2005 年第 3 期。

17. 刘飞宇：《行政信息公开与个人资料保护的衔接——以我国行政公开第一案为视角》，载《法学》2005 年第 4 期。

18. 朱新力、宋华琳：《现代行政法学的建构与政府规制研究的兴起》，载《法律科学（西北政法大学学报）》2005 年第 5 期。

19. 张锟盛：《行政法学另一种典范之期待：法律关系理论》，载《月旦法学杂志》2005 年第 6 期。

20. 胡建淼：《"其他行政处罚"若干问题研究》，载《法学研究》2005 年第 1 期。

21. 罗豪才、宋功德：《认真对待软法——公域软法的一般理论及其中国实践》，载《中国法学》2006 年第 2 期。

22. 季卫东：《法律程序的形式性与实质性——以对程序理论的批判和批判理论的程序化为线索》，载《北京大学学报（哲学社会科学版）》2006 年第 1 期。

23. 朱春华、罗鹏：《公共警告的现代兴起及其法治化研究》，载《政治与法律》2008 年第 4 期。

24. 陈果、王新清：《情、理、法视野中的示众行为》，载《求索》2008 年第 1 期。

25. 张桐锐：《行政机关之公开警告与国家赔偿责任》，载李钦贤：《现代法学之回顾与展望：李钦贤教授六秩华诞祝寿论文集》，元照出版有限公司 2008 年版。

26. 何海波：《行政行为对民事审判的拘束力》，载《中国法学》2008 年第 2 期。

27. 章剑生：《知情权及其保障——以〈政府信息公开条例〉为例》，载《中国法学》2008 年第 4 期。

28. 刘志松、高茜：《明初申明亭考论》，载《天津社会科学》2008 年第 3 期。

29. 江必新、李广宇：《政府信息公开行政诉讼若干问题探讨》，载《政治与法律》2009 年第 3 期。

30. 王锡锌：《政府信息公开语境中的"国家秘密"探讨》，载《政治与法律》2009 年第

3 期。

31. 王锡锌：《当代行政的"民主赤字"及其克服》，载《法商研究》2009 年第 1 期。

32. 吕秉翰：《大法官果能廓清一行为不二罚的真貌？——以释字第 604 号解释为中心》，载《中央警察大学法学论集》2009 年第 16 期。

33. 程明修：《行政法上之预防原则——食品安全风险管理手段之扩张》，载《月旦法学杂志》2009 年第 167 期。

34. 叶必丰：《具体行政行为框架下的政府信息公开——基于已有争议的观察》，载《中国法学》2009 年第 5 期。

35. 戚建刚：《风险认知模式及其行政法制之意蕴》，载《法学研究》2009 年第 5 期。

36. 杨小敏、戚建刚：《风险规制与专家理性——评布雷耶的〈粉碎邪恶循环：面向有效率的风险规制〉》，载《现代法学》2009 年第 6 期。

37. 邓刚宏：《论行政公告行为的司法救济》，载《行政法学研究》2009 年第 1 期。

38. 贺诗礼：《关于政府信息免予公开典型条款的几点思考》，载《政治与法律》2009 年第 3 期。

39. 应飞虎、涂永前：《公共规制中的信息工具》，载《中国社会科学》2010 年第 4 期。

40. 朱春华：《公共警告与"信息惩罚"之间的正义——"农夫山泉砒霜门事件"折射的法律命题》，载《行政法学研究》2010 年第 3 期。

41. 黄俊杰：《行政机关之事实行为》，载《月旦法学教室》2009 年第 84 期。

42. 华学成：《风险治理语境下行政警示的可诉性探讨——"砒霜门"事件的法学思考》，载《南京社会科学》2010 年第 11 期。

43. 何丽杭：《食品安全行政"曝光"的法律分析——与德国案例的研究对比》，载《东方法学》2010 年第 5 期。

44. 杨寅：《行政处罚类政府信息公开中的法律问题》，载《法学评论》2010 年第 2 期。

45. 许莲丽：《论行政违法行为信息公开中的隐私权保护——重庆高考"加分门"事件引发的思考》，载《行政法学研究》2010 年第 1 期。

46. 李建良：《行罚法中"裁罚性之不利处分"的概念意涵及法适用上之若干基本问题——"制裁性不利处分"概念之提出》，载《月旦法学杂志》2010 年第 181 期。

47. 李友根：《裁判文书公开与当事人隐私权保护》，载《法学》2010 年第 5 期。

48. 王贵松：《食品安全风险公告的界限与责任》，载《华东政法大学学报》2011 年第 5 期。

49. 伏创宇：《两岸信息公开豁免案例之比较评析———以个人隐私和商业秘密之探讨为中心》，载姜明安主编：《行政法论丛》（第 13 卷），法律出版社 2011 年版。

50. 王军：《行政处罚信息公开与隐私权保护》，载《北京行政学院学报》2011 年第 1 期。

51. 吴元元：《信息基础、声誉机制与执法优化：食品安全治理的新视野》，载《中国社会科学》2012 年第 6 期。

52. 章志远：《作为行政强制执行手段的违法事实公布》，载《法学家》2012 年第 1 期。

53. 章志远、鲍燕娇：《食品安全监管中的公共警告制度研究》，载《法治研究》2012 年第 3 期。

54. 蒋红珍：《从"知的需要"到"知的权利"：政府信息依申请公开制度的困境及其超越》，载《政法论坛》2012 年第 6 期。

55. 赵琦：《上网裁判文书中的个人信息保护问题研究》，载《法学论坛》2012 年第 6 期。

56. 杨登峰：《论过程性信息的本质——以上海市系列政府信息公开案为例》，载《法学家》2013 年第 3 期。

57. 黄学贤、汪厚冬：《论公布违法信息——以公安行政管理为例》，载《中国人民公安大学学报（社会科学版）》2013 年第 5 期。

58. 江利红：《行政过程的阶段性法律构造分析——从行政过程论的视角出发》，载《政治与法律》2013 年第 1 期。

59. 余凌云：《对我国行政问责制度之省思》，载《法商研究》2013 年第 3 期。

60. 阎波、李泓波、吴佳顺、吴建南：《政府信息公开的影响因素：中国省级政府的实证研究》，载《当代经济科学》2013 年第 6 期。

61. 朱芒：《公共企事业单位应如何信息公开》，载《中国法学》2013 年第 2 期。

62. 王敬波：《政府信息公开中的公共利益衡量》，载《中国社会科学》2014 年第 9 期。

63. 章志远、鲍燕娇：《作为声誉罚的行政违法事实公布》，载《行政法学研究》2014 年第 1 期。

64. 夏德峰：《结构功能主义视野下的国家治理体制机制优化》，载《社会主义研究》2014 年第 4 期。

65. 汪厚冬：《论行政法上的意思表示》，载《政治与法律》2014 年第 7 期。

66. 黎宏：《平野龙一及其机能主义刑法观——〈刑法的基础〉读后》，载《清华法学》2015 年第 6 期。

67. 陈鹏：《界定行政处罚行为的功能性考量路径》，载《法学研究》2015 年第 2 期。

68. 杨登峰：《政府强制公开第三人信息程序之完善》，载《法学》2015 年第 10 期。

69. 赵宏：《法律关系取代行政行为的可能与困局》，载《法学家》2015 年第 3 期。

70. 后向东：《论"信息公开"的五种基本类型》，载《中国行政管理》2015 年第 1 期。

71. 黄骥：《论我国商誉损害赔偿计算规则的完善——以美国相关规则为借鉴》，载《知识产权》2015 年第 10 期。

72. 陈思宇、程倩：《转型期公民道德耻感提升研究》，载《甘肃社会科学》2015 年第 3 期。

73. 王晓广：《论耻感文化的道德功能》，载《学术交流》2015 年第 12 期。

74. 郑方辉、尚虎平：《中国法治政府建设进程中的政府绩效评价》，载《中国社会科学》2016 年第 1 期。

75. 郑智航：《比较法中功能主义进路的历史演进———一种学术史的考察》，载《比较法研究》2016 年第 3 期。

76. 翟学伟：《耻感与面子：差之毫厘，失之千里》，载《社会学研究》2016 年第 1 期。

77. 戴昕：《自愿披露隐私的规制》，载苏力主编：《法律和社会科学》（第 15 卷第 1 辑），法律出版社 2016 年版。

78. 朱春华：《美国法上的"负面信息披露"》，载《比较法研究》2016 年第 3 期。

79. 吴元元：《食品安全治理中的声誉异化及其法律规制》，载《法律科学（西北政法大学学报）》2016 年第 2 期。

80. 雷宇：《声誉机制的信任基础：危机与重建》，载《管理评论》2016 年第 8 期。

81. 罗培新：《善治须用良法：社会信用立法论略》，载《法学》2016 年第 12 期。

82. 高一飞、吕阳：《中国刑事裁判文书上网公开的评估与建议》，载《电子政务》2016 第 2 期。

83. 王万华：《开放政府与修改〈政府信息公开条例〉的内容定位》，载《北方法学》2016 年第 6 期。

84. 刘畅：《中国古代文化罪错思想初探》，载《浙江社会科学》2016 年第 1 期。

85. 赵峰：《面子、羞耻与权威的运作》，载《社会学研究》2016 年第 1 期。

86. 胡建淼：《"黑名单"管理制度——行政机关实施"黑名单"是一种行政处罚》，载《人民法治》2017 年第 5 期。

87. 王瑞雪：《政府规制中的信用工具研究》，载《中国法学》2017 年第 4 期。

88. 王贵松：《信息公开行政诉讼的诉的利益》，载《比较法研究》2017 年第 2 期。

89. 曹鎏：《美国问责的探源与解析》，载《比较法研究》2017 年第 5 期。

90. 王敬波、李帅：《我国政府信息公开的问题、对策与前瞻》，载《行政法学研究》2017 年第 2 期。

91. 李仲平：《病患个人医疗信息的保护与公开——以〈政府信息公开条例〉"参照"条款和个人隐私条款为路径》，载《北方法学》2017 年第 4 期。

92. 马迅：《行政处罚决定公示：挑战与回应》，载《江淮论坛》2017 年第 5 期。

93. 刘练军：《裁判文书公开时诉讼参与人信息的处理》，载《法治现代化研究》2017 年第 6 期。

94. 金耀：《个人信息去身份的法理基础与规范重塑》，载《法学评论》2017 年第 3 期。

95. 赵雷：《羞辱、社会规范与法律规制》，载《中国法律评论》2018 年第 4 期。

96. 余地：《论耻感文化与民间规范》，载《东方法学》2018 年第 2 期。

97. 杨登峰：《核心价值观"诚信"融入法治政府建设的几个问题》，载《南京师大学报

（社会科学版）》2018 年第 5 期。

98. 徐晓明：《行政黑名单制度：性质定位、缺陷反思与法律规制》，载《浙江学刊》2018 年第 6 期。

99. 罗培新：《遏制公权与保护私益：社会信用立法论略》，载《政法论坛》2018 年第 6 期。

100. 丁晓东：《被遗忘权的基本原理与场景化界定》，载《清华法学》2018 年第 6 期。

101. 王锡锌：《政府信息公开制度十年：迈向治理导向的公开》，载《中国行政管理》2018 年第 5 期。

102. 王锴：《论行政事实行为的界定》，载《法学家》2018 年第 4 期。

103. 石佑启、刘茂盛：《政府治理变革下行政法之革新——结构功能主义的分析方法》，载《东南学术》2018 年第 4 期。

104. 姚育松：《羞恶之心辨析——耻感、羞感和罪感》，载《孔子研究》2019 年第 2 期。

105. 沈岿：《社会信用体系建设的法治之道》，载《中国法学》2019 年第 5 期。

106. 章志远：《行政执法三项制度的三重法治意义解读》，载《中国司法》2019 年第 2 期。

107. 梅夏英：《在分享和控制之间：数据保护的私法局限和公共秩序构建》，载《中外法学》2019 年第 4 期。

108. 蔡星月：《个人隐私信息公开豁免的双重界限》，载《行政法学研究》2019 年第 3 期。

109. 张晓莹：《行政处罚视域下的失信惩戒规制》，载《行政法学研究》2019 年第 5 期。

110. 袁文瀚：《信用监管的行政法解读》，载《行政法学研究》2019 年第 1 期。

111. 戴昕：《理解社会信用体系建设的整体视角——法治分散、德治集中与规制强化》，载《中外法学》2019 年第 6 期。

112. 杨金晶、覃慧、何海波：《裁判文书上网公开的中国实践——进展、问题与完善》，载《中国法律评论》2019 年第 6 期。

113. 梅夏英：《在分享和控制之间 数据保护的私法局限和公共秩序构建》，载《中外法学》2019 年第 4 期。

114. 孙莹：《大规模侵害个人信息高额罚款研究》，载《中国法学》2020 年第 5 期。

115. 卢超：《事中事后监管改革：理论、实践及反思》，载《中外法学》2020 年第 3 期。

116. 侯学宾：《裁判文书"不公开"的制度反思——以离婚诉讼为视角》，载《法学》2020 年第 12 期。

117. 马怀德：《〈行政处罚法〉修改中的几个争议问题》，载《华东政法大学学报》2020 年第 4 期。

118. 宋华琳：《禁入的法律性质及设定之道》，载《华东政法大学学报》2020 年第 4 期。

119. 黄海华：《行政处罚的重新定义与分类配置》，载《华东政法大学学报》2020 年第 4 期。

120. 熊樟林：《行政处罚的种类多元化及其防控——兼论我国〈行政处罚法〉第 8 条的修改方案》，载《政治与法律》2020 年第 3 期。

121. 贾茵：《失信联合惩戒制度的法理分析与合宪性建议》，载《行政法学研究》2020 年第 3 期。

122. 周海源：《失信联合惩戒的泛道德化倾向及其矫正——以法教义学为视角的分析》，载《行政法学研究》2020 年第 3 期。

123. 王瑞雪：《公法视野下的信用联合奖惩措施》，载《行政法学研究》2020 年第 3 期。

124. 孔繁华：《政府信息公开中的个人隐私保护》，载《行政法学研究》2020 年第 1 期。

125. 杨解君：《受罚性行为与行政处罚的判断及其适用——关于李文亮"训诫"案中的行为及相关争论问题的分析》，载《行政法学研究》2020 年第 6 期。

126. 贺译葶：《公布行政违法信息作为声誉罚：逻辑证成与制度构设》，载《行政法学研究》2020 年第 6 期。

127. 王贵松：《论行政处罚的制裁性》，载《法商研究》2020 年第 6 期。

128. 田林：《行政处罚与失信惩戒的立法方案探讨》，载《中国法律评论》2020 年第 5 期。

129. 应松年、张晓莹：《〈行政处罚法〉二十四年：回望与前瞻》，载《国家检察官学院学报》2020 年第 5 期。

130. 熊樟林：《行政处罚的目的》，载《国家检察官学院学报》2020 年第 5 期。

131. 章志远：《作为行政处罚总则的〈行政处罚法〉》，载《国家检察官学院学报》2020 年第 5 期。

132. 李明超：《行政"黑名单"的法律属性及其行为规制》，载《学术研究》2020 年第 5 期。

133. 李晓安：《〈民法典〉之"信用"的规范性分析》，载《理论探索》2020 年第 4 期。

134. 徐健夫：《试论行政确认视角下欠税公告的完善》，载《税务研究》2020 年第 12 期。

135. 吴元元：《连坐、法团主义与法律治道变革——以行业协会为中心的观察》，载《法律科学（西北政法大学学报）》2020 年第 3 期。

136. 蔡震荣：《评论释字第 786 号解释与行政罚法修法之趋势》，载《月旦法学杂志》2020 年第 301 期。

137. 林明锵：《立法学之概念、范畴界定及功能》，载《政大法学评论》2020 年第 161 期。

138. 苏曦凌：《政府与社会组织关系演进的历史逻辑》，载《政治学研究》2020 年第 2 期。

139. 马怀德：《迈向"规划"时代的法治中国建设》，载《中国法学》2021 年第 3 期。

140. 朱芒：《作为行政处罚一般种类的"通报批评"》，载《中国法学》2021 年第 2 期。

141. 杨登峰：《行政程序法定原则的厘定与适用》，载《现代法学》2021 年第 1 期。

142. 王瑞雪：《声誉制裁的当代图景与法治建构》，载《中外法学》2021 年第 2 期。

143. 张学府：《作为规制工具的处罚决定公开：规制机理与效果优化》，载《中国行政管理》2021 年第 1 期。

144. 党秀云：《国有企业社会责任合作治理的模式建构——结构功能主义的视角分析》，载《中国行政管理》2021 年第 8 期。

145. 丁鹄文：《新〈行政处罚法〉下信息披露违法主观要件研究》，载《证券市场导报》2021 年第 6 期。

146. 彭錞：《失信联合惩戒行政诉讼救济困境及出路》，载《东方法学》2021 年第 3 期。

147. 潘静：《个人信息的声誉保护机制》，载《现代法学》2021 年第 2 期。

148. 王锡锌、黄智杰：《论失信约束制度的法治约束》，载《中国法律评论》2021 年第 1 期。

149. 孔祥稳：《作为新型监管机制的信用监管：效能提升与合法性控制》，载《中共中央党校（国家行政学院）学报》2022 年第 1 期。

150. 孔祥稳：《行政处罚决定公开的功能与界限》，载《中外法学》2021 年第 6 期。

151. 陈景辉：《权利可能新兴吗？——新兴权利的两个命题及其批判》，载《法制与社会发展》2021 年第 3 期。

152. 张晓莹：《行政处罚的理论发展与实践进步——〈行政处罚法〉修改要点评析》，载《经贸法律评论》2021 年第 3 期。

153. 门中敬：《信誉及社会责任：社会信用的概念重构》，载《东方法学》2021 年第 2 期。

154. 许可、孙铭溪：《个人私密信息的再厘清——从隐私和个人信息的关系切入》，载《中国应用法学》2021 年第 1 期。

155. 齐英程：《我国个人信息匿名化规则的检视与替代选择》，载《环球法律评论》2021 年第 3 期。

156. 熊樟林：《行政处罚决定为何不需要全部公开？——新〈行政处罚法〉第 48 条的正当性解释》，载《苏州大学学报（哲学社会科学版）》2021 年第 6 期。

157. 章志远：《习近平法治思想中的严格执法理论》，载《比较法研究》2022 年第 3 期。

158. 王太高：《我国整体政府思想的形成及其展开——以〈法治政府建设实施纲要（2021—2025 年）〉切入》，载《探索与争鸣》2022 年第 1 期。

159. 杨登峰：《推进"五个法定化"的要义与进路——兼论行政法定原则的整体建构》，载《探索与争鸣》2022 年第 1 期。

160. 黄锫：《行政执法中声誉制裁的法律性质与规范形态》，载《学术月刊》2022 年第 5 期。

161. 谭冰霖：《处罚法定视野下失信惩戒的规范进路》，载《法学》2022 年第 1 期。

162. 卢荣婕：《"具有一定社会影响"的行政处罚决定公开之认定》，载《财经法学》2022 年第 4 期。

163. 蔡金荣：《行政处罚决定公开的规范结构及展开》，载《行政法学研究》2023 年第

3 期。

164. 熊樟林：《论作为"权力"的行政处罚决定公开》，载《政治与法律》2023 年第 2 期。

165. 汤莹：《过程论视角下公开行政处罚决定的法律控制》，载《法学》2023 年第 3 期。

166. 翁明杰：《行政处罚决定公开过程中的裁量权及其规范路径》，载《财经法学》2023 年第 2 期。

167. 彭錞：《再论行政处罚决定公开：性质、逻辑与方式》，载《现代法学》2024 年第 1 期。

（二）学位论文

1. 龙腾云：《刑罚进化研究》，北京师范大学 2012 年博士学位论文。

2. 吴辉：《迪尔凯姆社会事实论研究——基于唯物史观及其思想史视野的考察》，复旦大学 2012 年博士学位论文。

3. 陈晋华：《行政机关发布不利信息的法律控制研究——以美国食品药品监管为例》，上海交通大学 2014 年博士学位论文。

4. 曹勇：《行政告知研究》，武汉大学 2019 年博士学位论文。

5. 莫林：《公共信用制度的法理重构》，西南政法大学 2021 年博士学位论文。

三、报纸类

1. 楼启军：《金华市对卖淫嫖娼实行分类处理》，载《光明日报》2004 年 2 月 13 日。

2. 高兆明：《耻辱与自由能力》，载《光明日报》2006 年 7 月 31 日。

3. 王永刚等：《"曝光醉驾者"讨论》，载《检察日报》2009 年 11 月 18 日。

4. 墨帅：《处罚结果公开与曝光不能混同》，载《检察日报》2009 年 12 月 2 日。

5. 刘启川：《通报批评不应一概认定为行政处罚》，载《民主与法制时报》2020 年 7 月 12 日。

6. 《涉嫌违反社会治安管理秩序问题党员公职人员将被公开通报曝光》，载《春城晚报》2021 年 2 月 8 日。

7. 《复旦大学三名学生 因在校外嫖娼被开除学籍》，载《新晚报》2021 年 9 月 25 日。

8. 《"钢琴王子"的人生岂能乱弹?》，载《北京晚报》2021 年 10 月 22 日。

9. 古孟冬：《为了疫情防控，就可以搞"游街示众"?》，载《河北法制报》2022 年 1 月 14 日。

10. 王学义：《法律面前无"顶流"》，载《青岛早报》2022 年 9 月 16 日。

11. 《公示"色狼"行政处罚合法合情》，载《华商报》2023 年 4 月 21 日。

四、外文类

（一）外文著作

1. Brent Fisse, John Braithwaite, *The Impact of Publicity on Corporate Offenders*, State University of New York Press, 1983.

2. John Finnis, *Natural Law and Natural Right*, Oxford University Press, 2011.

3. Kenneth F. Warren, *Administrative Law in the Political System*, Westiview Press, 2011.

4. Adrian Vermeule, *Law's Abnegation from Law's Empire to the Administrative State*, Harvard Unviersity Press, 2016.

5. Daniel Beland, Kimberly J. Morgan, Herbert Obinger, Christopher Pierson, *The Welfare State*, Oxford University Press, 2021.

（二）外文论文

1. "Disparaging Publicity by Federal Agencies", 67 *Colum. L. Rev.* 1512 (1967).

2. Michael R. Lemov, "Administrative Agency News Release: Public Information versus Private Injury", 37 *George Washington L. Rev.* 63 (1968).

3. Ernest Gellhorn, "Adverse Publicity by Administrative Agencies", 86 *Harvard L. Rev.* 1380 (1973).

4. Richard S. Morey, "Publicity as a Regulatory Tool", 30 *Food Drug Cosm. L. J.* 469 (1975).

5. Robinson B. Lacy, "Adverse Publicity and SEC Enforcement Procedure", 46 *Fordham L. Rev.* 435 (1977).

6. Toni M. Massaro, "Shame, Culture, and American Criminal Law", 89 *Michigan L. Rev.* 1880 (1991).

7. Charles G. Geyh, "Adverse Publicity as a Means of Reducing Judicial Decision-Making Delay: Periodic Disclosure of Pending Motions, Bench Trials and Cases under the Civil Justice Reform Act", 41 *Clev. St. L. Rev.* 511 (1993).

8. Dan M. Kahan, "What Do Alternative Sanctions Mean?", 63 *University of Chicago. L. Rev.* 591 (1996).

9. Cf. Richard J. Pierce, "Judicial Review of Agency in A Period of Diminishing Agency Resources", 64 *Administrative L. Rev.* 49 (1997).

10. James Q. Whitman, "What Is Wrong with Inflicting Shame Sanctions?", 107 *Yale L. J.* 1055 (1998).

11. "Shame, Stigma, and Crime: Evaluating the Efficacy of Shaming Sanctions in Criminal Law", 116 *Harvard L. Rev.* 7 (2003).

12. Judith van Erp, "Reputational Sanctions in Private and Public Regulation", 1 *Erasmus L. Rev.* 145 (2008).

13. Benjamin L. Liebman, Curtis J. Milhaupt, "Reputational Sanctions in China's Securities Market", 108 *Colum. L. Rev.* 929 (2008).

14. Nathan Cortez, "Adverse Publicity by Administrative Agencies in the Internet Era", *Brigham Young University L. Rev.* 1371 (2011).

15. Daniel Carpenter, George Krause, "Reputation and Public Administration", *Pub. Admin. Rev.* 26 (2012).

16. Peter Cartwright, "Publicity, Punishment and Protection: The Role (s) of Adverse Publicity in Consumer Policy", 32 *Legal Stud.* 179 (2012).

17. Kate Klonick, "Re-Shaming the Debate: Social Norms, Shame, and Regulation in an Internet Age", 75 *Md. L. Rev.* 1029 (2016).

18. Beate Roessler, "Privacy as a Human Right", 117 *Aristotelian Society* 187 (2017).

19. Scott Baker, Albert H. Choi, "Reputation and Litigation: Why Costly Legal Sanctions Can Work Better than Reputational Sanctions", 47 *J. Legal Stud.* 45 (2018).

20. Kishanthi Parella, "Reputational Regulation", 67 *Duke L. J.* 907 (2018).

21. Elizabeth Guo, "Ruling by Repute: Agency Reputation on Judicial Affirmance of Agency Action", 74 *Food & Drug L. J.* 379 (2019).

22. Sharon Yadin, "Shaming Big Pharma", 36 *Yale Journal on Regulation Bulletin* 131.

23. Julie Andersen Hill, "Regulating Bank Reputation Risk", 54 *Ga. L. Rev.* 523 (2020).

后 记

当 2020 年 6 月《中华人民共和国行政处罚法（修订草案）》出台后，在章志远教授的指导下，我选择了行政处罚决定公开以开启我的行政法研习之旅。未曾想，此题最后能写成一篇博士论文。在浩瀚的行政法世界中，行政处罚决定公开是极其渺小的一部分。但由此衍生出的是对行政行为论与行政法律关系论、对公共利益与个人利益界限、对行政法之释义学方法、行政程序之一般性与特殊性等诸多问题的思考。完稿之时又逢夏日，与三年前确定选题时一样的闷热。初识并衷情行政法，想来已十年有余。多年来对行政法与行政诉讼法的学习让我体会到"规范公权、保障私权"这一研究使命，而在法院、公安局等部门的实习让我领悟到程序正义在行政法治实践中的重要意义。硕士期间，通过旁听联邦上诉法院审判，同国会议员、联邦法官、人权律师等交流后，我对于行政控权、司法公正、正当程序的感受进一步加深。非常感谢章老师，让我能有机会继续在华政园求学。

尤记得与章老师的第一次面聊，章老师就已经对我往后三年的学习做好了规划。此后与章老师的每一次汇报交流中，他都反复强调"研究方向早确定、核心期刊新动态、发文质量高定位"等，让我备受压力，同时也备受鼓舞。章老师的家国情怀、文人风骨、谆谆教导让我受益匪浅。感谢章老师的栽培，让我通过参与行政法总论修改、重大项目的申报、行政处罚、民法典、行政法院、公报案例等内容的研究，快速地成长。也是经章老师的提点，我开始审视自身，努力从批判的角度，从立法理论、时代背景、规范构成、实践问题等，开启学术研究之路。学术研究不易，而每一位成功学者都历经了岁月的锻造和沉淀，进而完成个体的型塑。在每一堂课、每一次讲座中，章老师都会抛出诸多问题启发我深入思考，促使我在纷繁复杂的内容中去寻找自己热爱且有价值的问题。我自知个人研究能力十分不足，但章老师时常鼓励我，要多思、多写、多问，完成这场修行。章老师曾说，研习行政法需要拥有一种敏锐的洞察力，从哲学面、立法面、行政面、司法面、比较面等多重并进，既要突出研究个性，又要关注研究细节。细节往往能决定成败，犹记得在师门交流会上章老师强调论文标点符号规范使用一事。非常幸运自己能遇见章老师这位引路人，使我的学术研究能有一个正确方向，有窥见天光之可能！

在我的成长过程中，还要感谢沈福俊教授、魏琼教授、江利红教授、练育强教授的指导，让我对于行政诉讼法、行政法史、日本行政法、美国行政法等前沿理论问题和我国行政法实务有了更为深刻的理解！在博士论文的开题、预答辩过程中，我还得到了关保英教授、马英娟教授、王克稳教授、何海波教授、宋华琳教授等前辈的指导，感谢他们所提供的宝贵建议！感谢黄辉教授自本科以来对我的教导与提携，让我有担任课程助教的机会，在参与课程设计和教改过程中，执教行政法与行政诉讼法的念头由此萌芽。感谢黄娟师姐、马迅师兄对我的关心与帮助，让我对于论文写作、职业规划等有了更为精准的认知，走得更为顺利。感谢所有师门的小伙伴和其他行政法学、宪法学、法律史、刑法学专业同学们的鼓励与陪伴，为我的学习生涯增添了很多欢乐。感谢所有我阅读或引用文献的作者，虽未谋面，却给我诸多启发！

最后，我还要特别感谢我的父亲马拥军先生、母亲冯琴女士，你们以身作则，教育我、感染我、支持我；我的妹妹马可，与我同甘共苦。我总能在我们幸福的小家庭中汲取力量，你们是我的盔甲和底气，我会努力成长，也成为你们的依靠！

人生处世如行路，常有山水阻身前。但在家人抚育与师长培养下，我终有向上的通道和进步的机会，让我明白要有一颗感恩的心、有坚定的勇气以及过硬的实力，才能走得长远。在充满矛盾的现实生活中，发现、建立、解析、重整的过程诞生出了各类学问，为化解矛盾提供了秩序，而法学更是这些学问中面临矛盾最多、最复杂的一类。一程山水一年华，我对法学的研究始于行政处罚决定公开，自知十分浅薄，但收获非凡。不过，美丽是常态，慌张也应如是。若未来陷入自责或迷茫时，一定不要忘记当时倾尽全力、为之奋斗而想要得到的那种渴望心情。我感谢过往的经历，更期待未来的时光，在今后的研究道路上，希望自己能有担当、有作为，无畏艰难，始终向阳！

马琳昆
2024 年 7 月